歴史文化ライブラリー
495

# 敗者たちの中世争乱

## 年号から読み解く

関　幸彦

吉川弘文館

# 目次

# 謡曲『望月』——プロローグ

武家に仇討《あだうち》はつきものである。『曽我物語《そがものがたり》』はその代表だろう。建久四年（一一九三）の富士野の巻狩《まきがり》の事件に取材したもので、能・謡曲さらには歌舞伎で広がった。「曽我物」ほど有名ではないが、謡曲には「仇討」をテーマにしたいくつかの作品がある。『望月《もちづき》』もその一つだ。

**謡曲『望月』から**

①信濃国の住人小沢刑部友房《ぎょうぶともふさ》は所用で都にいたおり、主人の安田荘司友春が一族の望月秋長《もちづきあきなが》に害されたことを知る。友房は信濃に戻ろうとするが、身の危険を察知し、帰国かなわず近江国守山で鎧屋《かぶとや》という宿の主人として暮らしていた。

②夫を討たれた友春の妻は、子の花若と都に上る途中、守山宿にいたり鎧屋に泊まることとなった。家来だった友房と安田の妻子は奇しくも再会する。

③計らずも仇の望月秋長も都での訴訟を終え、信濃への帰路、その近江の鎧屋に宿を取った。これを知った友春の妻と友房は望月を討つべく経略をめぐらし、酒宴のおり獅子舞で「曽我物」を披露、油断する望月を討ち本懐《ほんかい》を遂げる。

以上が大筋である。序《じょ》（①）↓破《は》（②）↓急《きゅう》（③）という展開となろうか。『望月』を持ち出したのは、中世的世界がこの作品には色濃く反映されているからだ。「シテ」や「ワキ」が語る詞章《ししょう》にもそれが看取できる。当該作品自体は原典があるわけではない。登場の主要人名の「安田」「小沢」「望月」はいずれも信濃東部に点在する地名であり、地域領主だった。滋野《しげの》・海野《うんの》の一族で、「望月系図」や「真田系図」等々にもみられる。信濃の諸郡に繁茂した勢力である。所領相論《しょりょうそうろん》に取材したこの作品には、過去の出来事の記憶が下敷きにあったはずだ。

現在能のジャンルに属すこの演目は、普段から目にする夢幻能《むげんのう》（『平家物語』などの修羅物《しゅらもの》に代表される敗者をテーマにしたもの）とは趣を異にする。戯曲的構成や活劇趣向から中世も後期の時代が投影されていると思われる。『望月』の芸術的批評は別にして、注目されるべき点をいくつか指摘しておこう。

## 「住人」の周辺

一つは、作品の広域性と「住人」についてだ。発端の刃傷沙汰《にんじょうざた》は信濃国であり、さらに都に近い近江国が舞台だった。前者は事件勃発の場であり、後者は仇討成就の場にあたる。東国信濃という地域社会に収斂《しゅうれん》されず、京の都をも視野に入れる広がりが作品に厚味を加えている。当該期は、所領紛争に際し自力救済の時代であった（具体的には、ストーリー概要にも付記したように、安田友春を害した望月秋長が所領没収の憂き目に遭い、その理非《りひ》を訴えるために上洛する設定）。

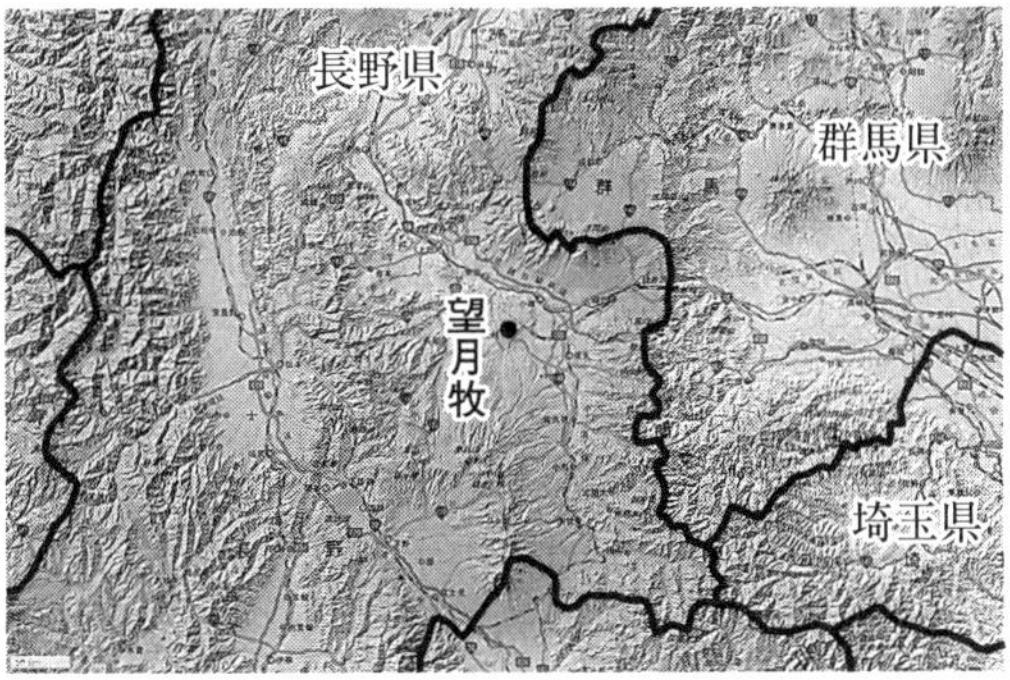

望月牧（国土地理院地図に加筆）

近江は仇討がなされる現場であるが、野洲《やす》郡守山《もりやま》宿は都に隣接し、信濃方面に向かう東山《とうさん》（中山道《なかせんどう》）との分岐の地でもあった。宿敵望月の打倒をめざす安田の妻子にとっても、近江は人々の所縁が集約された場に他ならない。小沢友房が宿屋（鎧屋）の主に身を隠していたのも、近江は望月打倒のための情報の場だったからに相違あるまい。作品自体にそうした説明はないにしろ、謡曲『望月』の語られざる仕掛けをこう読み解くことも可能だ。信濃佐久《さく》郡で発生した出来事は時空を超え、近江に関係者（安田友春の妻子、従者の小沢友房、そして当の敵人望月秋長）を邂逅《かいこう》させていることが興味深い。

『百人一首』でお馴染みの伝説の歌人蟬丸《せみまる》が「これやこ

の行くも帰るも別れては、知るも知らぬも逢坂《おうさか》の関《せき》」と詠じたように、ここは諸種の所縁ある人々が集う地域だった。

さらに注目したいのは、作品に登場する信濃出身の武士たちは「住人」と呼称されていたことだ。「住人」とは単にそこに在所がある人々の称ではない。地域との密度が強いことが前提だ。十一世紀以降、諸史料に登場するこの語句は、中世という時代に対応していた。いわば在地性を保持した地方名士というべき存在をさした。彼ら「住人」は源平の争乱なり南北朝の動乱なりを体験しつつ、本領たる先祖相伝《そうでん》の「一所懸命」の地を守った。戦争や合戦は地方武士たちが自己の存立を懸けた正念場でもあった。〝ノルかソルか〟一族の命運は反乱・内乱の漕ぎ抜き方で決まる。

この作品に登場する「住人」の安田友春も望月秋長も、ともどもがそうした内乱を漕ぎ抜いた末裔たちだったに相違あるまい。討った側も、討たれた側にも、それぞれの物語があったはずだ。その点では中世を画した二つの内乱（治承・寿永の乱と南北朝の動乱）は、これに参画した武士たちのその後を規定した。

## 移動する武士

同時に戦いが内乱という形で広がれば、そこに従軍した武士たちは本領を離れ、他地域と交流し、接触がなされる。ちなみに東国武士団の東北移住（東遷《とうせん》）なり西国移住（西遷《せいせん》）は内乱期を通じ顕著となる。源平争乱とこれにつづく奥州《おうしゅう》合戦《かっせん》や承久の乱、さらには蒙古《もうこ》との異国合戦は、地方武士たちの広域化・拡散化に少なからず影響を与えた。都鄙《とひ》間の地域差を縮小させた。東国鎌倉の武家政権の誕生はその点で決定的に大きかった。西高東低性の古代的権力配置からの脱却は、東国の新政権の存在が大きい。

関東に武家の府が誕生する過程で「住人」として地域に根を張った武士たちは、東国政権へ結集した。この『望月』に登場する安田友春も望月秋長も「住人」と呼ばれ、かれらの先祖たちも当然ながら鎌倉・南北朝にいたるいくつかの争乱を経験したはずである。東国の武家政権は、「住人」たちを政治秩序に編成し、新たなる権力への参入を可能にさせた。かくして古代的西高東低性は止揚されることとなった。諸国武士団の列島各地への移住を介し、ネットワークが拡散した。中世の到来は、この「住人」相互の移住を介した都鄙の隔差の解消によりもたらされた。

## 「仇討」の深層 ―『曽我物語』

そして『望月』にかかわる二つ目の論点は、この作品の底流にある「仇討」についてだ。この作品は『曽我物語』の世界を踏まえる構成となっている。そのための一つの物語にさらなる別立ての「曽我」の仇討譚が挿入され、一粒で二度のおいしさが演出されている。前提には、曽我兄弟の仇討という記憶の共有があった。敵役の望月秋長はさしずめ工藤祐経《くどうすけつね》に該当するだろうし、本懐を遂げた曽我十郎・五郎に対応するのが安田友春の妻子ということになろうか。父子、夫婦の所縁とともに主従の契りも仇討の世界に色彩をそえている。

『望月』獅子舞の場面（シテ中村邦生）

仇討ということでは『曽我物語』と同様だが、異なるのは家人《けにん》（従者）たる小沢友房の存在である。かれもまた信濃と深い所縁を有する人物との設定だった。というよりも、元来は主を害されたこの小沢友房の報復が発端だった。安田友春の妻子はあくまで副次的存在ということができ、縁者のレベルからすれば血脈の外にあった小沢友房が主軸として展開される。

『曽我物語』がそうであったように、血脈上の縁者たちによる亡父の仇討は珍しいことではなかった。本書でも紹介する大河兼任《おおかわかねとう》の蜂起《ほうき》は、奥州藤原氏を討滅させた鎌倉勢力への反抗に他ならず、この兼任の乱を『吾妻鏡《あずまかがみ》』は「古今の間、六親モシクハ夫婦ノ怨敵ニ報ズルハ、尋常ノ事ナリ、イマダ主人ノ敵ヲ討ツノ例アラズ」（文治六年正月六日条）と語った。家人たる立場で主人藤原泰衡《ふじわらのやすひら》の仇を討つ行為は、特筆される行為と解されていたことは動かない。とすれば、『望月』に語られている仇討の世界は従者による主人の仇討の連続的な流れに位置したもので、その限りでは大河兼任と小沢友房には共通するものがあった。

異なるのは安田友春の妻子の連携に新味があった。とはいえ主従関係が親族関係を凌駕する段階にいたって、意味を持つ作品といえる。

中世が終焉し、近世的秩序が全面に出てくる場面も推測できるはずだ。主従の〝三世〟は前世、現世、そして来世にいたる断金《だんきん》の契《ちぎ》りと対応する。言うまでもなく観念的な主従の理想像である。裏切り・下剋上《げこくじょう》の中世の内乱期を経験したあとの近世では、当然すぎる血脈や夫婦の関係性は本質的課題とはなり得ない。主従という擬制的関係の重視こそが社会規範・秩序維持の一義だった。それは主君に対する絶対的忠節を是とする封建道徳の世界に対応する価値理念だった。それゆえに近世江戸期は『忠臣蔵《ちゅうしんぐら》』の美談が人気を博した。

中世的『曽我物語』との対比でいえば、主従の報恩が重視される『忠臣蔵』という構図となろうか。その点から『望月』には、『曽我物語』から『忠臣蔵』へと、時代の潮目《しおめ》が変わった仇討の世界がみえる。当作品に込められた諸種の仕掛けは、中世というよりは、近世の気分が濃いようだ（たとえば、「鎧屋の主人」の設定などは歌舞伎風味を想起させるし、獅子舞の演出も同様だろう）。その点では当該作品が「現在能」という点を加味すれば、仇討は、復讐という普遍的テーマを主題とし人気を得たことも肯ける。

『望月』から導き出される論点として、「住人」、そして「仇討」をながめてきた。ともどもが別段中世的世界固有のものではない。けれども、それが中世という時代に固有の意味を持ち始めた用語であることは間違いない。これらは武家なり武士なりと深い関係性を有していた。

## 敗者の諸相

史学史をひもとけば、「住人」という用語に最初に着目したのは、明治・大正期の歴史家山路《やまじ》愛山《あいざん》だった。愛山は東北日本・西南日本両者の均一化の契機として、「住人」の移動に着目した。同じく在野史学の立場から、竹腰与三郎《たけこしよさぶろう》の『二千五百年史』は、「北人」による「南人」の征服という解釈から武家の台頭を大胆に論じ、民間史学者ならではの一つのスケッチを提案した。東国の武家の権力が西国の王朝の権力を圧倒する流れを、「住人」による地域のスクランブル化から解釈しようとした。

この二人の歴史家たちの仕事は大雑把ではあるが、なるほど正鵠《せいこく》を射《い》ている面も少なくない。「住人」移動と地域・領域隔差の縮小とは、昨今の中世史のテーマに則すれば、都鄙間の交流という問題に繋がる。これを具体的に権力論として置き換えるならば、武権の伸長が幾多の争乱をへて、辺境地域をどう統合化していったのかという内容とも連動する。

その争乱や内乱の過程で、当然ながら敗者を輩出させた。たとえば奥州合戦での敗者藤原氏しかり、治承の乱以降、西海合戦での平氏の滅亡しかりだった。内乱後に登場する〝鎌倉体制〟の出現は、日本国全域を鎌倉的武威《ぶい》で均一化した。「住人」たちはその過程で東西南北の広域性と連動した。都鄙解消の第一ステージは、まさに鎌倉政権の成立を大きな画期とした。

『絵本曽我物語』（北尾重政二世画，1834年，国立国会図書館蔵）

## 敗者の中世

「住人」（領主・武士）たちの都鄙間移動の過程で、地域間での諸種の葛藤が現出する。東国も西国も、ともどもが地域を背負い、幾多の事件・紛争が生じた。『望月』にみる仇討の世界も、その流れということになる。そこでは闘諍《とうじょう》の結果での勝者と敗者は、必ずしも不動ではない。望月秋長は当初こそ勝ちに属したが、やがて敵人として討たれる。『曽我物語』での工藤祐経しかりであった。

能・謡曲世界にあって、修羅物の多くはその敗者の執心や怨念を主題としたもので、最後は仏縁による魂の浄化が中核にある。「ワキ」役に「諸国一見《しょこくいっけん》」の僧侶なり神官が配され、かれらが都鄙往還のなかで、闘諍の場を訪れ亡魂の敗者たちと邂逅し、回向《えこう》を弔うという予定調和的設定も中世的世界が誕生させた敗者への追善《ついぜん》の表現であった。本書で敗者たちの諸相を年代記風に語る際に、能・謡曲にも目配りしたのはそんな事情からだ。

争乱・内乱を通じ敗れた側は、自己の存念や無念を歴史のなかにどう残したのか。総じて〝敗者の残念〟に思いを馳せることで、語られざる中世の裏面史に迫りたい。

歴史は勝者により語られ、伸ばされてきた。当然だが、そこにはもの言えぬ敗者がいた。戦争なり闘諍の過程で、敗者はどう解され、記憶化されていったのか。ここを考えることが重要だろう。外史《がいし》・野史《やし》にはその敗者たちが、伝承・伝説と結合し流布している。

本書は敗者を諸史料から読み解くことで、伝記や伝承の持つ解釈の豊かさに注目しようとした。敗者を年代記風に語ることで、時代の流れを大観できるようにした。〝敗者の声を聞く〟ことでみえてくるものを考えようとした。

それを果たすために以下のような構成上の工夫をこころみた。まず鎌倉期から南北朝そして室町期の諸種の著名な歴史的事件に着目し、十二世紀から十五世紀にわたる流れを、「年号」を足場に年代記的構成で叙述した。

歴史教科書には多くの年号とそれにまつわる政変・争乱が記されている。これに注目して、時代の潮目を敗者の視点で耕そうとした。当該年号には人物や事件に関連した歴史を読み解く「記憶」も宿されている。その「記憶」は伝記・伝承と同化し時空を超え人々の歴史観を規定した。本書は敗者を通して、時代と人物を俯瞰《ふかん》する一つの試みと考えていただければと思う。

なお、巻末には本書で取り上げた主要な歴史的事件の基本的な史料を便宜上一括して掲載し、読者の便宜に供した。

# 鎌倉

## 「関東」と敗者たち

関東は十二世紀末の内乱を通じて、政治権力体の呼称へと自己を変容させた。鎌倉幕府と呼ばれたこの政権は十四世紀まで幾多の騒擾《そうじょう》・反乱を経験した。その過程で多くの敗者を輩出させた。敗者の集積は一方で「関東」の権力を彫磨させ、成熟させていった。以下は「鎌倉」時代の画期となった著名な事件を年代記風に語ったものだ。「治承」（頼政・以仁王の乱）―「文治」（大河兼任《おおかわかねとう》の乱）―「建保」（和田義盛《わだよしもり》の乱）―「承久」（後鳥羽院の挙兵）―「宝治」（三浦一族の乱）―「弘安」（霜月《しもつき》騒動《そうどう》・安達泰盛《あだちやすもり》）等々、敗れし者たちのラインアップが列記できそうだ。鎌倉に誕生した東国の武家政権は、自己を「関東」と称し、日本国における都と鄙《ひな》の地域的偏差の解消に寄与した。

治承

# 源頼政の存念——交差する記憶と記録

まずは「治承《ちしょう》」から語りたい。「治承の乱」とか「治承・寿永《じゅえい》の内乱」として定着している、源平の争乱期の年号だ。同年号にまつわる主役は、源三位《げんさんみ》頼政《よりまさ》（一一〇四～八〇）である。摂津源氏に属したこの武将は、以仁王《もちひとおう》とともに治承段階に兵を挙げ、宇治で敗死した。伊豆にあった源《みなもとの》頼朝《よりとも》は、頼政の挙兵に触発され旗上げをする。わが国の内乱史を考えるうえでも記憶されるべき年号といえる。奥州合戦《おうしゅうかっせん》の終了する文治五年（一一八九）までの「内乱の十年」の始発に位置した当該年号を、頼政を介して読み解くこととする。

頼政は平家全盛の時代にあって、晩節《ばんせつ》を顧みずに反旗をひるがえした。老将に勝機はあり得たのか。内乱における頼政の存念とは何か。伝説・伝承も加味しながら内乱の先駆けをなした挙兵の意味について考える。ちなみに「治承」は高倉天皇の治政にあたる。*

## 源三位頼政と『鵺』説話の周辺

源頼政には史実と伝説が交錯する。歌人にして武人との評はその足跡に色彩りをそえている。鵺《ぬえ》退治に材料を取った能・謡曲は有名だろう。『平家物語』を原典とするこの作品『鵺』は、頼政像に影響を与えた。

頼政に退治された鵺の亡霊が主人公とされる。鵺の亡魂が己を射た頼政の高名・名声を語り、敗北した自身の妄執の弔いを禅僧に願うとのストーリーだ。世阿弥《ぜあみ》の作とされ、敗者の立場からその悲劇を伝えている＊＊。

近衛院を悩乱させた怪鳥は頼政に退治される情景を語りつつ、敗北の因を君を苦しませた「天罰」と解し、自身の妄執を語ったところに面白さがある。「天罰」云々を語る鵺の亡霊の心情に、王威礼賛の意思も読み取れる。「鵺」の話を別趣の作品に転換させる構想力は、興味深い。「仁平《にんぺい》の頃に、近衛院の御在位の御時、主上夜夜おびえさせ給ふ」、こんな状況下で頼政は鵺退治に抜擢される。「昔より朝家に武士を置かるる事は、逆反《ぎやくほん》の者を退け、違勅《いちよく》の輩《ともがら》を亡ぼさん為なり」と語る頼政は「目に見えぬ変化の物」への退治に躊《とまど》うが、君の威令のままに「怪しき物」を射落し武功をなすとのストーリーだ。それを称賛し、頼政には御剣「獅子王」が与えられる。おりしも「卯月十日余り」の時節、左大臣（藤原頼長《よりなが》）は御剣を頼政に下賜しつつ、「郭公《ほととぎす》名をも雲井《くもい》にあぐるかな」との上句に頼政は、「弓張月《ゆみはりづき》のいるにまかせて」と即興の句をつづけ、歌人たる面目をほどこしたとする（このあたりのパフォーマンス性は、五感の躍動の伝わる能・謡曲

清和源氏略系図

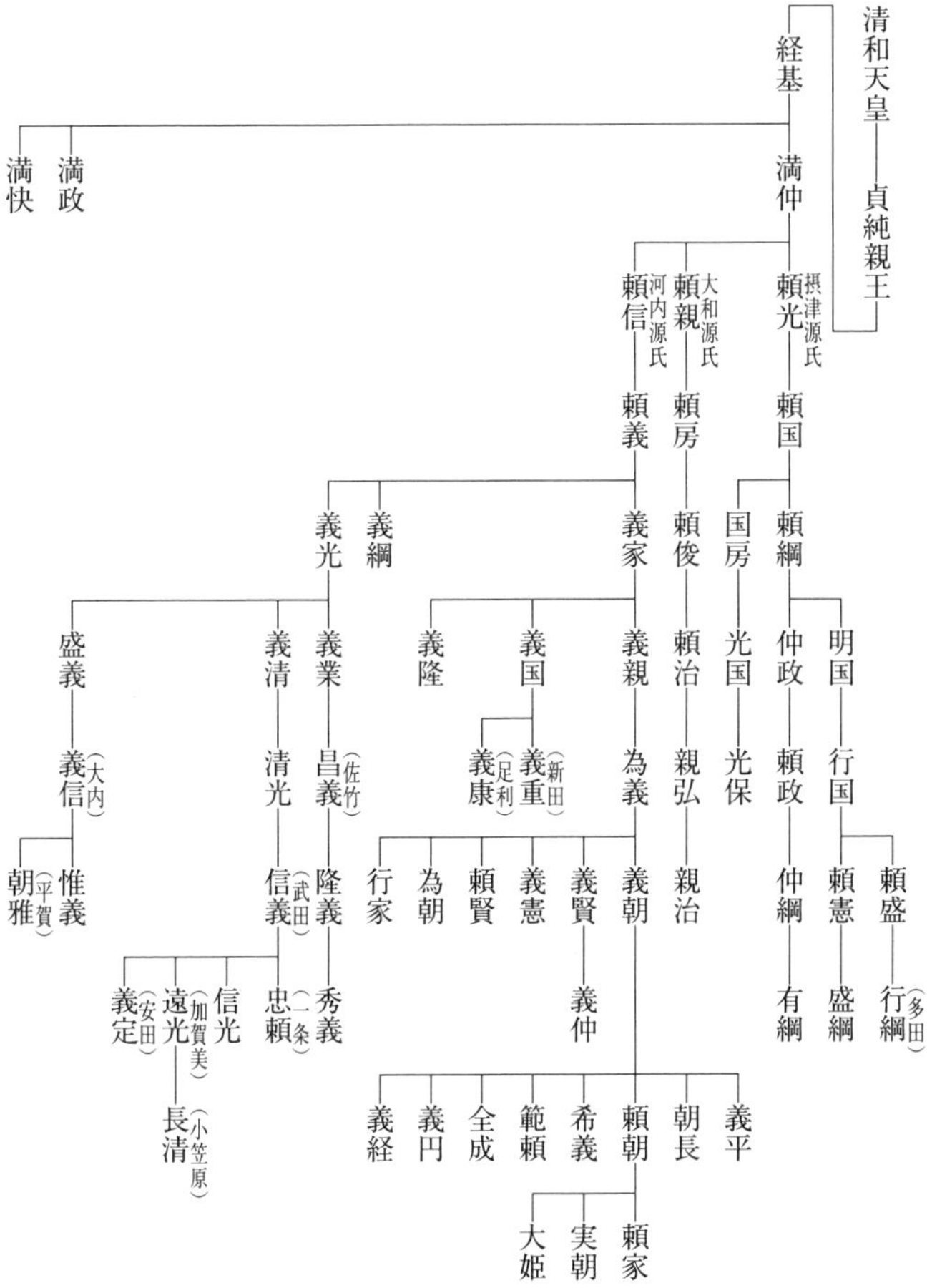

清和天皇
貞純親王
経基
満仲
満政
満快
頼光（摂津源氏）
頼親（大和源氏）
頼信（河内源氏）
頼国
頼房
頼義
頼綱
国房
頼俊
義家
義綱
義光
明国
仲政
光国
頼治
義親
義国
義隆
義業
義清
盛義
行国
頼政
光保
親弘
為義
義重（新田）
義康（足利）
昌義（佐竹）
清光
義信（大内）
頼盛
頼憲
仲綱
親治
義朝
義賢
義憲
頼賢
為朝
行家
隆義
信義（武田）
惟義
朝雅（平賀）
行綱（多田）
盛綱
有綱
義仲
秀義
忠頼（一条）
信光
遠光（加賀美）
義定（安田）
長清（小笠原）
義平
朝長
頼朝
希義
範頼
全成
義円
義経
頼家
実朝
大姫

が早道だろう）。

## 頼政的武威とは

『平家物語』には頼政の武威を「逆反の者を退け、違勅の輩を亡ぼす」と伝える。王権にアダする物怪《もののけ》・鬼神《きじん》の類からこれを守護する武力の僻邪性《へきじゃせい》（中国経由の思想で邪鬼を退治する力）の指摘である。頼政の鵺退治譚のなかに関連説話として登場する八幡太郎義家《はちまんたろうよしいえ》の鳴弦《めいげん》の儀《ぎ》（義家が弦打《つるうち》をすることで、「変化《へんげ》の物」を退散させたとの話）も、同根に位置する。

そこには王威（院・天皇が有した権威）の観念が語られている。同時に武力の行使が武威に連動する場面も投影されている。御剣「獅子王」の賜与は右のことを伝える。

『平家物語』での頼政の保持した武力の僻邪性をデフォルメすることで、王権（王威）への守護機能を打ち出そうとした。その点では武家の台頭が予定調和的に語られており、王権（王威）の絶対性も巧みに織り込まれている。『平家物語』の含意する中身はここにあった。公武合体的思考の表われである。凋落《ちょうらく》する王威・王権の現実とは別に、観念的世界では王権の再生・継続の主張である（この点、拙稿「「宝剣説話」を耕す」〈倉本一宏編『説話研究を拓く』〉参照）。『平家物語』には武士を主役としつつも、それに包摂され得ない王威の力が随所に散りばめられている。

とすれば、室町期の謡曲『鵺』が、頼政像との対比で鵺の罪に対して「君への天罰」を全面に出したことの意味も理解されよう。王朝物が謡曲的世界に圧倒的影響を与えた意味は、右の点と関係する。武権全盛の室町期には、過去を現実に同化させ、文化・芸能レベルの王威礼賛が可能となる。

以上、頼政の鵺退治説話を掘り下げることで、そこに込められているメッセージを探った。頼政を介して、武士の時代的位相も考えてみた。次は「由《よし》なき謀叛《むほん》」で、「宮（以仁王）をも失い参らせ」、「わが身も子孫」も滅亡させた武人頼政の思惑について掘り下げていく。

## 頼政の存念

頼政の先祖の頼光《よりみつ》は、酒呑童子《しゅてんどうじ》説話で知られる。頼光は藤原道長《みちなが》時代の「兵《つわもの》」として、兵受領《ずりょう》に位置した。頼政はこの頼光から数えて四代の末裔《まつえい》とされ、歴代「大内守護《おおうちしゅご》」（王家の守り）を職責とした。頼政が活躍する白河・鳥羽・後白河の院政期は、源平の武門が台頭する段階だった。十二世紀半ばの保元《ほうげん》・平治《へいじ》の乱は「武者ノ世」を浮上させた。頼政はその平治の乱に際し、平家に味方し平清盛《たいらのきよもり》の推挙により三位に進んだ。「平家世ヲ取ッテ二十年」（謡曲『敦盛《あつもり》』の一節）、その平家全盛の時代をすごした頼政は、その晩節に兵を挙げ宇治で敗死した。

このことは史実以上に後世に記憶として共有されている。『平家物語』（巻第四「橋合戦」、同「宮御最期」）にあって、その無念を語る場面は、史実を超えはるかに興味深い。史実への誇張（デフォルメ）の功罪は別にして、憂き世に生きながらえた老武将頼政の無念と存念が活写されているようだ。虚構の交差した頼政を考えることも刺激的だ。

「埋《うも》れ木《ぎ》の花咲くこともなかりしに、身のなる果は哀れなりけり」。頼政の、宇治橋合戦での辞世の句だ。自身を埋れ木に喩え、見果てぬ夢（挙兵の成功）と現実の挫折を語ったものだろうか。右の歌には頼政の自嘲にも似た想いが見え隠れするようだ。

歌の真意をどう汲み上げるか。以仁王を頂くことで、頼政は自らの行動の正当性とした。平治の乱に際し、源氏一門と離別したことへの呵責《かしゃく》と解すべきか否か。

当初、頼政は平治の乱に際し、源家一門として六波羅《ろくはら》攻めの義朝《よしとも》勢に属していた。が、心変じて清盛に参じた。「憎キ頼政ノ振舞カナ」（『平治物語』）と悪源太義平《よしひら》（頼朝の兄）も歯噛みしたと伝える。『玉葉《ぎょくよう》』も指摘するように、公卿《くぎょう》入りにはやはり清盛の推挙が大きかった。裏切りの代償だったのか。『平家物語』では頼政の出世を武芸に秀でかつ歌心を有したがゆえとして、その昇進を語ろうとしている。敗者たるこの人物への哀惜《あいせき》が、詩歌を解する武人像の定着に一役買ったようだ。さらにこの辞世の句にも、王朝武人頼政の力量を前面に出そうとする『平家物語』的作為がありそうだ。

## 頼政の歌

心の闇云々はあくまで小説（文学）風味から頼政の真意を解釈しただけで当たっているかどうかはわからない。頼政の摂津源氏は、伝承によれば頼光以来「大内守護」***（内裏警固の職で多田源氏の頼光流が世襲）の職責にあり、頼政の挙兵は伝統の家職への自覚的行動と解することもできる。清盛とその一門による後白河院の幽閉という事態のなかで、以仁王を輔翼《ほよく》することで大内守護の役割を果たそうとしたという理解だ（この点、拙著『英雄伝説の日本史』参照）。

以仁王自身、頼政とともに挙兵しようとの意図はあったはずだ。父後白河院の救出には、皇位継承資格者たることへの自覚もあった。以仁王令旨《りょうじ》に語られている文言からもそのことは推測できる（『吾妻鏡』治承四年四月二十七日条）。自らを上宮（聖徳）太子に比定し最勝王を自称することで、逆族たる清盛一党を追討するとの令旨には、明らかに将来における即位のことが企図されていたという。

以仁王の意図はともかくとして当の頼政に話を戻すと、その挙兵は頼政七十七歳のことだった。摂津源氏頼光の玄孫にあたり、祖父頼綱・父仲政ともども歌人としても知られる。頼政の詩歌の感性もそれを継承したのだろう。『尊卑分脈《そんぴぶんみゃく》』等々によれば、頼政は白河院判官代《ほうがんだい》となり保延二年（一一三六）従五位下・蔵人《くろうど》、久寿二年（一一五五）兵庫頭《ひょうごのかみ》となる。翌年の保元の乱では後白河天皇側（義朝側）に加わった。平治の乱までの足跡は以上のようであった。

平治の乱では清盛に与《くみ》したことで信頼を得て、仁安元年（一一六六）正五位下となり、そして治承二年（一一七八）に七十五歳にて従三位に列した。

頼政の挙兵はその二年後のことだった。以下、『吾妻鏡《あずまかがみ》』が伝える頼政の敗死にいたる流れを記しておこう。

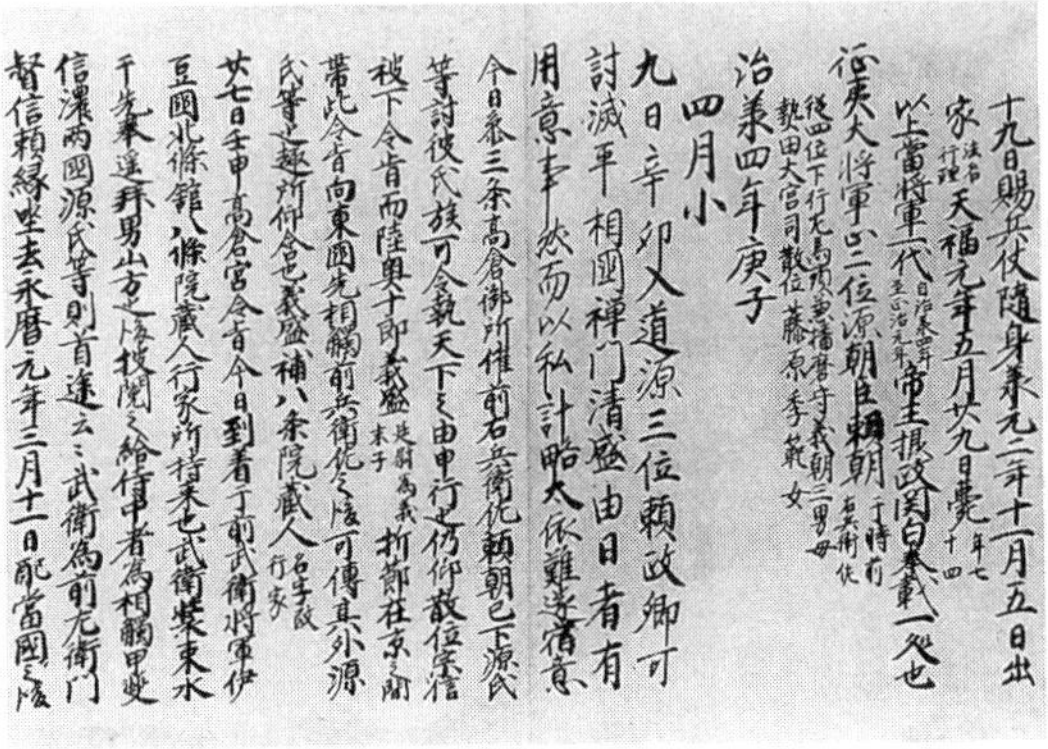

『吾妻鏡』巻1（個人蔵）

## 頼政蜂起と敗北

『吾妻鏡』は、以仁王・頼政の挙兵から起筆する。この事件の東国史に占める比重の大きさがうかがわれる。頼政蜂起が以仁王令旨とともに諸国源氏に伝わり、内乱へと転換されてゆく過程がふれられているが、その頼政蜂起を以下のように伝える。

四月九日、入道源三位源頼政卿、平相国禅門清盛ヲ討滅スベキノ由、日者用意ノ事アリ、シカレドモ私ノ計略ヲ以テ、ハナハダ宿意ヲ遂ゲガタキニヨリ、今日夜ニ入リテ、子息伊豆守仲綱等ヲ相具シテ潜カニ一院（後白河）第二ノ宮（以仁王）ノ三条高倉ノ御所ニ参ジ、前ノ右兵衛佐頼朝已下ノ源氏等ヲ催シ、カノ氏族ヲ討チ、天下ヲ執ラシメタマフベキノ由、コレヲ申シ行フ……

（『吾妻鏡』四月九日条）

「関東記録」と称された『吾妻鏡』には、平家打倒に向けて準備をすすめていた頼政が、宿意達成のために以仁王を仰ぎ、頼朝以下の挙兵を促すべく令旨を要請したとある。

以仁王令旨の件が平家に露見、十五日夜間に以仁王の三条高倉邸に検非違使《けびいし》が派遣された。すでに頼政の報で以仁王は密かに三井寺《みいでら》（園城寺《おんじょうじ》）に向かい、十九日には頼政も自邸に火を放ち、以仁王と合流すべく近江に向かった。その後の二十三日、三井寺衆徒たちは平氏一門の追討に備え臨戦態勢で臨むが、迎撃力欠如のゆえに奈良の南都勢力を頼ることとなる。二十六日には、頼政以下以仁王一行は南都方面に向かった。しかし平知盛《とももり》・維盛《これもり》以下二万騎の追討軍はこれを追撃、宇治で頼政・以仁王を敗死させるにおよんだ。

蜂起から頼政の死まで、わずか二週間余りだった。

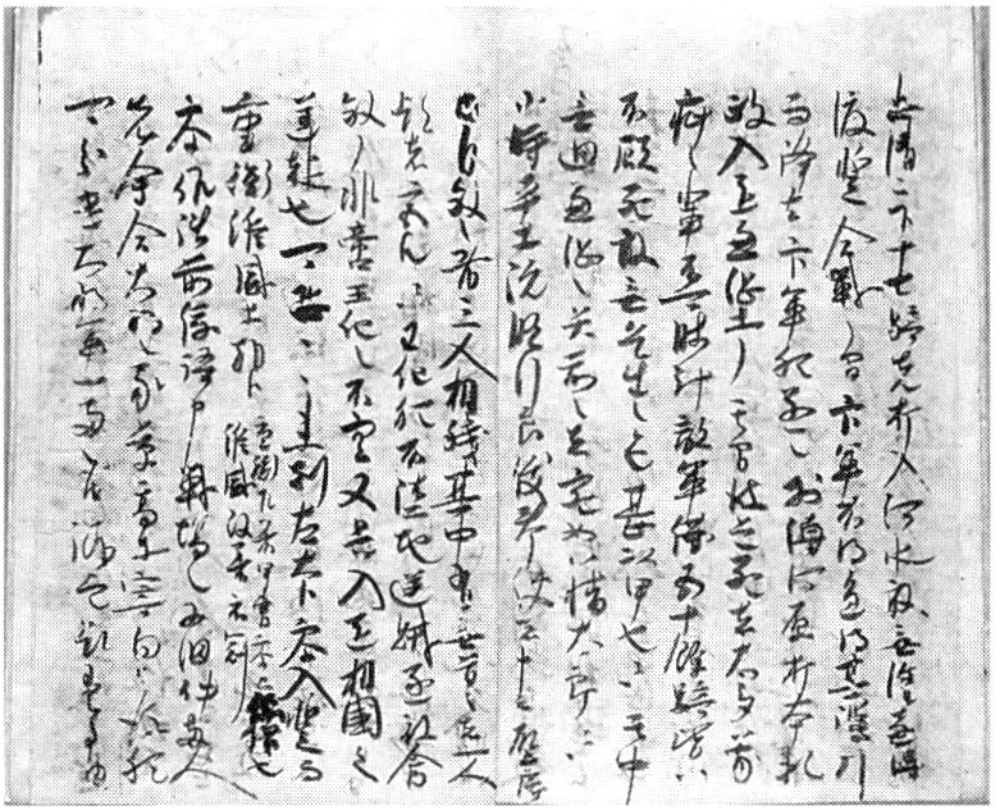

『玉葉』治承4年6月25日条
宇治橋合戦をつたえる（宮内庁書陵部蔵）

## 反乱から内乱へ

内乱期を漕ぎ抜いたこの老武将の生き方は、まさに「棺ヲ蓋《おお》イテ、事定マル」（『普書』劉毅伝）の表現どおり、頼政の人生は最後の最後に決した。

頼政・以仁王の蜂起は未遂に終わった。が、その遺志は以仁王の令旨という形で諸国に伝えられた。頼政の敗死から数ヵ月後、伊豆で挙兵した頼朝について、九条兼実《くじょうかねざね》は日記『玉葉』に以下のように記している。

（治承四年）九月三日……又伝へ聞ク謀叛ノ賊義朝ノ子（頼朝）年来配所ノ伊豆国ニ在リ、シカルニ近日凶悪ヲ事トシ、去ヌルコロ新司ノ先使ヲ凌礫ス、時忠卿ノ知行ノ国ナリ、凡伊豆・駿河両国押領《おうりょう》シオハンヌ……彼ノ義朝ノ子大略謀叛ヲ企テルカ、アタカモ将門《まさかど》ノ如シト云々……

（原漢文『玉葉』巻三十五）

兼実が伝聞として記した義朝の子こそが、伊豆配《はい》流《る》中の頼朝だった。八月十七日の頼朝挙兵の報は九月初旬に公卿たちに伝えられた。右はそのおりの、兼実の感想だ。情報不足も手伝って事件への認識は浅かったとはいえ、王朝側の狼狽の様子もうかがえ興味深い。将門の乱と対比しているのはその顕われといえる。

ちなみに同史料に見える九月初旬は、石橋山合戦《いしばしやまかっせん》で敗北した頼朝が房総へと逃れ、再起途上の時期にあたる。頼朝の行動の成否は定かではない状況下にあった。頼朝が富士川において平氏の軍を逃走させたのは、この十月のことだった。

いずれにしても、以仁王を擁した頼政の戦いは、宇治で終焉をむかえた。その敗北はむしろ戦いの始まりとなり、治承・寿永の内乱の引金となった。

反乱が内乱へと点火されるには、地域的な規模の広がりとともに、階層的変革の深さも要件となる。この広さと深さの両要素こそが、内乱を規定する本質だ。頼政の蜂起は、清盛率いる平氏の体制への謀叛として表面化した。それが京都から地方へと広がり、広域的規模で拡大するにいたったのは、それを支える諸条件を必要とした。

歴史は勝者により伸ばされる。それゆえに鎌倉幕府が流産に終わっていたなら、頼政や以仁王の挙兵も、あるいは評価の外の可能性さえあった。だが現実は彼らの戦いが諸国源氏の蜂起を促し、頼朝・義仲の挙兵へと繋がった。頼政の敗北は新たな時代の扉を開く契機となった。「治承」の年号は勝者だった平家を敗者に、他方の源氏を浮上させた。まさに源平興亡の先駆けともなった。

鴨長明《かものちょうめい》が『方丈記《ほうじょうき》』で「安元の大火」「治承の辻風」「養和の飢饉」「元暦の大火」と語っているように、人々にとって平安末期の打ち続く天災の一つに「治承」は当てられていた。その「辻風」よろしく頼政が起こした一陣の風が東国へと広がり、権力変革の契機となった。『吾妻鏡』の書き出しがこの治承四年（一一八〇）から起筆されているのは、後世の編纂ながら『吾妻鏡』編者たちの卓見を垣い間見ることができそうだ。

＊　治承の年号は高倉天皇の在位中のもので安元三年（一一七七）八月の改元による。出典は「河図挺作輔」の「治武明文徳治承天精」（武ヲ治メ、文徳ヲ明ラカニシテ、治シテ天精ヲ承ク）に由来する。

＊＊　『平家物語』に見える「鵺」の話は怪鳥を退治した頼政の武功にくわえ、歌人たる情ある武将を主軸に据え

ている。それは『平家物語』諸本が頼政挙兵と宇治川合戦での敗死の史実を語った直後に、頼政の人となりを示す逸話として位置しているからだった。「よしなき事」に与《くみ》した頼政の運命の皮肉を語るうえで、挙兵に踏み切った老将の目まぐるしい運命を伝えようとしたための演出があった。世阿弥の作とされる謡曲『鵺』は、勝者たる頼政の行動を、退治された側、すなわち敗者の視点で語った発想に新味があった。室町期に登場した能・謡曲は、世阿弥により完成された夢幻能の様式が多く、修羅の世界での敗者たちにスポットが当てられている。『鵺』も、その点では共通する。プロローグで述べた『望月』には、過去の史実たる「曽我兄弟の仇討」が挿入されており、趣向としては取材した話柄《わへい》のなかに別立ての出来事をはさむ形式を登場させる点で面白味がある。その点では和歌の世界での〝本歌取り〟的要素も加味されているようだ。『平家物語』や『源氏物語』等々の過去の作品に取材し、これを基礎に種々の趣向を凝らす謡曲の世界は、室町期の時代精神の成熟を推測させる。

＊＊＊　頼光の段階で、従来の衛府に代わり、武士の棟梁が内裏警固にあたった。頼光の末裔たる頼政もそれを家職とした。頼政の子息頼兼も内乱期の寿永二年（一一八三）に任ぜられた。幕府成立後は、御家人たちが頼兼を補佐する形態をとり、「禁裏守護番」と呼称された。承久の乱では家職を継承した頼茂が、後鳥羽院の追討により、敗死した。

＊＊＊＊　この点、佐藤進一『日本の中世国家』を参照。同書にはこの令旨を分析し、従来からの当該令旨の文言への疑念について検討を加え、令旨としての妥当性の高いことを指摘する。この事件に関して、「治承四年（一一八〇）五月の以仁王の挙兵にはじまり、文治五年（一一八九）八月源頼朝の奥州藤原氏討滅に終る。一〇年に近い内乱は、日本の歴史がいまだ経験したことがない広い地域と上下の諸階層を包みこんだ大規模な争乱であった」（同書六三ページ）と、その歴史的意義に言及している。この引用にあるように、これまでの歴史に

ない広域性と階級性を有した点で特筆されるという。その意味で十年におよぶ内乱の始発が京都王朝の膝元での頼政の蜂起から始まったことは重視される。東国での反平氏への動きは、中央での頼政の反旗が呼び水となったもので、都鄙の連動という面からも興味深い。

文治

# 反骨の証明か、大河兼任の乱——奥州藤原氏の意地

「文治《ぶんじ》」＊の年号は治承《ちしょう》・寿永《じゅえい》の乱が終了した段階に位置する。元暦二年（一一八五）三月の平家討滅があり、その後の天災と八月の大地震で改元がなされた。安徳帝と平家一門の怨霊《おんりょう》による天災との風説も「文治」の改元に繋がった。後鳥羽《ごとば》天皇の年号で内乱の第二ステージの始まりとなった。

北方の奥州との戦争は内乱史を考える際の画期となる。ここでは奥州合戦以後に出羽《でわ》で挙兵した大河兼任《おおかわかねとう》に焦点を据え、〝奥州の意地〟について語っておこう。文治五年（一一八九）の末から翌六年三月にかけて、東北を舞台になされたこの反乱は、「文治」の年号の最後に位置した。戦争から平和への転換を意味した「建久《けんきゅう》」への改元はこの事件の後にあたる。

「……文治ニ右幕下（源《みなもとの》頼朝《よりとも》）ハジメテ武館ヲ構へ、承久ニ義時朝臣天下ヲ併呑ス……」とは『建武式目《けんむしきもく》』の冒頭部分の文言だ。そこには「文治」の頼朝と「承久《じょうきゅう》」の北条義時《ほうじょうやすとき》が登場する。「文治」の年号は頼朝の鎌倉開府と不即不離の関係として見えている。

## 由利八郎から大河兼任へ

そして、その「文治」は一方で奥州合戦にまつわる年号としても知られる。敗者となった奥州藤原氏の無念も付着していた。奥州合戦は、内乱の終息においての画期だった。ここでの主題は、敗者の〝奥州の意地〟に焦点を絞り語りたい。「主君ノ敵ヲ討ツ」べく蜂起した大河兼任の乱については、『吾妻鏡《あずまかがみ》』以外に信頼に足る史料がない。そこでは、敗者ながら自己の存念を行動で示した人物として語られている。〝奥州の意地〟云々では兼任とともに由利八郎《ゆりはちろう》も有名だ。由利は言論で、大河は闘諍《とうじょう》で、それぞれが奥羽武士の意地を示した。

藤原秀衡《ふじわらのひでひら》滅亡直後の文治五年（一一八九）九月、出羽《でわ》国の住人由利八郎が宇佐美実政《うさみさねまさ》に生虜《いけど》られ、陣岡《じんがおか》（岩手県紫波《しわ》郡）で頼朝と対面した。そのおり由利は自身の存念を語り、頼朝に抗弁した。『吾妻鏡』が記すその大意は以下のとおり。

奥羽両国に威勢を有したはずの泰衡《やすひら》が百日も支えられず、家人の河田次郎の裏切りで滅亡したと、頼朝は由利の主君泰衡を論難した。これに対し、由利は次のように抗弁したという。由利は「海道十五ヶ国ヲ管領《かんりょう》」した「故左馬頭殿《さまのかみどの》」（源義朝）も平治の乱で「一日ヲ支ヘタマハズシテ零落《れいらく》ス」と語り、そのうえ義朝も「数万騎ノ主」だったが、家人の長田忠致《おさだただむね》のために誅殺《ちゅうさつ》されたことを引き合いに出し、彼我と比較して「甲乙」つけ難き旨を頼朝に対し伝えたとある（『吾妻鏡』文治五年九月七日条）。

由利八郎の右の主張は、義朝の敗走の例を引き合いに闘いの優劣の不毛さを語ったもので、泰衡の立場が鮮明に語られた。出羽国由利郡住人として、奥羽武士の意地を勝者の鎌倉側に伝えることが自己の使命であるかのごとき姿勢だった。

奥羽入りに際し頼朝は自身の率いる中央軍と、海道・北陸の両翼の三軍で出陣した。出羽在住の由利らの部隊は、宇佐美実政《うさみさねまさ》・比企能員《ひきよしかず》率いる北国ルートからの迎撃軍に編入・配備された。陸奥の阿津賀志山《あつかしやま》の八月九日から十日の激戦には参加しておらず、遅れ馳せながらの意志の表明だった。由利八郎の凛としたこの姿勢を頼朝も是とし放免した＊＊。敗者なりの一矢の報い方が伝えられる逸話といえる。

## 出羽大河兼任の乱を考える

由利八郎とともに、出羽の大河兼任の蜂起《ほうき》にも〝奥州の意地〟が伝わる。文治五年から翌年の三月にかけて、足かけ四ヵ月にわたる奥羽武士たちによる武力闘争だ。兼任は、現在の秋田方面を拠点とした地域領主だった。第二次の奥州合戦の可能性さえ有した反乱だった。頼朝が帰鎌して二ヵ月後の十二月二十三日、奥州からの飛脚が到着する。そこには「予州（源義経《よしつね》）ナラビニ木曽左典厩（義仲《よしなか》）ノ子息、オヨビ秀衡入道ガ男等ノ者アリテ、各同心合力セシメ、鎌倉ニ発向セント擬スル」との報が届けられた。「文治」も六年目を迎えた春に関東は動揺した。

「治承」から始まった反乱の時代は、「養和」「寿永」「元暦」と目まぐるしく年号をかえ、平氏族滅で終止符が打たれた。「文治」の年号は対平家との戦いから、対奥州との戦争の転換点に位置した。「文治」はそのまま奥州との臨戦態勢のスタートにあたる。

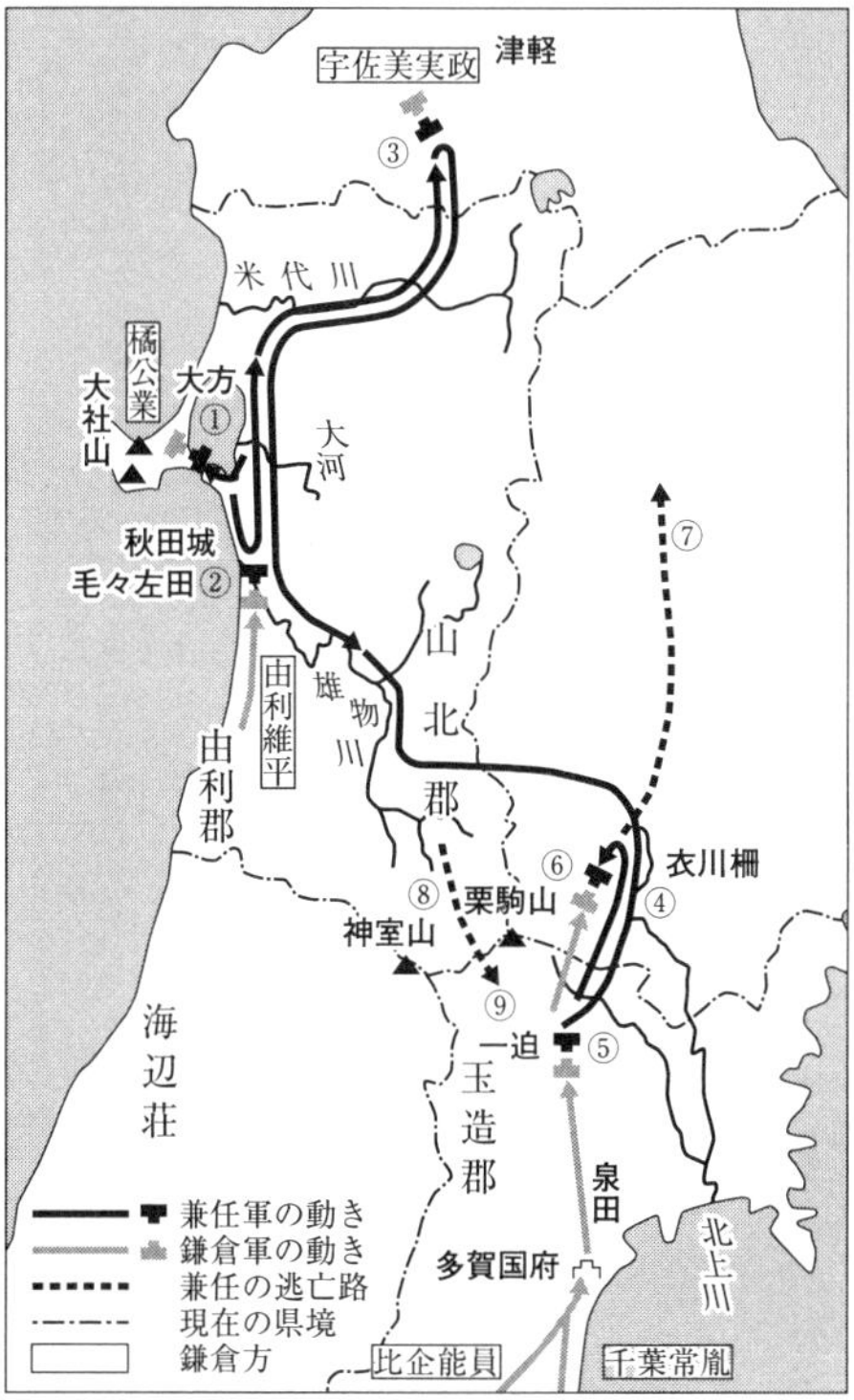


大河兼任の乱（『仙台市史』通史編より作成）
①～③1189年12月頃戦闘，④1190年1月兼任所在，⑤1190年2月12日戦闘，⑥1190年2月中旬戦闘，⑨1190年3月10日兼任栗原寺で死亡

勝者たる頼朝には義経問題が懸案として横たわっていた。その義経の平泉での奥州討滅直後、頼朝の進攻が開始される。平泉は陥落し、そして泰衡は滅びた。生虜の由利八郎の物言いは泰衡滅亡後の文治五年九月であり、この大河兼任の乱はその三ヵ月後だった。その挙兵に義経・義仲・泰衡一同の亡魂が語られ、鎌倉を目ざしたと記されていた。いずれもが鎌倉の武力に敗れた者たちだった。それらの亡魂を担ぐ形で鎌倉的秩序を非とする戦いが展開された。

兼任は挙兵に際し、「古今ノ間、六親モシクハ夫婦ノ怨敵ニ報ズルハ、尋常ノ事ナリ、イマダ主人ノ敵ヲ討ツノ例アラズ、兼任ヒトリソノ例ヲ始メンガタメニ鎌倉ニ赴クトコロナリ」（『吾妻鏡』文治六年正月六日条）とは、その兼任の主張だ。以後、兼任敗死にいたるまで鎌倉側も警戒を強め、鎮圧軍が組織された。具体的戦闘の経過は別に譲るとして、この戦における兼任の眼目は二つあった。

一つはその挙兵の名目だ。「主人ノ敵ヲ討ツ」との発言である。血縁者の敵討ちを古今尋常の例とするとの発言はともかく、兼任が声高に表明した敵対観が重要だろう。血縁者の怨敵を報ずる行為は当然だったとしても、兼任の主張は、主人への報恩観に裏打ちされていたことだ。主人の敵を討つとの〈義〉への演出が大きかった。

由利八郎の場合、言説で奥羽の亡主の言い分を発信した。対して兼任は、武力で亡主の無念を主張しようとした。その背景には、奥羽の地が鎌倉的秩序に編入され、関東武士の諸勢力が地頭として入部することで、あるいは兼任らの奥羽武士たちへの権利侵害への危機意識も重なったのかもしれない。

兼任にとって、自身の行動の規矩を亡主の敵討ちに求めることでしか自己主張する場が与えられていなかった。血縁や夫婦という内向きの論理ではなく、主従という外に接続する論理を選択しようとした。義が肉親の情に優先するとの思考の成熟が、蜂起の背景にあったことは認めてよい。

「主人ノ敵ヲ討ツ」との従者の立場の主張だが、史実に照らし、かかる従者側からの仇討が兼任の主張どおり〝初めて〟か否かは不明だ。だが、問題はそのことではない。むしろ兼任がそれを押し立て自己の行為の根拠としようとした理屈だった。

仇討が血縁的世界という「尋常」とは別個の世界から導き出されている点だ。本来は血縁の「外」にあった主従の関係性は、血縁の「内」なる存在の延長に位置づけられていることだろう。

### 主従の縁という論理

しばしば指摘されることがある。血脈の濃淡により「親子」=一世の縁、「夫婦」=二世の縁、そして「主従」=三世《さんぜ》の縁《えん》との発想は、封建道徳の一般化した中世後期から近世の産物だった。そこには主従の関係を血縁的擬制にまで拡大させる意思が働いていた。「前世」「現世」そして「来世」という三世にわたるまで絶縁不能な関係を演出させようとした。

この点をふまえるならば、従者＝家人たる立場で亡主泰衡の仇を討つとの表明は、中世初期といえどもやはり時代の産物だった。当該の奥州合戦の時期は、従者（家人）による主君への仇討は、後世の「三世の縁」のごとく、時代が共有した論理ではなかった。そうであるがゆえに、『吾妻鏡』の編者は大河兼任の主張たる主従の論理を特筆したのだった。

主従という当為価値が意味を有した時代に適合した論理だったといえる。大河兼任の武力闘争にしろ、由利八郎の言論闘争にしろ、奥州の「御館《みたち》」への忠節行為だった。

奥州の家人たちが鎌倉に仇した行為は、中世的世界のそれだ。その典型はプロローグに語った謡曲『望月』とも通底している。ただし、『望月』での主君仇討譚の底流には、曽我兄弟の事件が加工されていた。親子（一世）と夫婦（二世）の契りたる「尋常」の論理の上に、従者の仇討の論理が複合・重層化の構成を取っており、作品に厚味が加わっていた。血縁と非血縁それぞれの論理の結合が、人々の共感に繫がったことになる。

しかし、この大河兼任が主張する仇討の論理は、自己の行動の源泉を血縁云々とは無関係なところで発信されている。兼任の主張の基礎に、鎌倉という権力に敗れた敗者たちを糾合していることが改めて注目される。義経しかり義仲（義仲嫡男の志水義高《しみずよしたか》もふくめ）しかりである。かれら亡魂の敗者はいずれも頼朝の敵対者だった。鎌倉的論理で「非」とされた敗者たちであり、奥州もそうだった。兼任が鎌倉に立ち向かう際の敗者の結集力は、後世風の物言いをすれば「義」あるいは「俠」の語らいとなったのではなかったのか。

奥州の覚醒を自らに課すことで、亡魂たちを結集させ鎌倉に仇する、そんな目論見が見て取れそうだ。遅ればせながらのこの兼任の行為を支えたものは何であったのか。政治的正義の名の下で敗北に追いやられた奥州の言い分を考える材料となるはずだ。

**奥州藤原氏の言い分**

大河兼任の乱以前、奥州は予定調和のごとく敗北する。文治五年八月のことだった。鎌倉に奥州入りの口実を与えたのは、義経隠匿の罪だった。

義経追討の宣旨《せんじ》が陸奥・出羽に出されたのは、文治四年二月二十六日のこと（『玉葉』）、宣旨の宛名は前陸奥守藤原基成《ふじわらのもとなり》と秀衡《ひでひら》の子息泰衡であった。これより先の同年正月、義経の被護者秀衡が平泉館で死去した。対平氏攻防戦の時期、頼朝の懸案は奥州の秀衡の隠然たる力だった。秀衡が奥州入りした義経と結ぶことは大きな脅威だった。『玉葉』によれば、秀衡はその死に臨み、「兄弟和融」をはかり、「義顕（義経）ヲ以ツテ主君トナシ……頼朝ヲ襲フベキノ籌策《ちゆうさく》ヲ廻ラスベキ」との遺言を残していた（文治四年正月九日条）。頼朝にとって、義経と秀衡の後継泰衡との分断が望まれた。秀衡の死去はその絶好の機会を与えた。

かかる状況下で頼朝の泰衡への圧迫が始まる。義経討伐の要請だ。奥州藤原氏の〝体制保障〟とも取られかねない鎌倉側からの要請に泰衡は動いた。義経を死に追いやったのである（『吾妻鏡』文治五年閏四月三十日条）。

泰衡の一連の行動の心理は、自身が平泉を逃れ河田次郎の裏切りで敗死する直前に頼朝に差し出した書状からも推測できる。そこには「伊予国司（義経）ノ事ハ、父入道ノ扶持シタテマツリヲハンヌ、泰衡全ク濫觴《らんしょう》ヲ知ラズ、父ナキノ後ハ貴命ヲ請ケ誅シタラマツリヲハンヌ、是レ勲功ト謂フベキカ、而ルニ今罪ナクシテ、忽ニ征伐アルコト、何故カ」（同八月二十六日条）と見えているところからもわかる。

この泰衡の言い分は、鎌倉側の違約への批難だった。義経の追捕《ついぶ》は鎌倉の要請であり、それを実行した奥州が追討される理由はないのだと。泰衡の主張は当然だった。父秀衡の意志でなした義経の隠匿行為は、自分の責任ではないこと。父の遺跡を継承した段階で鎌倉の意向に沿う形で義経を追捕した以上、「勲功」こそあれ、非はなきことが主張される。

対して頼朝の主張はどうだったのか。そこで語られているのは、先代秀衡による謀叛人義経擁護への罪と罰だった。だが、この主張はいかにも苦しい。京都朝廷の後白河院も、義経亡き奥州入りへの大義はないとして宣旨を渋った。奥州入りが既定路線だった頼朝にとって、「朝敵」創出という公的論理が閉ざされた以上、私的論理ともいうべき〝家人成敗〟権を持ち出しての出兵だった。かつて父祖たる頼義・義家により遂行された前九年《ぜんくねん》・後三年《ごさんねん》の合戦での故実を引き合いに、奥州藤原氏との〝因縁〟を強調したのだった（この点、拙著『東北の争乱と奥州合戦』参照）。

## 過去の因縁という論理

『吾妻鏡』が伝える「スデニ奏聞《そうもん》ヲ経ラルルノ上ハ、強《あながち》ニソノ左右ヲ待タシメタマフベカラズ」「泰衡ハ累代御家人ノ遺跡ヲ受ケ継グ者ナリ」「綸旨《りんじ》ヲ下サレズト雖モ、治罰ヲ加ヘタマウコト、何事カアランヤ」（文治五年六月三十日条）。これらは宿将の大庭《おおば》景義《かげよし》が頼朝に語った奥州進攻の理屈だ。右に示したように、①すでに朝廷には鎌倉側の意志を奏聞しており軍中にあっては将軍の命が優先されるべきこと、②したがって朝廷からの回答を待つ必要はないこと、③ましてや泰衡は「累代御家人」に近い存在であり、これを「治罰」することに躊躇不要との理由だ。景義のこの発言は多分に鎌倉側の主張を代弁したものだろう。

ここから判断されるように、朝敵を創出し、奥州進攻の正当化を公的論理で演出しようとした鎌倉側が、③に示されている家人成敗という私的論理（源家の相伝家人論）だった。それは前九年・後三年の合戦以来、安倍・清原氏の末裔の奥州藤原氏は、頼義・義家の奥羽遠征でその支配が保証された以上、源家の「家人」たる立場と変わらないとの主張だった。泰衡を「累代御家人ノ遺跡ヲ受ケ継グ者」と述べており、史実とは別に〝かくありたい〟〝かくあったはず〟との過去の因縁を歴史に問いかけた論理だった。

鎌倉の論理は、過去を足場に「家人成敗」を強引に押し出したものだった。

この強者の論理の前に、泰衡の主張の無力さは致し方のないところだった。敗者となった平泉

『後三年合戦絵詞』（部分，東京国立博物館蔵，Image: TNM Image Archives）

に残されたものは、敗れし者の意地の表明だった。由利八郎、そして大河兼任が命を賭して戦うことで、政治的正義を強いた鎌倉に一矢でも報いることだった。大河兼任の〝亡者連合〟（義経・義仲等々）は、かつて鎌倉の権力によって葬り去られた人々だった。その彼らの亡魂を前面に据えることで、頼朝に心労を強いた（『吾妻鏡』文治六年二月六日条）。さらには上洛予定の変更を迫まるなど衝撃を与えたことも事実だった。

＊　「文治」の出典は『礼記《らいき》』で「湯以寛治……文王以文治民」（湯〈王〉、寛キヲ以ツテ、民ヲ治メ……文王、文ヲ以ツテ民ヲ治ム）に由来する。元暦二年（一一八五）八月に改元。文治六年（一一九〇）四月に建久となるまでの年号で、天暦・文治・建久いずれも後鳥羽天皇の年号。

＊＊　由利八郎に関しては、由利郡を本貫《ほんがん》とした地域領主たることは言を俟たないが、この人物の実名については議論がある。従前では一般には、大河兼任の乱に際して、その与党化をはかるべく大河が

書状を送付した由利中八惟平《これひら》と同一人物と解されてきた。ただし昨今の研究では、頼朝に抗弁した由利八郎と、大河兼任の乱でこれに与せず鎌倉側に参じた由利惟平は別人で、後者の惟平は御家人として関東から下向した伊豆以来の頼朝の家人であって、かつての由利八郎の没収所領に郡地頭として補任された人物とされている（野口実「出羽国由利郡地頭由利維平をめぐって」京都女子大学宗教・文化研究所『研究紀要』第三二号、二〇一九年）。

この考え方に立脚したとしても、泰衡の家人に頼朝に抗弁した由利八郎なる人物がおり、道理なき鎌倉による進攻へ反駁したことは動かない。

＊＊＊　主人の仇を討つ場面は同じ『吾妻鏡』でもみられる。頼朝が治承四年八月の石橋山合戦で安房へと逃走後、同国の平家方の住人長狭常伴《ながさつねとも》が討たれた（『吾妻鏡』治承四年九月三日条）。その郎等《ろうどう》の左中太常澄《さちゅうだつねずみ》なる人物は、翌年の養和元年の七月に鎌倉を訪れ、鶴岡若宮宝殿の棟上の儀に際し、頼朝暗殺を試みたことがみえる（同養和元年七月二十日条）。

## 建保　和田合戦——和田義盛の執心、朝比奈三郎の抗心

昨今では「和田合戦《わだかっせん》」（『保暦間記』）とともに「建保《けんぽう》合戦」の用語も定着しつつある。前者は和田義盛《わだよしもり》をはじめ同氏にかかわる騒擾《そうじょう》に特化した呼称だった。順徳天皇在位中の年号*で、鎌倉幕府内での北条氏覇権確立の画期とされる。和田義盛の乱として語られ、幕府草創以来の名族和田氏が北条義時《ほうじょうよしとき》に滅亡させられた事件として知られる。この事件では和田氏以外でも姻戚関係にあった横山党《よこやまとう》などの有力武士団も勢力を失った。以下ではその事件に際し、名を馳せた朝比奈《あさひな》三郎《さぶろう》についても話を広げたい。

### 合戦のあらまし

戦いの経過は『吾妻鏡《あずまかがみ》』に尽くされている。屋上屋を架す必要もないので、行論の関係で最小限の言及にとどめる。乱は次のように進んだ。発端は信濃国での泉親衡《いずみちかひら》（信濃源氏・満快《みつよし》《みつやす》流、父公衡《きみひら》）の謀叛**に義盛の子息和田義直・義重・甥胤長《たねなが》の三者

が与同したことにあった。建暦三年（一二一三）二月 源《みなもとのよりいえ》頼家の遺子千寿《せんじゅ》（栄実《えいじつ》、母は昌寛法橋《しょうかんほっきょう》の娘）の擁立をはかるクーデターが発覚、加担者は信濃・越後・下総《しもうさ》の広域にわたる御家人《ごけにん》たちだった。そのなかに和田一族もふくまれていた。このため惣領たる立場の義盛は、上総《かずさ》の伊《い》北荘《ほうのしょう》から自身の不明を陳謝すべく将軍源実朝《さねとも》の下に参じた。一族九八名を率いての来鎌だった。子息二人は実朝の判断で不問とされたが、甥胤長のみは陸奥《むつ》国岩瀬に流罪とされた。加えて胤長の鎌倉荏柄《えがら》の屋敷池は没収され、北条義時に与えられることとなった。

義時の暗躍と解した義盛は、北条一門への意趣を増幅させた。『吾妻鏡』から推察される義盛の心情とはこんなところだ。

四月半ばには源実朝に近仕していた義盛の孫の朝盛が出家した。主従と一族の二つの関係の板挟みによる決断だったようだ。合戦近しという状況で主君実朝への反旗を回避したのだろう。当の義盛に使者を派遣し、実朝はその真意を問おうとした。が、朝比奈三郎義秀《よしひで》らの主戦派の意思もはたらき、五月二日、戦いが勃発する。

同日の夕刻、義盛以下は一五〇騎で将軍御所を襲い、義時邸や大江広元《おおえのひろもと》邸を攻撃した。また朝比奈義秀に御所の惣門を破られるなどしたため、実朝たちは西御門の頼朝を祀る法華堂への避難を余儀なくされた。翌三日早暁に武蔵七党の雄横山時兼《よこやまときかね》勢（義盛の妻は時兼の伯母）が参陣し、幕府軍は劣勢となる。その後関東諸国から幕府への来援があり、同日の夕刻には義盛が敗れ勝敗

和田義盛（菊池容斉『前賢故実』巻8より，国立国会図書館蔵）

が決せられた。その後、和田勢の掃討がなされ片瀬に晒された首級は、二〇〇以上を数えた。

以上が建保合戦のあらましだ。

## 義盛挙兵

頼朝死後、有力御家人梶原景時《かじわらかげとき》・畠山重忠《はたけやましげただ》・比企能員《ひきよしかず》らが相ついで敗死していった。多くが北条氏の関与があったとされる。この和田合戦もまた同様だった。ただしその規模と緊迫度において、それまでの闘諍事件とは一線を画するものがあった。すでにふれたように、事件は義盛の関与とは別に頼家の血脈擁立に端を発したからである。実朝将軍排斥にも繋がる。その点では、新将軍擁立による幕府体制の変革の意図もふくまれていた。義盛はその動きに乗せられた。逆に義時サイドはこれを利用することで、和田一族を挑発したとみられる。

乱以前の、義盛と将軍実朝の関係は『吾妻鏡』を読む限り極めて良好だった。暗黙の信頼関係があった。将軍実朝への義盛の上総国司就任の打診も、そうした関係を前提とした（『吾妻鏡』承元三年五月十二日条）。

和田左衛門尉義盛、上総ノ国司ニ挙任セラルベキノ由、内々コレヲ望ミ申ス、将軍家（実朝)、尼御台《あまみだい》(政子)ノ御方ニ申シ合ハセラルルノトコロ、故将軍(頼朝)ノ御時、侍ノ受領ニオイテハ停止スベキノ由、ソノ沙汰訖《おわ》ンヌ、ヨツテカクノゴトキノ類ヲ聴サレ、例ヲ始メラルノ条、女性《にょしょう》ノ口入《くにゅう》ニ足ラザルノ旨、御返事アルノ間、左右《そう》ニ能ハズト云々

ここには〝強い母〟〝気弱な息子〟とでも表現できそうな姿がみえる。侍所別当《さむらいどころべっとう》を経験した義盛は、義時の専権・台頭には警戒感を募らせていた。将軍実朝との距離を縮め信頼を得ていた義盛は、自己の存念を打診することで、将軍との意思の疎通を期待した。実朝も宿老《しゅくろう》義盛の希望を叶えるべく尽力した。だが、「侍ノ受領」は頼朝以来の先例が不可との母の発言で、「左右ニ能ハズ」との結果となった。

政子にとって、将軍実朝が北条以外の有力御家人と親密な関係を有することに懸念があったはずで、それを忖度しない息子への苛立ちもあったのだろう。「女性ノ口入ニ足ラザル」という表現にはそんな母の気持ちがうかがえる。

実朝は将軍たる自覚のなかで信賞必罰主義を標榜し、功労者への報いという一点で義盛の推挙を打診したはずだった。そのあたりの機微の難しさは看取できる。一般論としての侍受領の禁止を前面に押しつつ、他の有力御家人と北条氏を区別する北条的(政子)立場と、北条も御家人の一人と遇しその台頭を押えようと、和田の組み込みも可とする実朝的立場ということになる。

義時を中心とする北条執行部は、和田一門の台頭が北条勢力にとっての〝黄信号〟になること

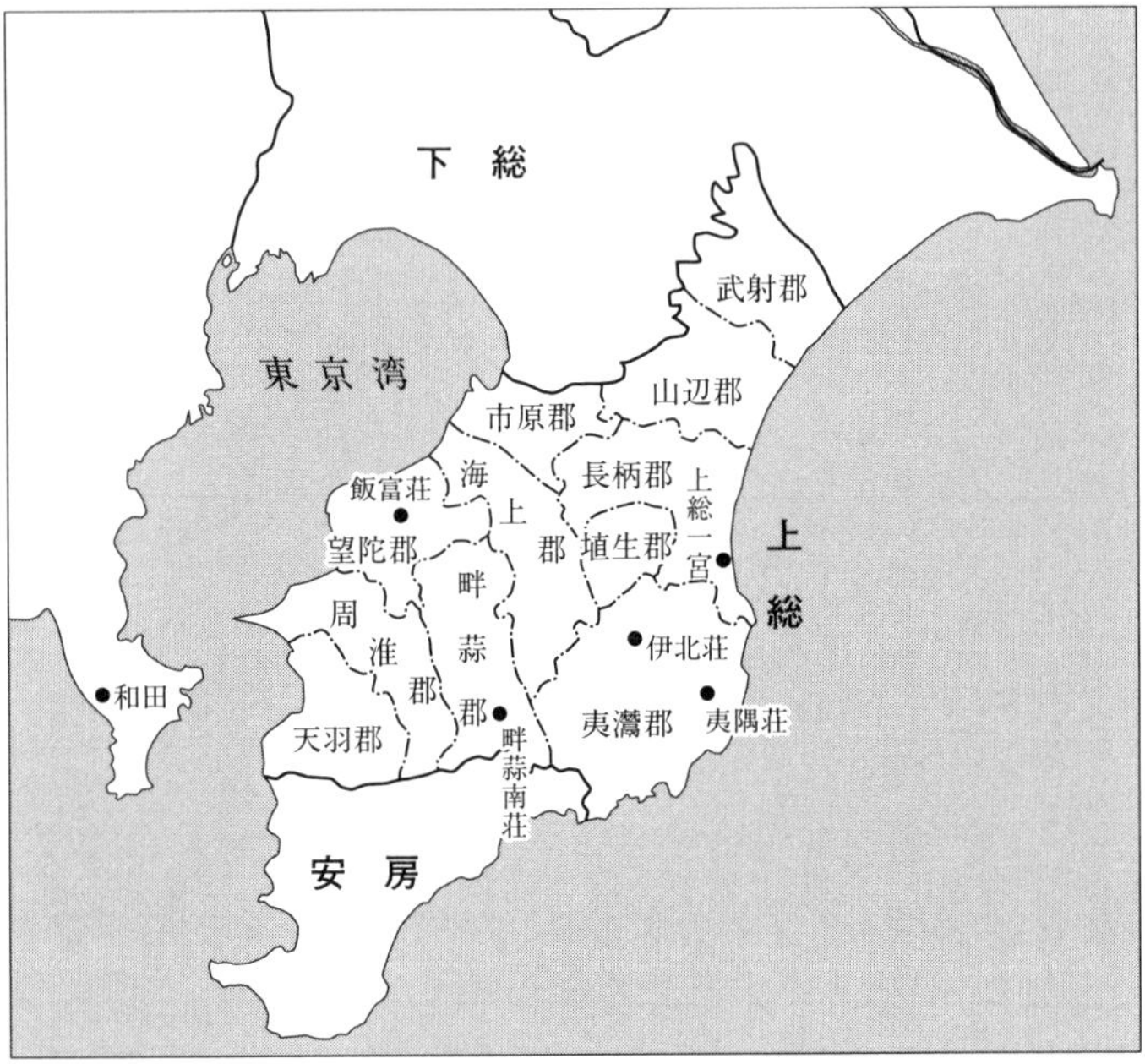


和田氏と上総国（岡田清一『北条得宗家の興亡』ほかより作成）

を予想していた。かかる流れのなかで、泉親衡の事件が勃発した。

## 和田義盛の思惑

政子の意向もあり、ともかく上総国司の件は沙汰止《さたや》みとされた。侍受領に関しては北条一門は例外とされ、時政《ときまさ》・義時・時房《ときふさ》らはいずれも遠江《とおとうみ》・相模・武蔵の受領ポストに就任していた。駿河守には三浦義村《みうらよしむら》もかつて補任《ぶにん》されていた。その点では、義盛の上総国司への要望は理由のないことではなかった。

義盛は侍所別当の立場で内乱を漕ぎ抜いてきた。父の義宗は杉本太郎と通称され、鎌倉の杉本寺付近にも拠点を構えていたとされる。「三浦系図」（『群書類従』）によれば、義宗は安房《あわ》に渡海、長寛元年（一一六三）に合戦で落命したという。房総の地は、本貫《ほんがん》の三浦半島と海（浦賀水道《うらがすいどう》）を隔てて近い。そこに足場が架けられ往還がなされていた。上総の伊北荘から義盛が一族を率い陳謝のため来鎌したとの記事も、房総が和田一族にとって因縁の地であったからだった。

ちなみに日頃在住の伊北荘、さらにはその南東にある畔蒜荘《あびる》にも義盛の所領があった。そして近傍の夷隅荘《いすみ》（現いすみ市）は、同族の三浦胤義《たねよし》の領有でもあり、この上総および安房は和田氏・三浦氏関係の所領が散在していた***。義盛がこの方面に執心し、上総国司への推挙を実朝に懇望するのも、理由のないことではなかった。また同一族が同国の守護職を帯有していた可能性も高く（『千葉大系図』）、この点でも国衙《こくが》の掌握にともなう権利拡大は意味があった。

上総はかつて上総広常《かずさひろつね》の領有の地であり、広常没落後は地頭職《じとうしき》をふくめ諸種の権利は、千葉氏

和田氏系図

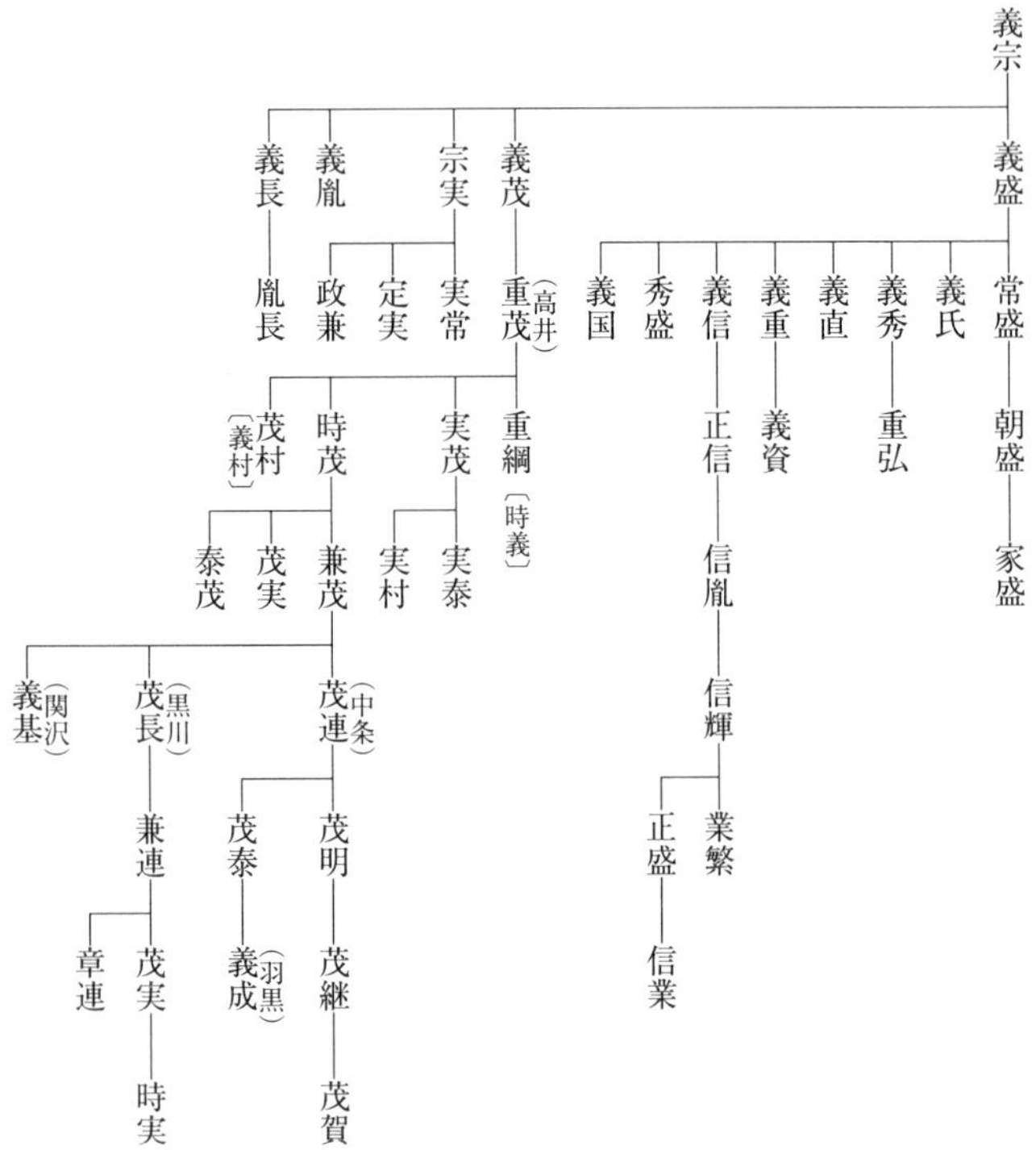
義宗
義盛
義茂
宗実
義胤
義長
常盛
義氏
義秀
義直
義重
義信
秀盛
義国
朝盛
家盛
重弘
義資
正信
信胤
信輝
業繁
正盛
信業
重茂（高井）
実常
定実
政兼
胤長
重綱
（時義）
実茂
時茂
茂村
〔義村〕
実泰
実村
兼茂
茂実
泰茂
茂連（中条）
茂長（黒川）
義基（関沢）
茂明
茂継
茂賀
茂泰
義成（羽黒）
兼連
茂実
時実
章連

とともに和田氏にも分割領有された。後述の朝比奈三郎《あさひなさぶろう》の名字は安房国の朝夷郡《あさひな》に由来する。ここは長狭郡《ながさ》の南方に位置し、上総方面をテコに南方の安房へ勢力を拡大する橋頭堡《きょうとうほ》ともなった。義秀の朝比奈三郎の通称は、和田一族の所領展開にともなうものだった。義盛の上総国司所望には、海の武士団を自認する和田一族にとって勢力拡大の布石だった。

さらにいえば、やはり対北条あるいは同族三浦氏の進出との競合意識だ。前者に関しては、当該期、北条義時が相模守、北条時房が武蔵守で、両国は北条氏支配下にあった。その対抗の上からも上総の掌握は必要とされた。加えて惣家の三浦氏との関係において、義盛は相対的自立をはかることで、三浦に包摂されない立場を目指そうとした。上総での足場の構築は義盛の意思を体現するものだった。その点から、泉親衡の新将軍擁立未遂事件での一族の関与は義盛には痛手となった。他方で、義時以下の北条にとっては、御家人統率の職責を担う侍所の掌握は好機となった。宿将義盛の飛躍の夢は上総国司への執心と重なり、和田一族とともに終わりをむかえた。

けれども、義盛の一族のなかに勇戦・奮戦の記憶を後世に伝えた人物もいた。朝比奈三郎義秀だ。以下、この人物の伝記的広がりをながめつつ、敗者の行方を考えたい。

## 朝比奈三郎のその後

朝比奈三郎は伝承・伝説と同居する。合戦で幕府の惣門を打ち破り、敵対する足利義氏《あしかがよしうじ》の鎧の袖を引きちぎる大力を発揮したという。『吾妻鏡』が伝えるこの場面は、後世、豪勇伝説として広がった。朝比奈三郎の渡海伝説もそうだ。鎌倉を

朝比奈の切通し

逃れ高麗《こうらい》方面へと渡ったとの話も後世に伝わっている。ただし合戦での討死者交名《きょうみょう》（名簿）には朝比奈三郎の名が挙げられている（『吾妻鏡』建保元年五月二日条）。一方、本文の記事では戦況不利のなかで戦線を離脱し、自領の安房へ渡海した旨も記されている。

「朝夷名三郎義秀卅八、ナラビニ数率等海浜ニ出デ、船ニ棹シ安房国ニ赴ク、ソノ勢五百騎、船六艘ト云々」（建保元年五月三日条）とあるのがそれだ。いずれが史実か迷うところでもある****。伝承の伸ばされ方ということでは、逃亡・生存説が人々の共感を得ているはずだ。あたかも能登守平教経《たいらののりつね》の例と同様にである。教経は『吾妻鏡』では一ノ谷合戦で死去しているが、『平家物語』では壇ノ浦《だんのうら》で最期を遂げており、真偽は不明だ。

　朝比奈三郎の場合、さらに悩ましい。同一史料の『吾妻鏡』で矛盾しているからだ*****。正史が勝者により伸ばされたことは疑いないが、異聞・外伝の類には、敗者も伝承として広がりを示すことが少なくない。敗者は伝説として蘇ることも少なくない。判官贔屓《ほうがんびいき》的心情が敗者を復活させるのだろう。朝比奈三郎の渡海・逃亡説が、史実のレベルを超えて人々の共感を勝ち取るのは、そうした理由があった。とりわけ戦場での勇戦・奮戦の様子は幕府の〝惣門破り〟に象徴化され怪力の武勇伝として広まった。水練《すいれん》にも秀でたこの人物は、正治二年（一二〇〇）に頼家の命で小《こ》坪《つぼ》の海に潜り、海底から生きた鮫《さめ》三尾を捕え、満座を驚かせたという（『吾妻鏡』同年九月二日条）。

こうした『吾妻鏡』に語られている武勇伝が軍記と結合し、朝比奈伝承の流布に一役買ったのだろう。朝比奈の母を木曽義仲の妾巴御前《ともえごぜん》とするのは、『源平盛衰記《げんぺいせいすいき》』（巻三五）に見える。江戸期には巴を義盛が生け捕り、誕生したのが当の三郎とされる。謡曲『朝比奈』は別名「門《もん》破《やぶり》」で、この和田合戦に取材したものだった。

ともかく朝比奈三郎については、この合戦で生死の真偽が定かでなかったことが、伝承・伝説の肥大化を決定的なものとした。『和田系図』にも「天下無双ノ大力、父滅亡ノ時、舟ニ乗リ房州ニ渡ル、遂ニ高麗国ニ越ユト云々」とみえており、彼を安房から高麗国へと赴かせるなどの件が記されている。そうした下地の上に、滝沢馬琴《たきざわばきん》の読本《よみほん》『朝夷巡島記《あさひなしまめぐりのき》』*****の世界に繋がったのだろう。

* 建暦三年（一二一三）十二月、天変地異により改元した。「建保」の年号は同七年四月の「承久」まで続く。出典は『尚書《しょうしょ》』（『書経』の別名）で、式部大輔藤原宗業《ふじわらのむねなり》の勘文《かんもん》によるとされる。「惟天丕建、保乂有殷」。

** 「建暦ノ隠謀」ともいわれた。信濃源氏の満快流に属した親衡は小県《ちいさがた》郡の住人で、栄実（幼名千寿）を戴き挙兵した。栄実は頼家死後、この親衡に大将軍として擁されたが、建保元年（一二一三）二月に事件が発覚、その後栄実は政子の命で出家、栄西に師事した。翌年在京中に和田氏の乱が勃発、再度和田氏の残党に担がれ六波羅《ろくはら》を攻略しようとしたが失敗、同年末に十四歳で自害した。義時排斥を目的とした親衡の挙兵には比企事件の影響もあり、その大きさを知ることができる。和田合戦は実朝将軍の時代の出来事だが、頼家の比企事件とも点線ながら繋がっている。

＊＊＊ 安房上陸後の頼朝の房総再起に際し、義澄以下の三浦氏が「国郡案内者」として先導役を務めたことは『吾妻鏡』にもふれる（治承四年九月三日条）。これを想起しても同氏と房総の地勢的濃厚さがうかがえる。ちなみに安房には平家方で長狭郡住人長狭常伴《ながさつねとも》がおり、三浦氏はまずこれを討滅している。かつて義盛の父義宗の安房経略途上の戦死も、長狭氏との戦いに関連した。頼朝の房総再起にともない、この方面は因縁の地として義盛に分与されたと推測される。朝夷郡をふくめ、義盛が在住の伊北荘もそうした関係で和田氏の領有とされた（この点、『千葉県史』）。

＊＊＊＊ 謡曲『七騎落《しちきおち》』に義盛が登場する。『源平盛衰記』（巻二十二）を原典としたものだ。義盛は石橋山合戦《いしばしやまかっせん》で敗死した頼朝に安房の海上で出会う。そのおりに頼朝に対し、かつて上総介忠清が「平家ヨリ八箇国ノ侍ノ奉行ヲ賜ヘリテ」の先例に基づき「日本国ノ侍ノ別当ヲ賜ハリ候ヘ」と申し出て許されたことがみえる。その謡曲ではシテ土肥実平《どひさねひら》、ワキ和田義盛との設定である。義盛の武勇は『平家物語』の壇ノ浦の合戦での「遠矢《とおや》」でも知られる。膂力《りょりょく》に秀でた武士として描かれている。本文でも記した朝比奈三郎は、この義盛が義仲の愛妾とされる巴御前を請い受けたとされる（『源平盛衰記』巻三十五）。女武者巴の勇姿と重なるのが越後の城《じょう》資盛《すけもり》の乳母板額《はんがく》御前で、彼女も阿佐利与一が頼家から申し受けた（『吾妻鏡』）。義盛の伝説的広がりは、『曽我物語』などでも語られ、これを脚色した形で謡曲・幸若舞の『和田酒盛《わださかもり》』に広がった。

＊＊＊＊　敗者についての外伝的な話はそれとして、史実のうえでは、朝比奈三郎は『吾妻鏡』の戦死者交名《きょうみょう》にある。この時点で敗死したとすべきだろう。『明月記《めいげつき》』の記事との類似性が注目される。そこには伝聞ながら「……此ノ時、（三浦）義村ノ兵マタソノ後ヲ塞《ふさ》ギ、大イニ義盛ヲ破ル、ココニヨリ、ツイニ多クヲ免ガレエズ、……船ヲ棹《さお》サシ安房ノ方ニ向フ、ソノ勢五百騎バカリ、船六艘」（建保元年五月九日条）とある。これによる限り、安房への逃亡は義盛以下の和田の敗残勢力であり、朝比奈三郎の名は見ない。『吾妻鏡』はその『明月記』を基礎に編纂されたことが濃厚だとされる（この点、高橋秀樹『三浦一族』人物編も参照）。

＊＊＊＊＊　江戸後期の滝沢馬琴『朝夷巡島記』（一八一五〜二七年刊）は朝比奈三郎伝説の極致ともいうべき冒険譚だ。同じく馬琴の作にかかる源為朝の『椿説弓張月《ちんせつゆみはりづき》』を彷彿とさせる内容でもある。

承久

# 後鳥羽上皇の残念――「武家、天気ニ背ク」の深層

芸術至上主義を標榜した後鳥羽上皇は、政治を文化に従属させることで公武両勢力への君臨をはかった。乱の概要については後にふれるが、この闘諍《とうじょう》で中世における王威の位相が決定した。武権（武威）の優位が定まったと同時に、京都と鎌倉という二つの権力磁場が明らかになったのである。

鎌倉時代一五〇年は、王朝と異なる秩序を創出した武家が、自己の権力を彫磨する過程だった。けれども一方で王朝を構成する公家も、自らを脱皮する段階でもあった。院政を母胎に成立した公武両勢力の住み分けが確定する時代だった。

勝者である武家の右肩上がりの内容とは異なるもう一つの構図を、敗者の後鳥羽上皇から汲みあげてみたい。

## 承久合戦以前

年号としての「承久*」は、武家にとっては常に〝栄光の記憶〟と同居した。「義時朝臣天下ヲ併呑」（『建《けん》武《む》式目《しきもく》』）の文言が語るようにである。他方、敗れた公家にとって「承久」は〝負の記憶〟に繋がっていた。「承久の変」の語感には、王家にとっ

『読史余論』一覧表

| 武家の代に至る九変 | | 当代に及ぶ五変 | |
|---|---|---|---|
| ▲良房（摂政），外戚専権の始まり | 一変 | | |
| ▲基経（関白）・藤氏専権日々盛ん | 二変 | | |
| ▲冷泉～後冷泉の八代．外戚専権の定着 | 三変 | | |
| ▲後三条・白河の親政 | 四変 | | |
| ▲政，上皇に出ず（院政） | 五変 | | |
| ▲鎌倉殿，兵馬権の分掌 | 六変 | 一変 | △頼朝の開府 |
| ▲北条陪臣の政治 | 七変 | 二変 | △義時の執権政治 |
| ▲後醍醐，重祚 | 八変 | 三変 | △尊氏の開府 |
| ▲足利政権 | 九変 | 四変 | △信長・秀吉時代 |
| | | 五変 | △当代＝家康の開府 |

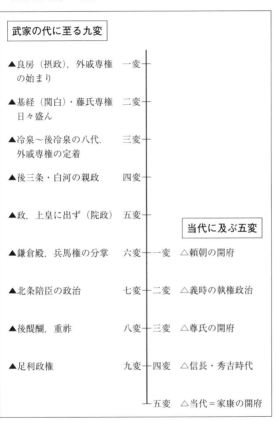

ての異変が含意されている。後鳥羽・土御門《つちみかど》・順徳の三上皇配流《はいる》という変事への記憶だ。「乱」であろうが「変」であろうが、この年号が大きな画期とされたことは疑いない。

京・鎌倉、あるいは公家・武家という対抗の構図のなかで、承久合戦の一件は語られることが少なくない。

たとえば近世江戸期の代表的史論の新井白石『読史余論《とくしよろん》』にも、「承久」は画期と解された。「本朝天下ノ大勢、九変シテ、武家ノ代トナリ……」と始まる著名な史書の影響は大きく、通史の母体となっている。そこでは「当代」（徳川家康《とくがわいえやす》の開府）におよぶ武家の時代への「一変」（鎌倉開府）につぐ、「二変」（北条義時《ほうじょうよしとき》の執権政治）として、承久の乱が位置づけられていた。武家の台頭の第二ステージという認識である。「三変」の足利尊氏《あしかがたかうじ》の開府、さらに「四変」の織田信《おだのぶ》長《なが》・豊臣秀吉《とよとみひでよし》時代とともに画期と解されている。

画期はそのまま王家の衰退と連動するとの理解に重なる。「承久」はその流れが加速されたものだった。その主体が後鳥羽院ということになる。後鳥羽は内乱期の寿永二年（一一八三）八月、四歳で後白河院の命で安徳天皇にかわり即位した。内乱終息後の建久の末年（建久九年〈一一九八〉）為仁《ためひと》親王（土御門天皇）に譲位、十九歳で上皇となり院政を開始する。以来、承久の乱勃発まで二十余年、「治天ノ君」として君臨した。

人もをし　人もうらめしあぢきなく

　　　世を思ふゆゑにもの思ふ身は

「百人一首」の九十九番目に見える後鳥羽院の歌である。建暦二年（一二一二）、三十三歳のおりの作である。承久の乱の十年ほど前のものだ。この歌の四年ほど前の、

　奥山のおどろが下もふみ分けて
　　道ある世ぞと人に知らせむ

もよく知られている。この歌に見える「おどろが下」とは、棘《おどろ》の道《みち》・棘路《きょくろ》のことで転じて公《く》卿《ぎょう》の異称とされた。卿相《けいしょう》たちを従えて、本来あるべき政《まつりごと》の道を知らせたい、との深意がふくまれていた。とすれば、二つの歌から、「あぢきなく（思うようにならない）」と詠じた後鳥羽院の鬱屈した感情の正体も察知できそうだ。後鳥羽の討幕にかけた気分が看取できると思う。

後鳥羽上皇（水無瀬神宮蔵）

　縁語や掛詞《かけことば》を多用した右の二つの歌に、後年の承久の乱への秘された思惑を読み解くことが可能となる。後鳥羽院の武家への対抗意識は、〝わだかまり〟として早い段階から存在した。院政を主導する〝治天ノ君〟たる意識のなかで醸成されていったに

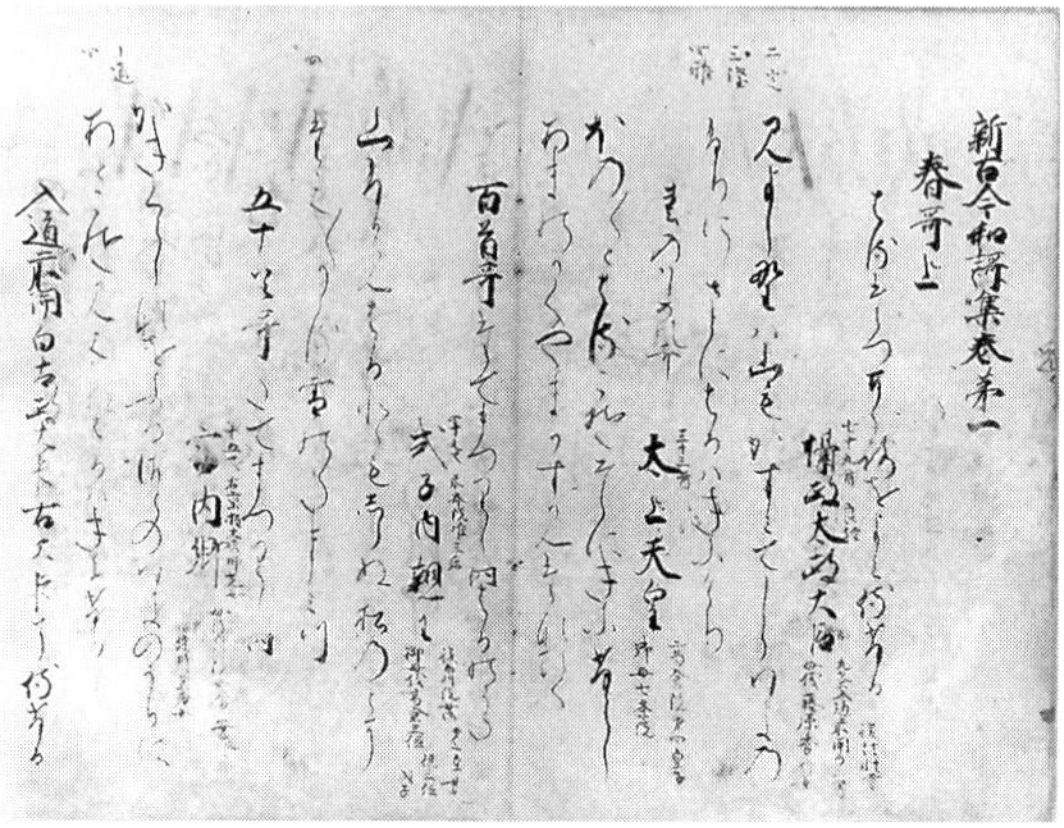
『新古今和歌集』（天理大学附属天理図書館蔵）

相違あるまい。

## 後鳥羽の意思表明

院の主導による『新古今和歌集』（元久二年〈一二〇五〉）はその点で一つの画期だった。『古今和歌集』を超えたい意思が表明されているからだ。「続」ではなく「新」であったことの意味は深い。そこでは「古今集」という名で王朝世界を継承するとともに、単にそれを模倣し継承するのではない、新しい形態での王朝のあり方を歌の世界で象徴化させる思惑があった。「新」にはそうした意図が込められていたと推測される。文化を介し政治をも包摂する意志の表明と解することもできる。こうした点からすれば、少なくとも院の討幕への意志は、突然だったわけではないようだ。

とはいえ建保七年（承久元年〈一二一九〉）正月の将軍源《みなもとの》実朝《さねとも》暗殺は、後鳥羽の対鎌倉観に少なからず変化を与えたことは動かない。実朝と後鳥羽は姻戚関係にあった。実朝自身の王朝協調志向は院との良好な関係をもたらしている。後鳥羽にとって実朝は敵視の対象ではなかった。まして右大臣への補任《ぶにん》により、「関東」の首長の王朝への組み込みは、公武統合を模索する院に歓迎されるものだった。

実朝の死は王朝との緩衝材の消滅を意味した。鎌倉殿であり、将軍であるという二つの側面（前者は関東の御家人たちの棟梁《とうりょう》としての私的側面において、後者は幕府という公的側面においての呼称）があった。その点で後鳥羽院にあっては、実朝を介して武家（関東）の組み込みを可能にさせた。実朝の死去によって武家の調教が不能となる状況が生まれた。

実朝の死は後鳥羽には承久の乱勃発にいたる大きな画期となったはずだ。緩衝材なき京都と鎌倉はかくして対峙した。仕掛けたのは後鳥羽だった。だが、挙兵からおよそ一ヵ月、院およびその与同者たちは敗れ去った。「後悔、腸ヲ断ツモノカ」（『吾妻鏡』承久三年七月六日条）とは、敗者たちの思いを代弁したものだ。

後鳥羽関係系図

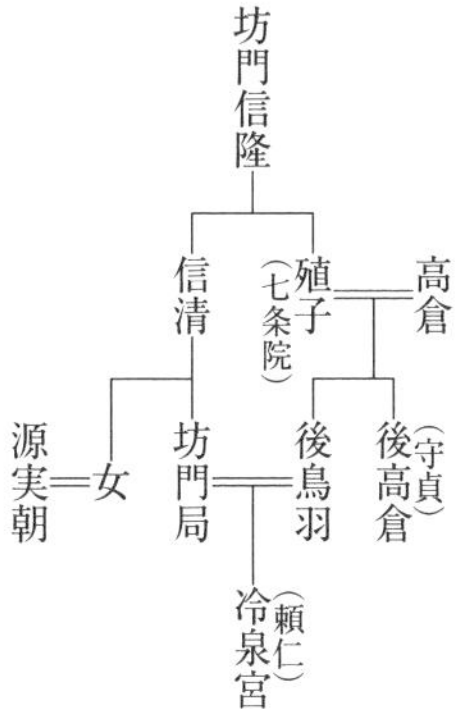


**承久合戦のあらまし**

合戦の大局は『吾妻鏡』『承久記』等々をトレースすることで知り得る。以下、承久三年の流れを簡略に語っておきたい。

【五月中旬】十四日、後鳥羽院の挙兵で討幕に向けての行動がなされた。洛南の鳥羽離宮内の城南寺「流鏑馬揃《やぶさめぞろえ》」での軍勢動員と北条義時追討《ほうじょうよしときついとう》発令がなされた。大番役《おおばんやく》で在京中の御家人《ごけにん》も動員された。翌十五日には院の招集を拒否した京都守護伊賀光《いがみつ》季《すえ》への攻撃と敗死があった。かくして京都は後鳥羽院の掌握下におかれた。

同十九日、京都での異変を伝える使者が鎌倉に参着し、鎌倉側の執行部で対策が講ぜられた。そのおり、京都から派された宣旨《せんじ》使《のつかい》押松（院側の武力の中心の藤原秀康の郎従）が捕縛され、上皇側の戦略が露見する。三浦《みうら》一族を味方に引き入れ北条氏分断を策し、関東の瓦解を企図しようとするものだった。

鎌倉内部でも東征軍（上皇軍）への対応に関して意見を異にした。多くが東征軍を恐れ迎撃策を主張したが、大江広元《おおえのひろもと》以下の京下り官人たちの主張と北条政子《まさこ》の決断で、京都への早期進攻策が採られた。同日夕刻から軍評定《いくさひょうじょう》で即刻の出撃が決せられ、遠江《とおとうみ》以東の諸国へ北条義時の奉《ほう》書《しょ》が発せられた。

【五月下旬】二十二日、義時の弟時房《ときふさ》や、子息泰時《やすとき》を中心とした幕府軍は三方から進撃した。東海道軍は時房・泰時さらに三浦泰村《やすむら》らの十万余騎の軍勢が、東山道《とうさんどう》軍は武田・小笠原・小山・結《ゆう》城《き》の武士団からなる五万余騎が、さらに北陸道軍は北条朝時《ともとき》以下結城・佐々木の四万余騎が、都合一九万の勢力だった。

【六月初旬】一日、京都を制していた後鳥羽院側は幕府軍の大規模な進攻の報に接し、急ぎ対策がなされた。

　三日、幕府軍を阻止すべく官軍は、東海・東山の合流地点である美濃《みの》・尾張《おわり》の木曽川沿いで迎撃態勢を準備した。その陣容は大内惟信《おおうちこれのぶ》・糟屋久季《かすやひさすえ》らの二千余騎が美濃の大井戸の渡しに、以下鵜沼《うぬま》・板橋・池瀬・摩免戸《まめど》・墨俣《すのまた》等々の渡河地点に軍勢二万騎弱を配置した。動員数で劣勢の上皇側官軍では、木曽川戦線での厳しい戦局が予想された。

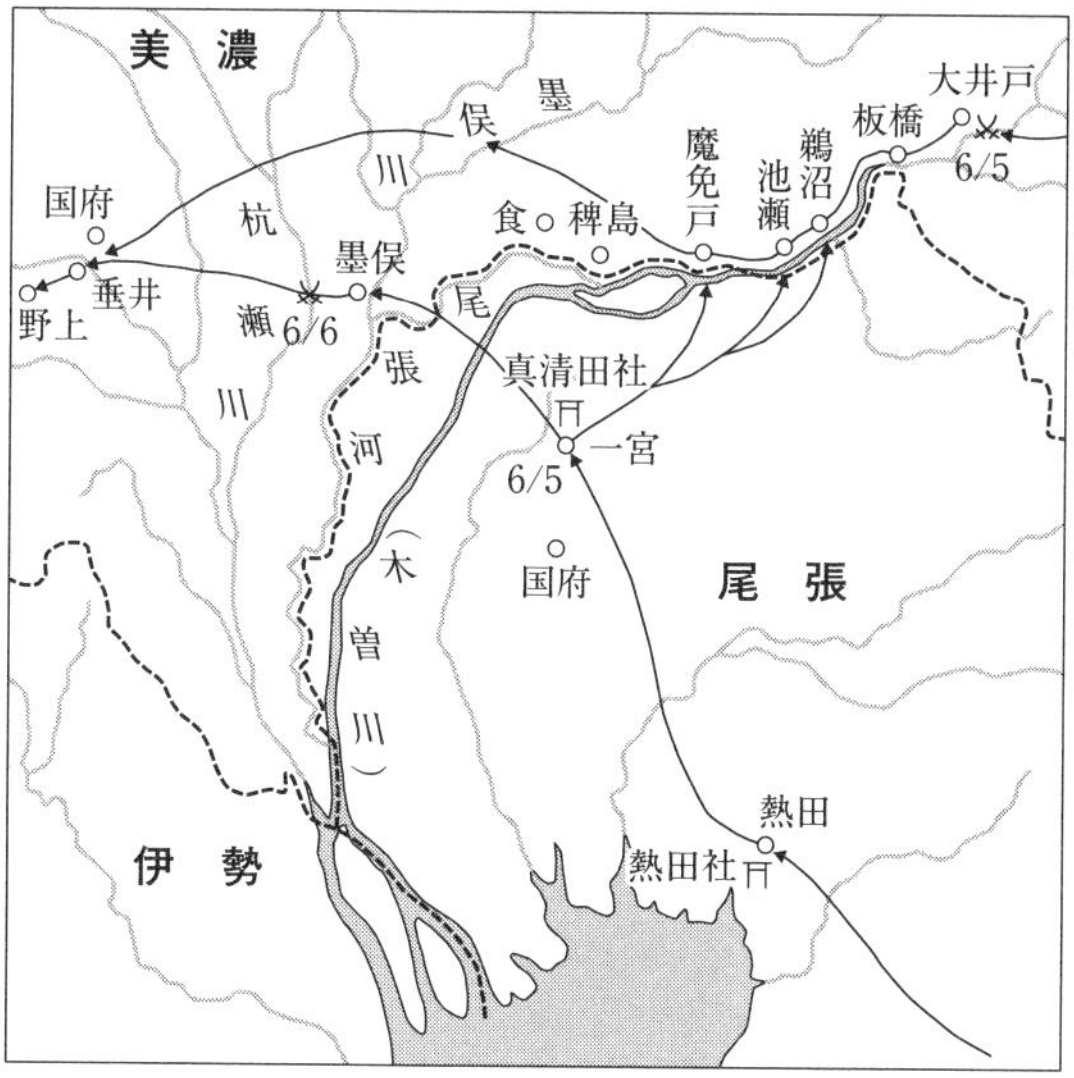

美濃・尾張戦線（安田元久『戦乱』より作成）

　五日、幕府軍は東海道軍が早くも尾張一宮《いちのみや》に到着。同日夕刻には、東山道軍も大井戸の渡しにいたり、戦闘が各所で展開された。上皇側の守備兵は圧倒的な幕府軍に敗走、退却を余儀なくされた。

　九日、木曽川戦線の敗北が京都にもたらされたことで、院は、近江の東坂本の梶井御所に順徳院・冷泉《れいぜい》宮（頼仁《よりひと》親王）らと避難する。延暦寺《えんりゃくじ》の僧兵勢力の援助を要請したが、山門側に拒まれ翌日には再び京都に戻った。
【六月中旬】十二日、木曽川が突破されたことで京都側では、最後の主戦場を勢多・宇治川に据え、ここを守備しようと、芋洗《いもあらい》・淀《よど》等の渡河地点に藤原秀康以下の主力の軍兵が差し向けられた。

十三日、東西両軍の最大の激戦があった。当日は大雨だったが十五万の大軍を擁した泰時以下の幕府軍は、勢多・宇治両方面から二手に分かれ渡河作戦を敢行した。

十五日、宇治川戦線での敗走軍で、京都は混乱した。前日の十四日に幕府軍は本営を南部の深草河原に設営、潰走《かいそう》する軍を追撃しつつ入京した。後鳥羽院は泰時以下の幕府軍に院宣《いんぜん》を発し、挙兵の件を釈明。二十日には北陸道軍も北国の官軍勢を撃破し、入京した。

以上が、一ヵ月にわたる幕府側と上皇側の戦闘の経過である。

**戦闘後の処分**　京中での武士の狼藉《ろうぜき》は激しく、混乱を極めた。こうしたなかで後鳥羽院以下その与党勢力への戦争責任の追及が始まった。対京都への戦後処理に関し、『承久記』には三つのことが語られている。①皇室・朝堂内部の人事刷新、②戦争責任者たちの処断、③狼藉鎮圧と治安維持、である。

①に関しては、後鳥羽院にかわり兄の守貞《もりさだ》親王（後高倉院《ごたかくらいん》）が院となり、その子息茂仁《ゆたひと》親王（後堀河《ごほりかわ》天皇）の即位が決せられた。仲恭《ちゅうきょう》天皇は、廃帝とされた（『帝王編年記』）。あわせて後鳥

羽院の隠岐《おき》配流と順徳院の佐渡配流が決定された。さらに六条宮・冷泉宮の配流や、摂政に関しても九条道家《くじょうみちいえ》から近衛家実《このえいえざね》へと変更がなされた。

②に関しては、公卿たちの「関東」への護送と斬首の指示がなされた（『吾妻鏡』承久三年六月二十四・二十五日条）。藤原光親《ふじわらのみつちか》・藤原（中御門）宗行《むねゆき》・源有雅《ありまさ》・藤原範茂《のりしげ》・坊門忠信《ぼうもんただのぶ》・一条信《いちじょうのぶ》能《よし》の面々であった。多くが後鳥羽・順徳両院の近臣たちだった。

③の狼藉鎮圧と治安維持に関しては、主に前記②の「張本《ちょうほん》の公卿」たちに与同した武士の追《つい》捕《ぶ》・処断を目的としたもので、特に関東御家人への処罰は厳しいものがあった。

後鳥羽院は七月六日、その身柄を離宮の鳥羽殿へと遷され、配流先への移送の動きが始まった。

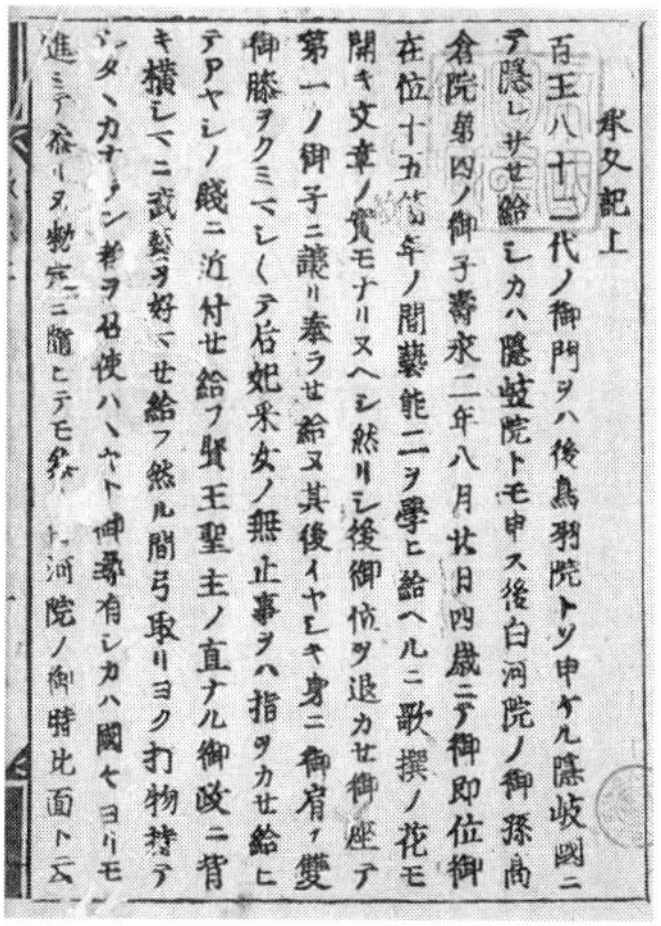
承久記上
百王八十二代ノ御門ヲハ後鳥羽院トソ申ケル隠岐國ニ
テ隠レサセ給シカハ隠岐院トモ申ス後白河院ノ御孫高
倉院第四ノ御子壽永二年八月廿日四歳ニテ御即位御
在位十五箇年ノ間藝能二ヲ學ヒ給ヘルニ歌撰ノ花モ
開キ文章ノ實モナリヌヘシ然リシ後御位ヲ退カセ御座テ
第一ノ御子ニ讓リ奉ラセ給ヌ其後イヤシキ身ニ御肩ヲ雙
御膝ヲクミマシくテ后妃采女ノ無止事ヲハ指ヲカセ給ヒ
テアヤシノ賤ニ近付セ給フ賢王聖主ノ直ナル御政ニ背
キ横シマニ武藝ヲ好マセ給フ然ル間弓取リヨク打物持テ
ツタヽカナラン者ヲ召使ハヽヤト御尋有シカハ國々ヨリモ
進ミテ参リヌ勅定ニ隨ヒテモ[illegible]河院ノ御時北面ト云

『承久記』（国立国会図書館蔵）

不惑も三歳を過ぎたこの時期に流謫《るたく》の憂き目にさらされた院の心中は、諦念の想いがなかばだったにちがいない。

翌々日、院は出家し、十三日隠岐へと出立した。甲冑《かっちゅう》の武士たちに前後を囲まれての離京だった。その後の隠岐での様子は関係論考を参照されたい。

そもそも後鳥羽院が討幕の思いに至った理由は、寵愛《ちょうあい》の舞女亀菊《かめぎく》の摂津長江・倉橋両荘問題に由来した。彼女の懇請《こんせい》で院は両荘の地頭職《じとうしき》停止を幕府に要請した。が、義時は「二箇度ノ宣旨」にもかかわらず「幕下将軍ノ時、勲功ノ賞ニ募リテ定補ノ輩サシタル雑怠ナクシテ改メ難キ由」と主張して、その要求を拒否した。これが院の「逆鱗」に触れたとある（『吾妻鏡』承久三年五月十九日条）。

## 「武家、天気ニ背ク」の深層を探る

われわれはこの部分から二つの対抗する主張を確認できそうだ。一つは勅許《ちょっきょ》や院宣という「治天ノ君」（王威）への絶対性である。それは後鳥羽院が内包した伝統に所由した。王威と同居する伝統の力は、武家をも畏怖させる歴史の重みであった。

義時はその王威に対抗する姿勢を示すことで、「天気」と対峙しようとした。武家が持ち出した抵抗の論理が二つ目の内容だ。それは「右大将家ノ先例」という、鎌倉殿により築かれた武家の主張だった。「サセル雑怠ナクシテ改メガタシ」との立場は、頼朝以後に作られた幕府の意思であった。成立間もない東国の新政権が抵抗の依り処とした論理、これこそが義時の主張の背景をなすものだった。頼朝により与えられた内乱の果実でもあった。地頭職という御家人に与えられた権利は、命を懸けた所領だった。武家の新政権はこの所領への不可侵性を御家人たちに提示することで内乱を勝利した。

このことへの確信が幕府の基礎をなしていた。頼朝の遺産を継承した北条氏が守るべきは、武家の「道理」に他ならなかった（以上の点に関しては、拙著『承久の乱と後鳥羽院』参照）。この武権・武威の論理は、鎌倉殿が内乱で勝ち得た最大の果実でもあり、それを放棄することは、武家（幕府）の存立を危うくさせる。

「道理」を標榜する武家の論理では、たとえ至尊たる「治天ノ君」の主張だとしても譲れない。そんな鎌倉側の意思があった。都と鄙が内包する「天気」と「道理」は、王朝対鎌倉という対抗の構図を生み出した。けれども絶対性を誇り伝統を内に有した「治天ノ君」の王威は、敗北した。その敗北のさらなる深い意味は何であったか。以下、右の論点をふまえいささか抽象的言説に属するが簡略に指摘しておく。

## 天皇か武家かの分水嶺

天皇（院）か武士（幕府）かの選択を迫った戦い、承久の乱の本質的意義はここにあった。その限りではわが国の権力システムの行方を左右した戦いともいえる。治承《ちしょう》・寿永《じゅえい》の内乱をへて東国に誕生した武家の政権は、自らを「関東」と称した。鎌倉殿頼朝を軍事団体の首長と仰ぎ、謀叛《むほん》の政権としてスタートした東国政権は、その後京都王朝から認知され、「幕府」と呼称された。

「内乱の十年」を終え、幕府が誕生して「承久」までわずか三十年前後の出来事だった。承久段階での「関東」の動揺は、後鳥羽院にとって「治天ノ君」たる立場で武家を打倒する絶好の機会と映じた。

鎌倉殿実朝の死去という偶然が、武家（幕府）打倒の蓋然へと転化するまでは、院側の主導で事態が進展する。その結末から院の敗北と、武家（幕府）の勝利を必然とみなすことは〝後出し〟の解釈でしかない。

当該期の幕府にとって、京都側からの攻撃は最大の危機であった。既述したように王威の再生と王朝権力の復活をはかる京都側にとって、「おどろが下」を踏み分け、「道ある世」への宿望を有した後鳥羽の強靭な姿勢は、公家一統主義への傾斜を有していた。頼朝というカリスマなき段階にあって、北条打倒はあるいは容易に映じたのかもしれない。

頼朝亡き後、「正治」「建仁」「元久」「建永」「承元」「建暦」「建保」と年号を重ね、その間、鎌倉では頼家・実朝将軍の暗殺があった。さらには梶原《かじわら》・畠山・比企《ひき》・和田諸氏の有力御家人たちの粛清《しゅくせい》がなされ、「関東」は多くの流血事件を経験した。武家の宿命とはいえ、その後に「関東」は自身の武権を彫磨していった。その磨かれた武権は武威と同居するなかで、安定を見るにいたった。

執権北条氏は流血を仕掛け、勝者の立ち位置を確保してきた。「承久の乱」はその北条氏率いる関東の武家にとって、初めての本格的な〝外なる敵〟だった。「王威」と同居する「至尊」という伝統の力との対決である。この未知なる王朝権威への畏怖は、将軍・鎌倉殿を「至強」とする関東の武家にとって、小さくなかった。**

このことは京都からの官軍の関東進攻という事態に、多くの御家人が坂東で迎撃主義を主張したことでもわかる。けれども京都から下向《げこう》の大江広元・三善康信《みよしやすのぶ》たちは、迎撃論は内部の不和を誘発させるとして反対、先制攻撃で難局を乗り切った（『吾妻鏡』承久三年五月十九日条）。

かつて鎌倉殿として東国に君臨した頼朝は、王朝勢力との関係を、〝敬して遠ざける〟方向で堅持した。伝統という世界に包摂されない算段を講じてきた。官職的秩序から自己の家人を守り、無制限な任官（自由任官）を排する方針を是とした。承久の乱における尼将軍政子の御家人たちへの説諭の中身には、この「右大将家ノ先例」の記憶が語られていた。「故右大将軍朝敵ヲ征罰シ、関東ヲ草創」した「御恩」への記憶がある。尼将軍の「最後ノ詞」に登場する「非義ノ綸旨」への対抗こそが「御恩」を媒介とする「右大将家ノ先例」だった。そこには前述の地頭職停止問題に語られている義時の先例（道理）主義と通底する内容が看取できる。

そして、より重要なことは、政子の「最後ノ詞」は、後鳥羽が目的とした義時追討を、「関東」の危機と認識させ、「右大将家ノ先例」の否定にまで広げたことだ。この巧みともいえる説諭は「関東」を団結に導いた。後鳥羽院側の敗北には伝統に裏打ちされた王威への過信があった。武家の併呑に向けて発動したその意思は、結果として歴史のなかに武家という〝異物〟を体制として認知させてしまった。「幕府」はかくして日本国の歴史に確たる政治権力を創出することになる。承久の乱の意義はここにあった。

＊「承久」の年号は順徳・仲恭（九条廃帝）・後堀河の各天皇にかかわる。中心は順徳天皇の段階で、承久三年四月にその子仲恭が即位するが、翌月に乱が勃発。改元がなされない以前に廃帝となった。この関係で守貞親王（後高倉院。安徳の異母兄）系の後堀河天皇が承久三年七月に即位、貞応と改元されるまで続いた。ちなみに「承久」の出典は『詩緯《しい》』「周起自后稷、歴世相承久」（周、起ル、后稷〈伝説上の周の始祖〉ヨリ歴世シ、相承スルコト久シ）の字句によるという。

＊＊ここで指摘する「至尊」の語は、律令用語に由来する。「至強」については、武家の将軍と同義に用いられる傾向が、近世の思想史関係の書物に見られる。この「至尊」「至強」を、近代の文明史論のなかで、福沢諭吉がわが国の統治システムの特色として用いた。そこには東アジア的皇帝主義との対比で、「至尊」と「至強」が一人格の皇帝に専有されている中国に比べ、わが国の場合、「至尊」としての天皇・院と、「至強」たる幕府（将軍）の両者が分裂していたこと、その権力構造の分立が、アジア地域にあって他と異なる権力システムを誕生させたことを示す文脈で使った。「至尊ノ位ト至強ノ力《ちから》トヲ一ニ合シテ人間ノ交際ヲ支配シ……」との用いられ方がそれだ（『文明論之概略』一八七五年）。戦前から戦後の思想史家丸山真男は、この福沢的思考を再解釈することで、「至尊」と「至強」の分裂が権力にどう作用するかという思想史上の議論を提供した。筆者もこれまで、この語をキーワードに中世日本の権力論を考える簡略な史学史的検討を試みたことがある（拙著『その後の鎌倉』山川出版社、二〇一八年）。

宝治

# 三浦一族の悔恨——宝治合戦が伝えるもの

執権北条時頼《ほうじょうときより》の時期に勃発した「宝治合戦《ほうじかっせん》」は、有力御家人《ごけにん》三浦氏の滅亡事件として記憶されている。この表現は『保暦間記《ほうりやくかんき》』あたりからだろう。「(安達《あだち》)義景《よしかげ》種々ノ謀ヲシテ讒言《ざんげん》ヲ成ケル程ニ、(三浦《みうら》)泰村《やすむら》誅セラル……宝治元年六月五日右幕下(頼朝)ノ法華堂ニ引籠テ自害シケリ。……是ヲ宝治ノ合戦ト申スナリ」とみえる。後深草《ごふかくさ》天皇在位の「宝治」*は、三浦氏一族にとって負の遺産に重なる。他方でそれは北条氏専権の画期ともなった。建保《けんぽう》合戦での和田一族の討滅がそうであったように、この宝治合戦も北条氏専権に向けての画期の一つといえる。

## 宝治合戦の流れ

宝治合戦もまた鎌倉を舞台とした。三浦氏館があった西御門路は有力御家人の集住エリアだった（『鎌倉攬勝考《かまくららんしょうこう》』）。将軍御所（柳営《りゅうえい》）に隣接した地域である。当初から源頼朝《よりとも》の挙兵に参陣した三浦氏は、北条氏ともども政権を支える二枚看板だった。三浦氏滅亡のおり、頼朝の墳墓堂（法華堂**）で往事を語り、最期をむかえたとの記事はまことに象徴的だ。仕掛けられ、追いつめられた形で最期をむかえた三浦氏にも言い分があったはずだ。頼朝の墓前での一族自刃《じじん》それ自体が意思の表明だったのかもしれない。〝こんなはずではない〟ことを先君の眠る場で、冥界の頼朝に伝えようとした行為だったのか。

惣領の三浦泰村とは別に、弟の光村《みつむら》は最期まで戦うことを主張した。光村の強固な姿勢は、自害の仕方にも表明されていた。顔を刀で削り、身元不明に変容させようとした行為に強烈な怨念が代弁されていた。敵の北条や安達に、自身の確かなる死が伝わることを拒もうとする意思が伝わる。憤りと怒りと悔やみも伝わる。法華堂に参じた一族の悲愴で壮絶な死の模様は、雪冤《せつえん》を伝えようとした。これも負けない敗れ方のメッセージなのだろう。討死し首級を敵前に晒されることを拒み、勝敗を無化させる行為である。

時頼与党の安達氏の勇み足から始まった闘諍《とうじょう》は、疑心が暗鬼をよび大規模な戦いへと繋がった。市街での局地的な小さな諍いが重なり、一挙に噴出した。当の時頼も、そして泰村もそれぞれが関係ないところで戦いが始まり広がっていった。おそらく、それぞれの陣営に属する主戦派

——時頼の北条側では安達一族が、そして泰村の三浦側では光村以下——が、相互の思惑のなかで戦う算段を講じ突き進んだ結果だった。

〝不完全燃焼〟での戦いを強いられた泰村は、自己の存念をどう表明しようとしたのか。最終的に法華堂を死地と選んだ彼は、二階堂に布陣し抵抗を試みる弟の光村を、頼朝の法華堂へと迎え入れ、惣領の意地として一族の結束を誇示するかのように自害の途を選んだ。泰村にとってこの法華堂は鎌倉殿頼朝と同居し得る安寧の地だったのかもしれない。

それでは、この宝治合戦はどのように始まったのか。疑心の広がり方を通じて戦いの流れをながめておこう。

## 疑心と妄想

三浦氏の代表泰村は、暦仁元年（一二三八）頃に若狭守《わかさのかみ》に任ぜられた。以前に同氏は駿河守にも任ぜられており、御家人《ごけにん》として勢力の大きさを物語る。何しろ建保合戦で敗死した和田義盛《わだよしもり》でさえ、上総国司《かずさこくし》を望み実現できなかった。受領《ずりよう》ポストは有力御家人としての証だった。建保合戦では同族ながら和田氏と一線を画した泰村は、宝治の戦いでは同族の佐原《さわら》氏に離反された。三浦郡全域を勢力下に治めた三浦氏にあって、一族の統合は困難を極めた。その点で和田も佐原も同族だったが、結束力には温度差があった。それは伝統的有力武士団の宿命だった。

当該期、この三浦氏の勢力は相模では群を抜いていた。その三浦氏に警戒感を抱いていたのが、安達一族だった。とくに北条得宗《とくそう》家との姻戚関係を密にしつつあった安達氏にとって、三浦氏の

宝治合戦の経過

| 年月日 | 事　　項 |
| --- | --- |
| 1247年（宝治元） | |
| 4月4日 | 安達景盛，高野山より鎌倉に到着 |
| 4月11日 | 時頼邸で密議 |
| 5月6日 | 三浦泰村の次男，駒王丸が時頼の養子となる約議 |
| 5月13日 | 時頼服喪(頼嗣に嫁した妹の死去) |
| 5月21日 | 鶴岡八幡の社殿に泰村弾劾の高札が建てられる |
| 5月29日 | 泰村邸での戦闘準備の風聞，光村を中心とする主戦派の謀叛計画 |
| 6月1日 | 佐々木氏信を使者として泰村邸に派遣，和議の調整 |
| 6月4日 | 佐原義連らが時頼邸に参集 |
| | 三浦与党が諸国から西御門の泰村邸に参集 |
| | 泰村の女婿関政泰，泰村の妹婿毛利季光が加担 |
| 6月5日 | 時頼，平盛綱を泰村邸に派遣，和平の途をさぐる |
| | 安達景盛以下が甘縄館から三浦泰村邸攻撃のため出立 |

強大化は、得宗家との連携をはかる安達一族の衰退にも繋がる。そんな疑心が伝わる文が『吾妻《あずま》鏡《かがみ》』（宝治元年〈一二四七〉四月十一日条）にある。

日来高野入道覚地（景盛）、連々左親衛（時頼）ノ御第ニ参ル、今日殊ニ長居ス、内々仰セ合サルル事等アリト云々。マタ子息秋田城介義景ニ対シ、殊ニ諷詞ヲ加へ、孫子九郎泰盛ヲ突《とつ》鼻《び》セシムト云々、コレ三浦ノ一党ハ当時武門ニ秀デ、傍若無人ナリ、ヨウヤク澆季《ぎょうき》ニ及バ、ワレラガ子孫定メテ対揚ノ儀ニ足ラザランカ、モットモ思慮ヲ廻ラスベキノトコロ、義景トイヒ泰盛トイヒ緩怠《かんたい》ノ稟性《ひんせい》、武備ナキノ条奇怪ト云々

安達景盛が執権の北条時頼邸を訪れ、内々に談議に及んだという。また子息の義景《よしかげ》や孫の泰盛《やすもり》に説諭して、次のように語った。「三浦の一族は武門に秀で力を誇っている。それを見すごしていれば、わが安達一族にとって、危険な存在となるだろう。そうしたことに思いを致すべきなのに義景も泰盛も何も方策を打っておらず、武力の準備さえしていないのは情けないことだ」。

ここには、長老景盛入道の、一族に対しての奮起のアピール声明ともいうべき内容が語られている。出家先の高野山《こうやさん》から甘縄《あまなわ》の義景邸に到着した景盛は、子息たちの「緩怠ノ稟性」（のんびりした性格）に喝を入れるべく鎌倉入りしたのだった。

安達氏系図

## 三浦泰村の最期

他方、仕掛けられた三浦泰村の心情はどうだったのか。抜き差しならない状況は宝治元年六月五日に到来した。それまで時頼と泰村双方は、周辺の殺気を打ち消す努力を重ねていた。『吾妻鏡』にはそれをうかがわせ

る記事が集中する。この間、佐原一族の北条方への参陣、また三浦方へも常陸《ひたち》の関政泰《せきまさやす》・毛利季光《もうりすえみつ》（大江広元《おおえのひろもと》の子）の参陣が伝えられた。

かくして意志なき戦いが開始され、そして終わった。三浦一族の最期は以下のようであった。

西御門の館に火が懸かり法華堂に乱入した泰村たちの族滅にいたる状況を、『吾妻鏡』は、僧侶の目撃談として伝えている。難を避けるべく法華堂の天井に潜んで見聞したものだったという。僧侶が語るところでは、泰村以下の「宗タルノ仁、一期ノ終リト称シ、日来ノ妄念ヲ語ル」と彼らの想いを伝えている。「かりに三浦一族が権を執ったなら、官職を極め、所領のさらなる拡大も可能だった」と口々に語りあったという。そして泰村の弟光村は、かつて四代の頼経将軍の時代には「内々仰スル旨」を受け、「武家ノ権ヲ執ルベキ」状況も可能であったが、「若州（泰村）ノ猶予」で成就できなかったことを悔やんだという。このことが「永ク当家ノ滅亡ノ恨ミヲ貽《のこ》ス」ことに繋がったと述べ、悲憤のすえに火を懸け、「自ラ刀ヲ取リワガ顔ヲ削リ」との行為をなしたという。光村に難詰された惣領《そうりよう》泰村は、これを制止したがかなわなかったとある。

その泰村については、「事ニヲイテ隠便ノ気アリ」とその人物評を伝える。自身も「義明《よしあき》以来四代ノ家督《かとく》タリ、マタ北条殿ノ外戚トシテ内外ノ事ヲ輔佐スルトコロ、一往ノ讒ニ就キテ多年ノ昵《むつび》ヲ忘レ、タチマチ誅戮《ちゆうりく》ノ恥ヲ与ヘラル、恨ミト悲シミト計会スルモノナリ」（同元年六月八日条）と紅涙に咽ぶ様子が伝えられている。ここには三浦一族内部での光村の強硬主義とは別に思慮のある武人としての泰村の人柄が語られている。それにしてもこの泰村が語った「恨ミト悲シミト計会ス」との文言には、一族の無念が伝わる。

## 宝治合戦の背景をなすもの

勝者の時頼は、必ずしも仕掛けの主体ではなかった。〝北条陰謀史観〟の影響で、北条が〝悪〟の代名詞に扱われる傾向が少なくない。けれども時頼自身は戦闘回避派として『吾妻鏡』に登場する。さらに敵対した三浦泰村もまた主戦派ではなかった。三浦氏内部での主戦派は弟の光村だった。

対して時頼側にも主戦派がいた。既述した安達景盛であった。時頼の外戚《がいせき》として安達氏は、この時期、台頭の途上にあった。時頼はその景盛の娘を母とした。景盛が高野山から鎌倉に出向き、子息の義景や孫の泰盛を叱咤し、安達一族の存亡を説いたことは既述した。三浦氏が泰時時代の外戚関係とすれば、安達氏は時頼時代の外戚ということになる。その限りでは主戦派の安達氏が積極的に仕掛けた戦いであった。そしてその背後には、執権北条氏の外戚としての主導権争いが

三浦氏略系図

北条氏関係系図

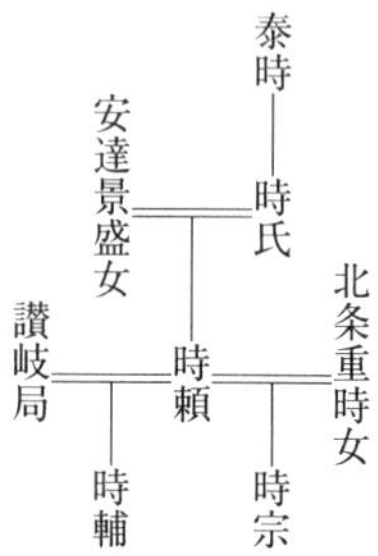


あった。時頼にとっても、あるいは泰村にとっても予期せぬ流れだった。

宝治合戦は三浦氏に負の遺産を与えた。惣家の泰村は滅亡したが、三浦介の名跡《みょうせき》は一族の佐原盛時《もりとき》が継承した。祖父の義連《よしつら》は源義経《よしつね》に従軍し西海合戦《さいかいかっせん》でも名を馳せた武士だ。佐原氏は会津方面に所領を与えられ、戦国大名蘆名《あしな》氏にも繋がる。宝治合戦では、敗北した三浦一族の所領は北条氏に従った佐原氏へと継承された。

三浦一族にあって、佐原氏は自立の志向が強かった。惣領制という血縁的同族結合において、所領の分散化は自立・分立の契機となった。

宝治合戦における佐原氏の行動もその点では同族間での複雑な利害が絡んでいた。佐原一族は時頼に味方することで、自身の立ち位置を確保した。建保合戦そして宝治合戦と、ともども三浦一族としての内部矛盾が露呈した側面があった。宝治合戦で三浦介の名のりは佐原氏へと移ることとなった。佐原系統の三浦氏が本宗となり、同一族は名族としての地位を継承する。ただし往時の勢力にはいたらず、得宗勢力の風下に立つことになる。南北朝の動乱はその三浦氏にチャンスを与えた。元弘・建武の乱では高継《たかつぐ》の時代に足利側に参陣し、武功をあげた。その子高通《たかみち》の時代には、宝治合戦以来没収されていた相模守護職が安堵されている。南北朝の動乱は紆余曲折があったものの、それを漕ぎ抜いた三浦一族は高通・高連《たかつら》・高明《たかあき》と相模守護を保持、やがて鎌倉府の時代にはさらなる転機をむかえる（この点、拙著『その後の東国武士団』参照）。

＊　「宝治」の出典は『春秋』の「治身者、以積精為宝、治国者、以積賢為道」（身ヲ治ムルハ、精ヲ積ムコトヲ以テ、宝ト為ス……）に由来するという。

＊＊　法華堂は、現在では頼朝供養墓の眼下の平場にあるが、往時のものではない。かつての法華堂（墳墓堂）は、頼朝墓の丘陵平坦部に位置した。宝治合戦での炎上後は石塔墓が建立された。水戸光圀の『新編鎌倉志』（一六八五年）によれば、石塔の頼朝墓の階下周辺は麦畑の描写がなされている。今日のような多層塔の頼朝墓になったのは江戸期安永年間の島津重豪《しまづしげひで》の整備によった。島津氏の流祖忠久《ただひさ》が頼朝の猶子《ゆうし》たることに因み、同氏がそれを顕彰するべく墓石一帯を整備したものだった（この点、拙著『鎌倉とはなにか』）。

＊＊＊　「宮騒動」と呼称された寛元の政変で摂家将軍頼経は追放されたが、そのおり頼経親派と目されたのが光村だった。頼経は承久の乱直前に鎌倉に下向以来、二十数年にわたり関東の主の立場を与えられた。そのため頼経に近仕した御家人たちのなかには、「大殿」派と目される与党勢力が形成された。

執権のシステムはその専権保持のために〝物言わぬ将軍〟の再生産を必要とした。頼経の権力志向は執権との対抗を生ずることとなった。三浦氏は北条氏に比肩する最後の雄族であり、大殿頼経の自己主張は三浦氏との提携を可能とさせた。とりわけ泰村の弟光村は、管弦の素養も高く、九条家から派された王朝貴族たちとの関係も濃厚だった。名越流《なごえりゅう》北条氏もその点では、北条一門にあって不満勢力の代弁者だった。かかる状況下で寛元の政変が勃発、頼経は京都へと送還された。残された光村にとって、北条得宗家への不満が強くなっていた。光村は承久の乱において後鳥羽院に与力した藤原能茂の女を妻として、この両人から駒王丸が生まれた。本文での法華堂の光村の語っている無念は、このことに繋がる。

# 弘安　霜月騒動の余震——安達泰盛の強盛と没落

宝治合戦《ほうじかっせん》で仕掛ける側に回った安達一族に没落の時節がおとずれた。「弘安合戦《こうあんかっせん》」とも、あるいは「霜月騒動《しもつきそうどう》」とも称されたこの事件も、幕府政治の転換をなした。「弘安」*の年号はいうまでもなく、蒙古襲来《もうこしゅうらい》（異国合戦）の記憶と重なる。「弘安の役」で知られる歴史用語だ。亀山《かめやま》院政の時期で、後宇多《ごうだ》天皇の時代の年号である。鎌倉にあっては、霜月騒動の前年の弘安七年（一二八四）、執権の北条時宗《ほうじょうときむね》が三十四歳で没しており、内外多事のおりの出来事が重なる。以下、この合戦について、敗者の安達氏に焦点を定めてながめておこう。

## 「霜月騒動」とは

安達氏の滅亡事件を「霜月騒動」と呼称したのは、『保暦間記《ほうりやくかんき》』が早い例だ。

（弘安）八年四月十八日（北条）貞時、相模守ニ任ズ、然《しかる》ニ泰盛、（平）頼綱、中悪《なかあ》シクシテ互ニ失ハントス、共に種々ノ讒言《ざんげん》ヲ成ス程ニ……ソノ時、頼綱《よりつな》入道折ヲ得テ……終ニ泰盛《やすもり》法師、子息宗景、弘安八年十一月十七日誅セラレタリ……是ヲ霜月騒動ト申ケリ

と見えている。結論のみでいえば、北条貞時《さだとき》の執権就任時に安達泰盛と平頼綱（得宗被官、盛綱の子。盛時の子とする説も）が対立、互いに讒言の結果、泰盛・宗景父子が頼綱に誅されたというものだ。「霜月」の呼称は、この事件が十一月に勃発したことに由来する。

なお、騒動の原因は右の『保暦間記』の関係個所には、安達宗景が源家将軍への野望を疑われたためだとする。曽祖父景盛が頼朝の血脈に属したとの話を載せている。そんな風聞も一因だったらしい。事実かどうかは不明ながら『保暦間記』には、「憍《おごり》ノ極ニヤ」とも語り得宗貞時の外戚たる安達一族の憍慢さの結果と説明する。

弘安合戦（＝霜月騒動）での敗者泰盛は寛喜三年（一二三一）に生まれた。執権泰時の治世であり、泰盛の「泰」はもちろん北条泰時の偏諱《へんき》によった。母は甲斐源氏の名門小笠原時長の娘である。父義景の権勢を継承、家職的官職ともいうべき秋田城介《あきたじょうのすけ》に建長六年（一二五四）に任ぜられている。翌々年に評定衆《ひょうじょうしゅう》に加えられた。泰盛二十四歳のおりだ。ちなみに泰盛には兄頼景がいたが、文永九年（一二七二）の北条時輔《ときすけ》（時宗兄）の乱に与したため、弟の泰盛がこれにかわった。泰盛もまたその妹（娘とする説も）を北条時宗に嫁させ婚姻関係を実現した。

安達氏の台頭には、執権との外戚関係の確保が大きい。景盛がそうであり、泰盛もそうだった。

執権・得宗体制の成立と安達氏の台頭は密接な関係にあった。宝治合戦において主体的・能動的役割を演じた安達氏一族は、時頼以降、時宗そして貞時と続く執権・得宗体制で堅固な基盤を確立したともいえる。その限りでは『保暦間記』の記事は的外れともいえない面もあった。

同書には、既述のごとく平頼綱との確執が記されており、これが騒動の原因となったことは諸史料に照らし疑いないようだ。頼綱は御内人《みうちびと》の代表的存在だった。北条氏の〃御内〃という意味で、彼らは被官という立場にあった。多くが伊豆・駿河の北条氏本領を出自とする地域の領主層だった。将軍に対しては陪臣《ばいしん》であったが、実質上の鎌倉殿が北条得宗家の担うところとなった段階で、〃御内〃たる譜代《ふだい》性が強く意識された。

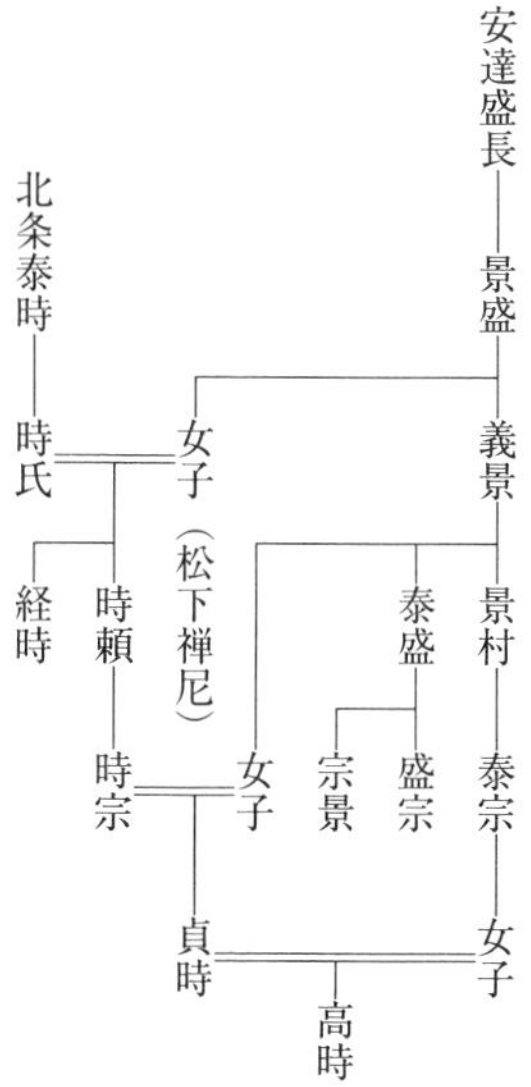

安達・北条得宗家関係系図

こうした流れのなかで将軍家奉公の一般御家人は〃御内〃に対し〃外様《とざま》〃とされるようになり、御家人（外様）と御内人（御内）両者の確執が表面化するにいたった。泰盛と頼綱の対立は、その外様と御内相互の対抗関係に由来した。

頼綱は、貞時の乳父《めのと》でもあった。したがって貞時という〃玉〃を外戚たる泰盛が掌中に収めるか、乳父の頼綱がこれを掌握するかという対抗構図ということになる。

### 安達氏の来歴と婚姻関係—泰盛以前

泰盛の曽祖父盛長《もりなが》は、頼朝の乳母比企尼《ひきのあま》の娘（丹後内侍《たんごのないし》）と結婚した。両人の間に誕生した女子は源範頼《のりより》に嫁し、源氏との血脈を有した。**流人《るにん》時代の頼朝の側近として仕えた盛長のことは『吾妻鏡』も語るところだ。上野《こうずけ》国奉行人《ぶぎょうにん》として国務に関与し、頼朝死後は出家して蓮西と号した。盛長はその晩年に三河守護となったが、娘婿の範頼が同国の国守だったことを考えあわせるならば興味深い。

その三河に関しては子息景盛《かげもり》の時代に盗賊問題があった。頼朝の死後間もない正治元年（一一九九）七月のことだ。新鎌倉殿の源頼家《よりいえ》は、三河での騒擾《そうじょう》鎮圧に守護の景盛を派遣したが、その目的は別にあった。景盛が都から連れてきた愛妾に頼家が懸想《けそう》をした。頼家は景盛にあえて三河への盗賊鎮圧を命じた。目的は景盛の留守中にその女性をわがものにしようとしたためだ。

果たして頼家は景盛の三河派遣中にその女性を軟禁してしまった。三河から戻った景盛は激怒して、一戦交えるべく頼家と主従敵対の状況までいった（この点、拙著『恋する武士闘う貴族』参照）。景盛の頼家への宿意《しゅくい》は消えることはなかった。北条政子・義時《よしとき》の景盛への信頼は厚く、建保六年（一二一八）三月に出羽城介***に任ぜられ、源実朝《さねとも》死後、その死を悼み出家して高野入道と号した。

安達氏は盛長・景盛と、終始北条一門と密接な関係を保持した。景盛の娘（松下禅尼《まつしたぜんに》）が泰時の長子時氏《ときうじ》と結婚し、経時《つねとき》・時頼《ときより》が誕生、それぞれ四代、五代の執権となった。景盛の子義景《よしかげ》が幕閣内で台頭したのは、経時・時頼の執権段階に対応する。婚姻関係で安達氏は枢要な政治的地位を確保した。寛元における前将軍頼経のクーデター（一二四六年）や宝治合戦にあっても、執権北条氏との関係を堅持した。三浦氏との宝治合戦での安達氏の動きについては、既述した。義景は父祖の盛長・景盛の基盤を継承し、鎌倉の甘縄を拠点に勢力を安定させ、康元元年（一二五六）五番引付頭人（過半が北条一門で独占）に就任しており、義景の発言力が高まっていたことがうかがえる。その義景は、翌年六月に四十四歳で死去、泰盛が二十代半ばで家督を継ぐことになる。

## 泰盛の周辺

霜月騒動が勃発した十三世紀後半は、幕府体制の内と外の大きな転換の時代だった。この時期に幕政に関与した泰盛も当然そうした危機を共有した。

霜月騒動以前で泰盛の名が知られるのは、有名な『竹崎季長《たけざきすえなが》絵《え》詞《ことば》』（『蒙古襲来絵詞』）である。文永の役の論功の不満で肥後《ひご》国から上訴した「無足ノ御家人」（所領のない貧乏な御家人）竹崎季長の対面部分に、泰盛は恩賞《おんしょう》奉《ぶ》行《ぎょう》として登場する。「異国合戦」と当該期の諸史料に所見の文永・弘安の役は、未曽有の国難とされた。異国の再来に備えつつも、恩賞問題を遅滞なく進める力量が問われた。泰盛はこの時点で四十代半ばだったと思われ、執権・得宗をふくめ、御家人

安達泰盛花押

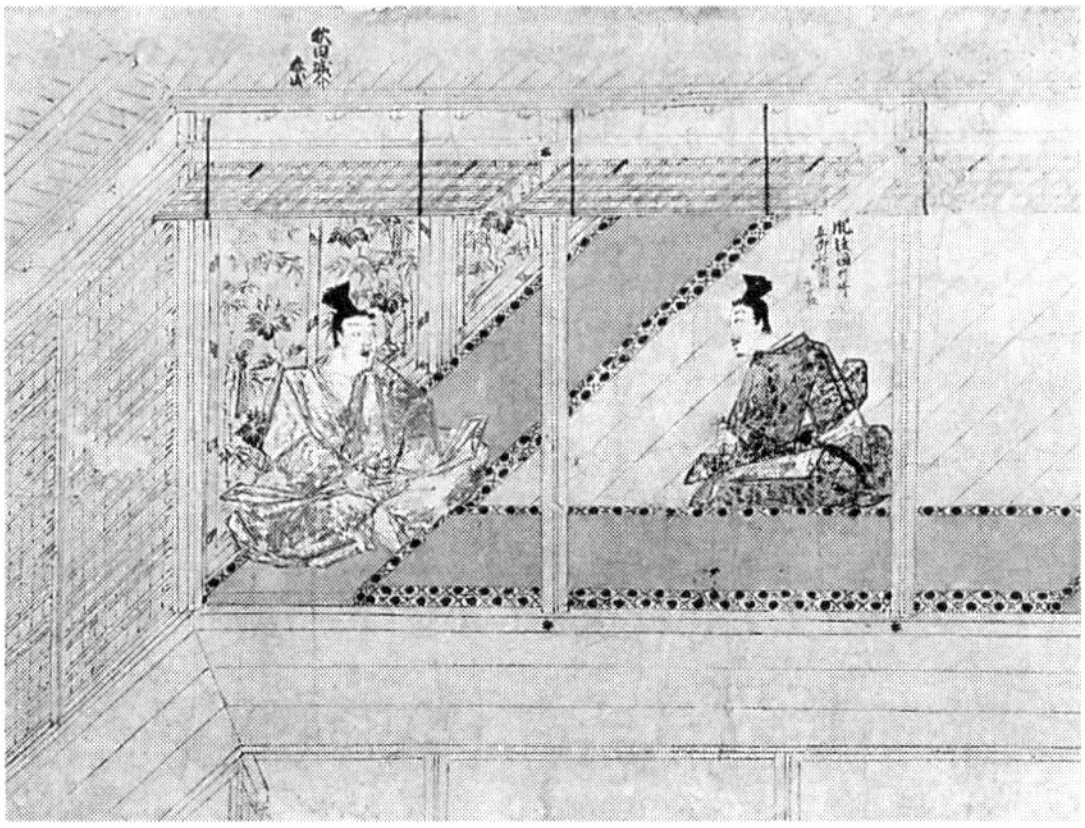

『蒙古襲来絵詞』より安達泰盛と竹崎季長
（宮内庁三の丸尚蔵館蔵）

たちの中心的存在だった。

外交の危機の情勢下で、京都に赴き折衝を進めるなど、教養豊かな人物として舵取りを委任されていた。執権は北条時宗だった。泰盛は時宗体制下で「寄合《よりあい》」の構成メンバーであった。異国合戦（元寇）の泰盛の恩賞奉行もそうした時宗との関係によったと思われる。その時宗も弘安七年（一二八四）に三十四歳で死去した。弘安の役の三年後のことだった。時宗には十四歳の貞時《さだとき》がいたが幼少のこともあり、外戚たる泰盛が後見の役割を担うこととなった。ただし、貞時の乳父平頼綱も御内人の代表的立場にあり、強い発言権を有した。幼少の貞時を軸に、当然ながら両者の対抗が表面化していった。事件勃発の経緯については先にふれたところだ。時宗の死去で幕府内部での指導者層の対立が噴出したことによった。

北条泰時以来の評定衆《ひょうじょうしゅう》、さらに時頼の引付衆《ひきつけしゅう》の設置等々、合議制システムは変容を来しつつあった。時宗段階の外交の危機で政策決定の迅速化が必要だったこともあり、少数の「寄合」による決断が要請された。得宗専制は外交の危機に即応するための所産だった。

時宗から年少の貞時への得宗交替は、調整・調停機能の弱体を招いた。結果として、少数の「寄合」内部の対立を直接的・鋭角的なものにした。「寄合」は公式機関でないがゆえにその名称が付された。ある意味、得宗と執権の権力分掌上での分裂という事態も招くことになる。前者は義時の嫡流が継承する血脈主義に由来する。後者の執権は将軍補佐の職責で広く北条氏が掌握してきたものだ。それは必ずしも得宗家の血脈によるものではなかった。

つまりは北条氏の宗家たる得宗は執権の地位に就くが、執権たるものは、必ずしも得宗たることを条件としなかった。その意味では執権制（評定衆や引付衆）は合議による意思決定を前提としたのに比し、得宗制は寄合という少数による私的合議を実態とした。前者から後者への方向性は、外交の危機と表裏の関係のなかで顕在化する。貞時の段階での泰盛と頼綱の両人は、ともども貞時との外戚関係か乳父関係かとの相違はあるが、幕政の意思決定の主要メンバーであったことで、対立は必至となった。御家人の利害代表者たる泰盛は公平性を是とした。当然ながらその政策は御内人の利害と一致しない場合も少なくなかった。

時宗が死去して一ヵ月後の弘安七年五月、泰盛は『新御式目』(『中世法制史料集』所収)を発布した。三十ヵ条からなる法令は、新将軍惟康《これやす》親王(七代将軍、一二六六〜八九年在職)への心得と、為すべき施策を条文化したものだった。

## 御家人体制の再建をはかる

そこには時宗が更迭《こうてつ》した前将軍宗尊《むねたか》の側近勢力の弊害への反省もあり、「宮女口入《くにゅう》ヲ止メラルベキ事」「殿中ノ人ノ礼儀、礼法、直サルベキ事」などが語られていた。さらにそれとは別に、御家人に対しての権利保護のための越訴《おっそ》(訴訟)制度の確立もあった(「越訴ノ事、奉行人ヲ定メラルベキノ事」)。それと裏腹に、御内人たちが少なからず有した関所設置にかかわる権益是正の施策も散見された。

内管領《うちのかんれい》(御内人の代表)の地位にあった頼綱にとって、坐視できない政策もあった。他方、泰盛は将軍(惟康)を介し、御家人体制の再建をはかろうとする方向を堅持しようとした。泰盛には「御内」「内管領」という非制度的・私的支配への打開の意思も看取される。得宗・御内人が内に有した専制化の温床からの脱却である。将軍—御家人体制の再構築は、外交の危機対応と表裏でもあった。その限りでは安達一族の滅亡によって、御家人体制はさらなる変容を余儀なくされる。

従前、北条氏がその権力掌握のためになした諸事件(「正治」の梶原氏、「建仁」の比企氏、「元久」の畠山氏、「建保」の和田氏、「宝治」の三浦氏の打倒)等々とは一線を画した。「弘安」段階の霜月騒動も、同じく有力御家人の敗死では共通するが、本質は大きく異なっている。勝ちを得た頼綱の得宗・御内人体制は、その後の権力の強大さの反作用のために幕府の衰退を決定的なものとしていったことは否めない。

＊　「弘安」は「建治」のあとの年号で、弘安十一年（一二八八）四月「正応」の改元まで続いた。鎌倉将軍は惟康親王、執権は時宗・貞時の時代にあたる。出典は『太宗実録』の「弘安民之道」（民ヲ安ンズルノ道ヲ弘メル）によるとされる。

＊＊　『尊卑分脈《そんぴぶんみゃく》』によれば、安達氏は藤原北家《ほっけ》に出自を有するらしいが、詳細は不明。頼朝挙兵時に活躍する盛長は、比企尼の娘と結婚しており、比企尼自身は頼朝の乳母でもあった。こんな関係が後世、拡大解釈され盛長と頼朝の血縁云々につながったのかもしれない。ちなみに系図にはこの盛長の甥に外嶋（豊島）常基なる人物が見えるが、これは頼朝時代に『吾妻鏡』に登場する足立遠元と同一人物とされている。足立なり外嶋（豊島）なりは武蔵国の郡名に由来する。かつて将門《まさかど》の乱のおりの関係者で『将門記《しょうもんき》』に登場する足立郡司の武芝《たけしば》は、この遠元の遠祖とも伝えられる。その点では安達氏と足立氏は字は異なるが同一と解し得る可能性もある（この点、岡田清一『北条得宗家の興亡』参照）。

＊＊＊　安達氏が名乗った「秋田《あきた》城介《じょうのすけ》」の呼称について補足しておく。『官職要解』（和田英松が明治期に著した官職の解説書、講談社学術文庫に所収）によれば、「出羽国秋田郡にあって、蝦夷防御のためにおかれた」「『三代実録』には、秋田城を管する職を、秋田城司とす」「出羽介が必ず掌《つかさど》ったので秋田城介といひ……」等々と説明されている。およそはそんなところだろうが、出羽国に秋田城が築かれたのは天平五年（七三三）

だった。出羽国はその後、越後国と陸奥国の数ヵ郡が分割され設置された。出羽の国府は秋田城から遥かな南の現在の山形県酒田に当初は置かれた。国府と軍府（秋田城）が分離しており、出羽の国司の秋田城での職責困難により、平安期には出羽介が担当した。秋田城の守備を出羽介が担ったために、出羽城介は秋田城介とも呼称され同義に用いられた。

越後の名族で源平争乱期に活躍した城氏《じようし》一族は、官職名の城介に由来するもので、そのルーツは余五将軍平維茂（将門の追討で武名を馳せた貞盛の末裔）の子孫が当該の城介に任ぜられたことに由来した。安達景盛が秋田城介に任ぜられ、以後、代々の「城介」名のりもそれによる。当該ポストは辺境軍事担当者として成立したが、この鎌倉期にあっては名目以上のものでなかった。「城介」が保持した観念は、武家にあってはそれなりの比重を占めていたわけで、安達氏が同職に就任し、これを世襲したことは御家人としての地位を考えるうえでおさえておく必要がある。

＊＊＊　この泰盛は建治年間（一二七五～七八）に「御恩奉行」として恩賞にかかわったことは、よく知られる。そのため第一回目のモンゴル襲来（文永の役、一二七四年）にあって肥後国御家人竹崎季長の異国合戦後の上訴にも関与した。著名な『竹崎季長絵詞』（『蒙古襲来絵詞』）にも季長の訴えの様子に耳を傾ける泰盛の様子がみえる。この訴訟の件に関しては多くの研究があるが、絵詞との分析をふくめ、多面的に検討したものとして、石井進『鎌倉武士の実像』がある。

＊＊＊＊　このことは五代時頼―八代時宗―九代貞時―十四代高時と継承された得宗家の家督（得宗）と執権の代数が連続せず、五代時頼と八代時宗の間の六代長時（重時子）、七代政村（重時弟）、十代師時（時宗弟の宗政の子）、十一代宗宣（時房の大仏流《おさらぎりゆう》）、十二代熙時《ひろとき》（政村流）、十三代基時（重時流）は、得宗家督の継承に支障（幼少その他の理由）が生じた場合の臨時的措置だった。得宗と執権が必ずしも一体でなかったことを

示す。

特に貞時から高時にいたる得宗の権力移譲には、北条一族内での諸種の事件が勃発した。そのあたりは『保暦間記』にもふれられており、参考となる。なお、『北条氏系譜・人名辞典』（北条氏研究会編、新人物往来社、二〇〇一年）も参照。

北条氏略系図

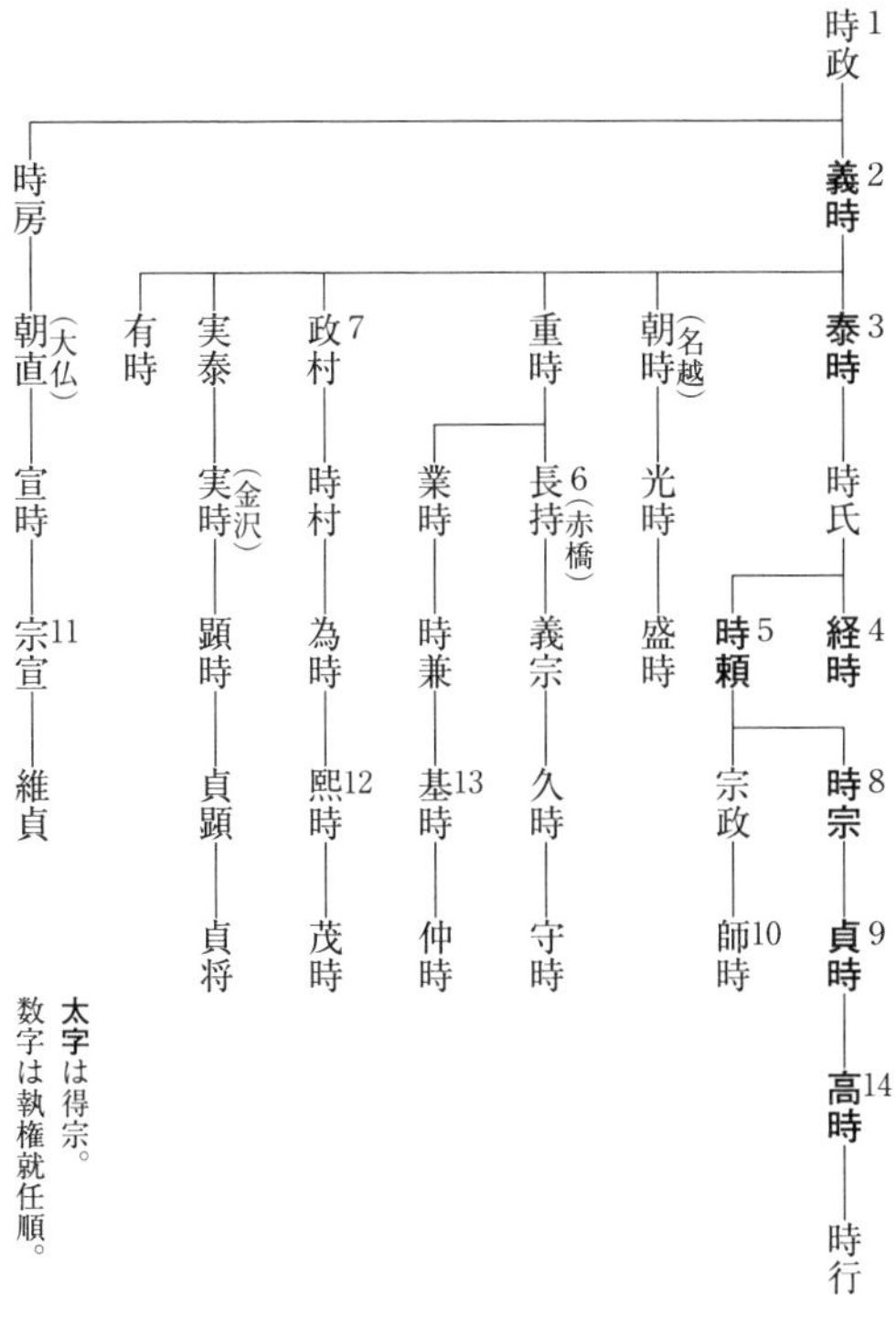

# 南北朝

「吉野」の記憶と敗者たち

十四世紀の敗者たちの年代記を、年号でたどることがここでも主旋律である。鎌倉期の争乱は主に武家内部が射程となっていたが、ここでは京都王朝をふくむ公武がテーマとなる。「建武」（中先代《なかせんだい》の乱、北条時行《ほうじょうときゆき》）—「正平」（四条畷合戦《しじょうなわてかっせん》、楠木正行《くすのきまさつら》）—「観応」（足利尊氏《あしかがたかうじ》と足利直義《ただよし》対抗）—「康暦」（小山義政《おやまよしまさ》の蜂起《ほうき》）—「明徳」（山名氏清《やまなうじきよ》の乱）を素材に時代と人物を読み解いたものだ。他にも紹介すべき敗者たちは多いが、右の争乱・反乱に共通したもの、それは吉野《よしの》＝南朝の記憶が随伴していた点だ。室町体制を築いた足利一族を勝者とすれば、これらの抵抗勢力として点滅しつづけた吉野は敗者ということになる。けれども中世後期に、勝者たる武家内部にあっても南朝はそれなりに大きな意味を有した。明徳の年号はその南北朝の合一になり、「吉野」は意味を消失する。だが実態としては、おりあるごとに南朝「吉野」が呼び戻され、時として敗者の旗印となった。

建武

# 中先代の乱——北条時行の粘り強さ

「敵の敵は味方」、そんな生き方をした武士がいた。北条時行である。北条高時《たかとき》の次男として北条氏の再興に尽力、足利一族憎しの一念で南朝にも与した。「建武」の年号はしばしば「元弘・建武の乱」と呼称され知られている。* 鎌倉幕府滅亡と表裏の後醍醐《ごだいご》天皇の政治変革に対応する。「建武新政」に敵対する時行の蜂起は、「二十日《はつか》先代の乱」「中先代の乱」とも呼ばれた。

先代とは、後代の足利氏との対比から、北条氏をさした。「中先代」とは先代と後代の中間に位置したことに由来する。信濃で兵を挙げた時行は鎌倉に進攻し、短期であったが占領した。時行にとっては、自身の主張を歴史に示すための戦いだった。事は成就せず北条再興はならなかったが、反足利として一貫した姿勢に執念がうかがえる。目的のために手段は選ばず、当初こそ反建武の流れで挙兵したが、南朝吉野との連携を模索するなどの粘り強さを示した。

北条時行関係図

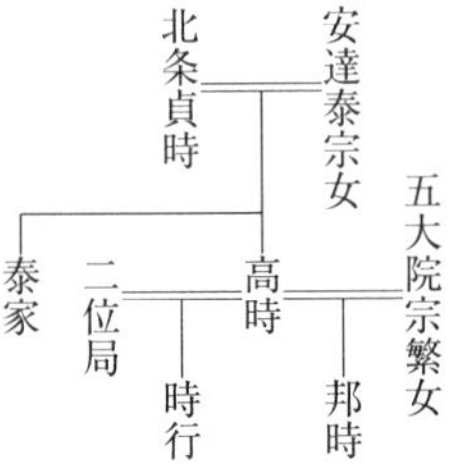


## 鎌倉占領

東国武士たちの求心性の象徴が鎌倉だった。建武二年（一三三五）七月、その鎌倉奪還を目ざして得宗北条高時の遺子長寿丸（時行）が信濃で兵を挙げた。北条氏の復権を求めての闘いだ。旧得宗被官諏訪《すわ》頼重《よりしげ》に擁せられた幼主時行の鎌倉占領にいたる流れは、『梅松論《ばいしょうろん》』『太平記《たいへいき》』に詳しい。

七月十四日、時行の諏訪勢力は信濃の小笠原貞宗を埴科《はにしな》郡青沼で破り、同二十二日には新田勢を武蔵入間《いるま》郡の女影原《おなかげがはら》（埼玉県日高市）に撃破した。さらに府中で小山秀朝《おやまひでとも》軍も敗走させた。当時鎌倉にいた足利直義《ただよし》はこの報に接し、成良《なりよし》親王・足利千寿王（義詮《よしあきら》。尊氏の子）をともない出撃する。武蔵多摩郡の井出沢方面（東京都町田市）で迎撃をはかるが敗走を余儀なくされる。『太平記』によれば、伊豆・駿河・武蔵・相模等の諸勢力が時行軍に従い、五万余騎の大軍になっていたという。

直義は鎌倉出立のおり、薬師堂谷に幽閉されていた護良《もりよし》親王の暗殺を淵辺義博《ふちのべよしひろ》に指示した。時行に鎌倉を奪回されたおり、護良親王の身柄が反抗勢力に利用されることを危ぶんだためだ。時行軍は破竹の勢いで同二十五日に念願の鎌倉入りを果たした。

この時行の動きとは別に北条氏の再興を目ざす勢力は京都にもいた。時行の叔父で高時の弟泰《やす》家《いえ》である。泰家は鎌倉没落後、奥州に逃げ時興と改名、やがて親幕派の公卿西園寺公宗《さいおんじきんむね》の保護で京都に潜伏していた。時行の鎌倉攻略は泰家や西園寺公宗等の京都勢力との連携を目ざしたものだった**。これに越後方面の名越《なごえ》（北条）時兼《ときかね》（朝時《ともとき》流）も挙兵する大規模なものであった。

## 失敗した挙兵

だが、この挙兵計画は東西の呼吸が合わず成功をみなかった。鎌倉占領を果たした時行の蜂起はその後短期間で終わったことから、『梅松論』などは「二十日先代」との呼称でその蜂起を語った。時行の短期占領への揶揄とも取れる表現に、足利の隆盛を梅と松に喩えた意識との対比が看取できそうだ。「彼ノ相模次郎再ビ父祖ノ旧里（鎌倉）ニ立帰ルトイヘドモ、イクホドモナクシテ没落シケルゾ哀レナル」と伝える。

その理由として、時行本人が「幼主」であり、「扶佐《ふさ》スル古老ノ仁ナシ」とする。大仏《おさらぎ》・極楽寺《ごくらくじ》・名越等々の北条氏諸流の人々も元《げん》

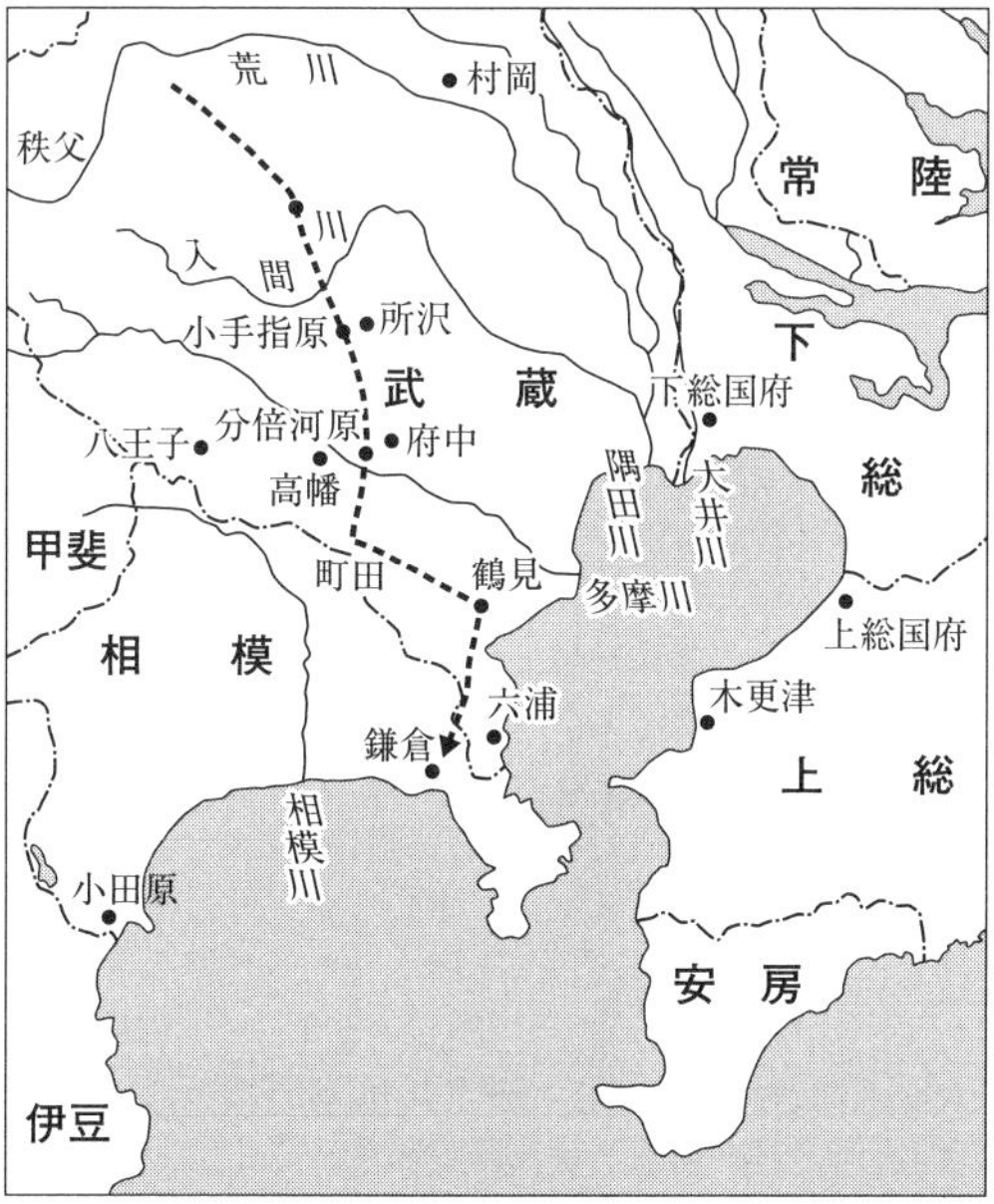


時行の進行ルート

中先代の乱以降の経過

| 年次 | 事項 |
|---|---|
| 1335年 | 7月，中先代の乱 |
| (建武2) | 11月，足利尊氏・直義，官位剝奪 |
| | 12月，足利軍，新田軍を箱根で迎撃 |
| | 北畠顕家軍，奥州出発(第1回) |
| 1336年 | 1月，尊氏軍，上洛．その後，後醍醐は叡山に |
| | 2月，西国戦線で足利勢敗退，鎮西へ |
| | 3月，筑前・多々良浜合戦 |
| | 4月，尊氏，東上 |
| | 5月，摂津・湊川合戦(楠木正成敗死) |
| | 6月，光厳上皇(持明院統)を奉じ入京 |
| | 8月，光明天皇(持明院統)践祚 |
| | 9月，懐良親王を九州に |
| | 10月，新田義貞，北国へ |
| | 11月，『建武式目』制定 |
| | 12月，後醍醐，吉野へ(南北朝分裂) |
| 1337年 | 3月，越前・金ヶ崎城陥落 |
| | 8月，北畠顕家軍，奥州出発(第2回) |
| 1338年 | 5月，顕家，和泉・石津合戦で敗死 |
| | 閏7月，義貞，越前・藤島合戦で敗死 |
| | 8月，尊氏，征夷大将軍 |

弘《こう》の乱《らん》で敗者として出家していた。また、時行与党の多くが「烏合梟悪《うごうきょうあく》ノ類」であったとする。そのことが、「天命ニソムク故」の行為と指摘する。敗北を「天命」云々に求める表現は、史論にありがちだとしても、時行軍の多くが統率を欠いた現状不満派だった点は動かない。

ちなみに諏訪頼重らが鎌倉入りしたおり、時行が拠点としたのは勝長寿院《しょうちょうじゅいん》だった。ここは源家《げんけ》の菩提寺《ぼだいじ》として頼朝時代に建立され、北条氏の執権館と尾根を隔てて近接する所縁の場であった。源氏・北条氏ともどもと深くかかわる当該地域の占領は、鎌倉奪回の場としてもふさわしい。だが、占拠後の方針が明瞭を欠いた。

東国には中先代の乱直後の時点で、天皇か再度武家かの選択の方向があった。武家に関しては旧主北条を再結集の核とするか、新たに足利に依るかとの選択だ。別の言い方をすれば旧主北条との〝義〟か、新主足利との〝利〟かという選び方でもある。いずれを選ぶにせよ打算はある。鎌倉＝東国の主をめぐる新旧の対立のなかで、重視されるのは何であったのか。時行への参陣には恩賞への不安がともなった。京都の建武体制への反乱軍という弱さだった。かくして、追討軍たる足利側へと流れが傾く。その限りでは、恩賞への期待値も小さくなった。

この時期、鎌倉を放棄した直義の懸案は、幽閉中の護良親王の対処だった。護良親王の身柄が時行側の手中に帰した場合のさまざまが予想された。護良親王の捕縛は後醍醐天皇の了解により実行された。後醍醐と護良との政権構想上の乖離のなかで、護良排除が決定され鎌倉幽閉がなされた。護良にとって敵対者は足利であり、父後醍醐でもあった。『太平記』が語るように、護良の配流《はいる》とその後の処遇に父への蟠《わだかま》りもあり、その心中の無念が伝えられる。

結果として、護良の暗殺で両者の結合の危惧はなくなった。時行軍にとって選択肢の一つが消

皇室関係系図

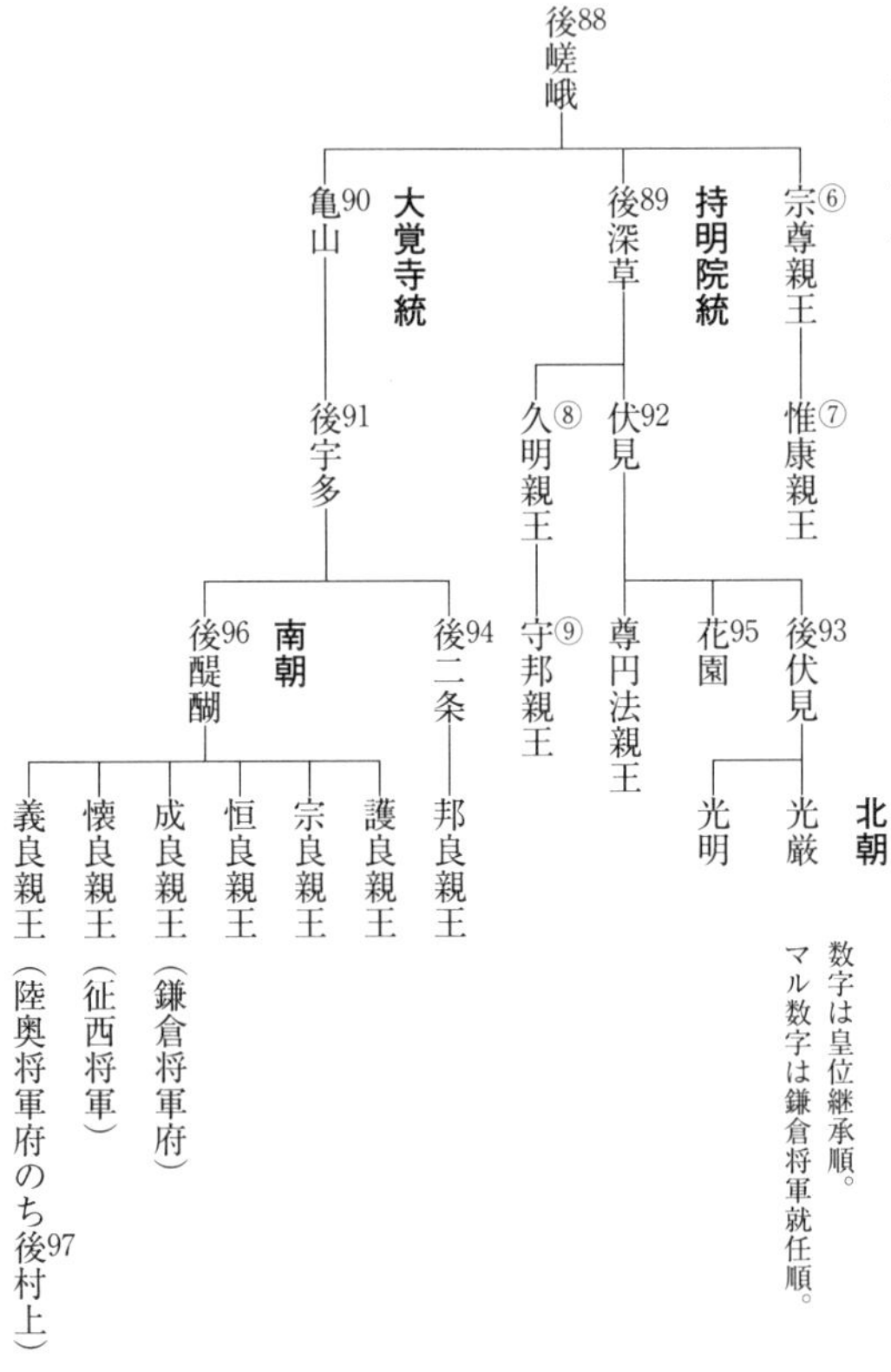


されたことになる。

## 時行の構想

北条氏再興を目的とした時行とその一派は、京都との連携で同時挙兵を企図したが、背景には持明院統《じみょういんとう》の擁立の方向があった***。東西同時挙兵にともなう公武合体が難しくなった段階で、時行側に残された方策には、鎌倉という武家の政治的特別区を自立させる方向が浮上したはずだ。当時、幽閉された護良親王との連携である。時行にとって挙兵での名分という点でも護良の擁立は必要だった。

護良の個性を別にすれば親王将軍という存在自体は、旧鎌倉幕府以来のものだった。護良自身が当初、討幕の急先鋒であったにせよ幽閉後は事情を異にした。反尊氏という点では共通する。護良の場合、足利を容認して自身を切断した建武政権への抗心もあったはずだ。この点で時行側にとって護良の存在は、劇薬の可能性があったが、鎌倉を再生させる切り札として作用しえた。しかし、直義の処断でこの途も塞がれた。

護良暗殺指令を出した直義について、道義主義的思考から後世には非難される傾向が少なくない。将来の禍根を断つという現実の政治判断からの措置という点は否めないにしても、である。

時行にとって、当初の京都との東西同時挙兵構想の失敗、さらには鎌倉占領後での護良との連携構想の頓挫で、次なる方策が必要とされた。ただし護良との連携云々は直接に語る史料はない。状況からの推測でしかない。護良の暗殺を、混乱に乗じての直義による禍根の処断以上のものではなかったとの理解もあろう。

いずれにせよ、護良という〝玉〟の喪失で、時行の鎌倉占領後の方向性が見出されなくなっていた。仮に護良を担ぐとなれば、鎌倉は対京都との関係で「君ト君トノ争」（『太平記』）に転換できるからだ。ちなみに時間的には、この中先代の乱の数ヵ月後に尊氏は建武政権に反旗をひるがえすが、そのおりに持明院統を担ぎ、「君ト君トノ争」という構図を創り上げる。その限りでいえば、時行が護良を反後醍醐・反尊氏の象徴として戴くことは、あり得ないことではなかった。しかし、この青写真が潰え去ったとなれば、時行側は鎌倉死守を継続させることしか打開策はなかった。京都側は鎌倉奪回に向けて、その後尊氏を中心とする追討軍を派遣する。時行側はかくして敗走を余儀なくされた。

## 敵ノ敵ハ味方、吉野への帰順

尊氏・直義が三河から反転攻勢に転じ鎌倉奪回に成功したものの、時行の行方は不明だった。その時行が再び登場するのは、後述するように北畠《きたばたけ》顕家《あきいえ》率いる奥州軍への参陣だった。

鎌倉退去後に時行は伊豆方面に潜伏し、機会をうかがっていた。他方京都側の事情も激変した。鎌倉入りし帰京しない尊氏に追討がなされた。下向する新田義貞《にったよしさだ》の追討軍を迎撃した尊氏は、それを追撃し上洛する。建武二年（一三三五）冬から翌三年春にかけてのことだ。その後、鎮西《ちんぜい》方面で態勢挽回を果たした尊氏は後醍醐天皇側と和議をなすが、それが破れ天皇側は吉野におもむき京都と対抗した。

南北両朝の事態は潜伏中の時行の動向にも影響を与えた。反尊氏・反後醍醐いずれも時行の内奥に存在したが、その量において前者への憎悪が強かった。かつて尊氏は北条高時の「高」を偏《へん》諱《き》として、主従の関係だった。その限りでは時行の足利への怨みは〝倶《とも》ニ天ヲ戴カズ〟、この心情に近いものがあったに相違あるまい。当然ながら〝敵ノ敵ハ味方〟の思惑が作用した。前述したように時行の吉野への帰順だ。

建武四年・延元二年（一三三七）十二月の北畠顕家の二度目の上洛にさいし、時行が潜伏先の伊豆から奥州勢に参陣した背景には、右のような事情があった。『太平記』（巻十九「相模次郎時行勅免事」）には「亡親高時法師、臣タル道ヲ弁ヘズシテ、遂ニ滅亡ヲ勅勘ノ下ニ得タリキ、然トイヘドモ、天誅ノ理ニ当ル故ヲ存ズルニ依テ、時行一塵モ君ヲ恨ミ申ストコロヲ存ジ候ハズ」との意思は使者を介し、吉野側に伝えられたとある。吉野側は時行の要請に対応し、「恩免ノ綸旨」を与えた。『太平記』の時行の発言を信ずれば、君臣の道を弁別し得なかった亡父への「天誅」は止むなしとの立場だった。吉野にとっても尊氏は「朝敵」であり、時行自身にとっても北条を裏切った「大逆無道」の存在とされた。つまりは「公」の立場においても、「私」の側からも許し難いとの論難だった。時行にとって吉野は自己の目的（尊氏打

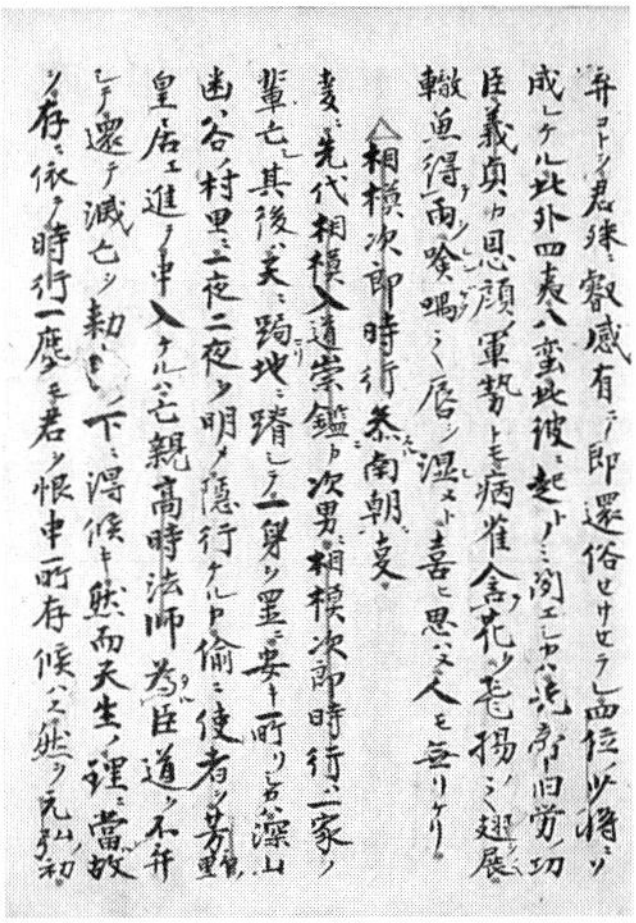
弁コトシ君徳ニ叡感有テ即還俗セサセラレ而位ノ少将ニソ
成レケル此外四夷八蛮此彼ニ起ノミ洞エシカハ義卿旧労ノ功
臣義貞カ恩顔ノ軍勢トモ病雀会ノ花ヲ憂揚シ翅展
轍魚得テ雨ヲ喰喝シ唇ヲ湿ストモ喜ヒ思ハヌ人モ無リケリ
△相模次郎時行参南朝事
夌ニ先代相模入道崇鑑ガ次男相模次郎時行ハ一家ノ
輩亡レ其後ハ天ニ跼リ地ニ蹐シテ一身ヲ置ニ安キ所リモナク深山
幽谷ノ村里ニ一夜二夜ヲ明メ隠行ナル所ニ倫ニ使者ヲ吉野
皇居エ進テ申入ナルハ亡親高時法師為臣道ヲ不弁
シテ還テ滅亡ヲ勅勘ノ下ニ得候キ然而天生ノ理ニ當故
ヲ存ニ依テ時行一塵モ君ヲ恨申所存候ハス然ヲ元弘ノ初

『太平記』巻19（部分，国立国会図書館蔵）

倒）のための方便だった。

時行は北畠顕家の奥州軍とともに十二月二十三日鎌倉に攻め入り、陥落させた。その後も奥州軍に従軍、翌年には美濃の墨俣《すのまた》・青野原《あおのがはら》合戦で戦い活躍している。顕家の泉州堺での敗死後も時行は文和元年・正平七年（一三五二）閏二月、関東の新田義興《よしおき》・義宗《よしむね》兄弟（義貞の子）とともに兵を挙げ、武蔵から鎌倉へ進軍している。執念ともいい得る時行の行動は、反尊氏の一点にあった。しかしその時行にも終焉の幕が降ろされる。尊氏による鎌倉奪還戦のなかで敗退、翌年に捕らえられ五月二十日鎌倉龍ノ口で斬《ざん》された。

## 時行の執念のゆくえ

足利に抗しつづけた時行は敗者ではあったが、その徹底した強靭な意志は、尊氏あるいは直義への対抗としてあらわれた。最終的には吉野に帰順することが自己の存立基盤となった。時行に選択された吉野は、「南朝」という立場で以後の歴史のなかで光芒を放つことになる。南北朝の動乱と呼称された内乱の契機の一つは、この中先代の乱であった。

それにしても、北条回帰をはかる時行の蜂起は、公家一統主義からの武家の覚醒を導き、それが足利体制の樹立へと繋がった。その意味で時行の行動は、北条とは異なる武家を歴史に選択させた。そして「吉野」の登場もうながした。時行はその吉野と同心することで自身の行動の規矩とした。「朝敵」打倒という「義」への参画だ。吉野はそれを語るための資格を持っていた。南朝という立場で京都（北朝）と異なる王統を継続させる資格である。少なくとも、足利氏に支えられた京都の王統とは異なるという一点において、時行は南朝との連携に活路を見出そうとした。

　時行にとって吉野は価値ある存在だった。その存在としての大きさは、その後も吉野を規定した。いわば敗者のなかに常に寄り添う形で記憶化され続けた。吉野は南朝の象徴として敗者の側から事あるごとに呼び出された（この点、新田一郎『太平記の時代』参照）。勝者となった足利氏もその後の内紛（観応《かんのう》の擾乱《じょうらん》）にあって、直義ついで尊氏も、その吉野に与同することになる。不利な状況化にあって、〝特効薬〟のごとき効能を幻想として与え続けた。吉野は室町以降の武家の時代が成熟した段階にあっても、劣化しつつも記憶として残っていった。中先代時行は、その吉野に最初に呼び出しをかけた人物ということになる。

＊　後醍醐天皇の時代の「建武」年号は、元弘四年（一三三四）一月に改元された。よく知られているように後漢の光武帝の年号にならったものだ。平安期の「延喜の聖帝」（醍醐天皇）の後継を標榜する後醍醐天皇は、平安王朝の最盛期と観念された段階への回帰を指針とした。武家により中断された鎌倉時代は、正統から逸脱した異端と解され、「新」王朝の時代に対応するとの理解だ。だから王莽《おうもう》の建国にかわる新を打倒し、漢王室を再興した光武帝は、見ならうべき先例として認識された。その光武帝の年号「建武二年」の「建武」を用いることで、武家を否定し再び公家一統への転換の象徴とした。ちなみにその年号の由来に関しては『後漢書』の「於是建元為建武」（是ニ於テ、建元ハ建武トナス）からのものとされる。その建武体制崩壊後、後醍醐は建武

三年（一三三六）二月、「延元」に改元する。一方、京都の北朝にあっては建武五年八月に「暦応」と改元された。

＊＊　承久の乱後、幕府との関係が良好だった西園寺家は、建武体制下ではその地位を低下させた。武家との協調を目ざす公宗は、時行の鎌倉奪回と北条氏再興に積極的に関与した。本文でもふれた北条泰家を擁し、京都側の総大将に仕立て、東西呼応の反乱を企図した。公宗は、持明院統の後伏見院を〝玉〟として劣勢挽回に挑もうとした。自邸に後醍醐を招き、湯屋で暗殺する計画だった。このあたりは『太平記』が詳述するところだが、結果的にはその企図は公宗の弟公重の密告で失敗に終わった。この事件については『神皇正統記』にも若干ふれるところで、後醍醐の目指した公家一統の方向が京都内部にあっても全面支持ではなかったことを語っている。

＊＊＊　時行側は西園寺等の旧親幕勢力と連携して京都を手中にしようとした。つまりは武家体制の復活である。持明院統は後深草院系の久明・守邦両親王将軍を輩出しており、武家との関係は良好だった。以下、回り道となるが、時行と西園寺らの共同挙兵の意味を考えるために、議論をさかのぼらせ公武合体というシステムについてふれておこう。歴史上で公武の理念が浮上したのは、保元の乱を助走とした十二世紀半ばの院政期だった。院政というシステムは武門の軍事権門を自己の権力内に適合化させることで機能した。既述したように後鳥羽上皇による「関東」解体志向は、京都中軸主義を内包したものだった。だが、これは王朝の公家権門がすべからく共有した理念ではなかった。かれら王朝側の基本的方向は、院政期をへて定着しつつあった。治承・寿永の内乱を通じ、『平家物語』的、あるいは（その祖型ともいえる）『愚管抄』的公武合体思考が形成されていた。

平安末期から鎌倉期にかけて登場した多くの説話や軍記は、その公武合体の理念を内にふくむものが少なくない（この点、拙稿「「宝剣説話」を耕す」参照）。

「武者の世」到来の現実の受けとめ方について、王朝京都でも温度差があった。建武新政という天皇中心の考え方は院政を否定するという点では、後鳥羽の思考とは異なるが、京都王朝一元論というベクトルは共通する。ともどもが鎌倉を否定することで成り立つ。大枠の整理をほどこすと右のような理解となろうか。

その意味では時行の乱を皮切りとした反建武体制は、武家を主導とする公武合体への揺り戻しという面があった。いわば院政を是認し、武家主導による王朝との併存の方向だ。これが公武合体の内実だった。その限りでは時行以降、尊氏により実現した足利体制は、以前の鎌倉の北条体制と大きな差異はなかった。ともどもが武家という軍事権門にあって、この戦いに参陣した人々の選択は旧主北条を採るか、新たに台頭した足利を選ぶかという二つの途だった。

かつての関東の政権は、公家の京都王朝とは「和シテ同セズ」主義だった。武士のかつてのエネルギーを、政権というシステム（幕府）に吸収することで、諸国武士団を社会的地位の上昇に繋げる役割を果たした。これが頼朝の樹立した関東の新政権の本質であった。幕府という変圧装置で武士を京都王朝に連結させる。在り体にいえば、鎌倉幕府の役割とはこれであった。したがって「関東」（幕府）というシステムを通して、諸国武士は御家人として統制されたわけで、武士制御のコントローラーとしての側面も幕府は有していた。その意味では〝武家〟の創出は武士にとっては自らの欲望（所領の拡大欲や官職の獲得による出世欲）の抑制装置として機能した。

社会レベルにおいて粗野で粗暴な武的感性の突出部分を削減・調教する。そんな役割を武家（幕府）は担ったことにもなる。

正平

# 四条畷合戦と楠木一族の順義――吉野という記憶

語られるべくして当然という面持ちの人物たち、これが南朝の楠木一族だ。正成《まさしげ》以下あまりに肥大化した足跡は、幾多の物語を創造した。過半は『太平記《たいへいき》』による。「『太平記』ハ史学ニ益ナシ」とさえ語られ、その罪を背負うかのように喧伝《けんでん》されてきた。そして時として、皇国史観の主人公の位置を与えられてきた。それは別段、楠木氏の罪ではない。

楠木一族の忠節は「正平《しょうへい》」＊という年号と不可分だった。南朝の後村上《ごむらかみ》天皇の年号で、後醍醐《ごだいご》の「建武」とともに記憶されている。後世の歴史は、南朝・吉野と重ねるように、人々に多くの物語を提供した。「順義」などという大げさな表現を用いたが、反復常ならざる状況下で、時代との対峙の仕方を考えたかったことによる。尊王意識のカリスマのように楠木一族を考える向きもあろう。誤りではないが、正しくもない。ここでいう「順義」とは、節を曲げない強さを歴史に伝えること。それは必ずしも吉野に順ずることでの義ではなく、父祖一族の行動に恥じない意識だった。天皇の輔翼《ほよく》はその次にくるべきものにすぎない。

## 「元弘」と「正平」の間

この二つの年号は公家一統という点で共通する。一つは後醍醐天皇の建武体制の樹立にともなう「元弘一統」であり、もう一つが後村上天皇の「正平一統」だった。両者にはおよそ二十年の隔たりがあった。年号は南朝にあっては延元・興国、そして正平に、北朝の場合は暦応・康永・貞和さらに観応へと繋がった。この間に中先代《なかせんだい》の乱《らん》（一三三五年）があり、尊氏の挙兵と建武政権への反旗（一三三六年）、後醍醐の吉野遷幸と南朝諸将の戦死（北畠顕家《きたばたけあきいえ》・新田義貞《にったよしさだ》等々）、そして後醍醐天皇の崩御（一三三九年）、さらに北畠親房《ちかふさ》による常陸《ひたち》経略（一三三九～四三年）があった。

「元弘」と「正平」それぞれは公家一統で共通するが、内実は異なる。前者は鎌倉幕府終焉にともなう新秩序の創出の年号であった。「正平」は劣勢が続く吉野側が足利氏の内紛（観応《かんのう》の擾《じょう》乱《らん》）に乗じての京都占領に由来した。事実、「正平一統」はわずか四ヵ月という短い期間で終わった。

ここでの主題四条畷《しじょうなわて》の戦いは、その点で「正平一統」を呼び込む導火線となった。南北朝の動乱は、摂津・河内《かわち》・和泉《いずみ》（摂・河・泉）の争奪戦でもあった。楠木一族は河内南方の金剛山近傍を拠点とする地域領主だった。一貫して吉野方に参陣することを使命とした。状況主義あるいは観望主義が当たり前だったこの時代にあっては、やはり特筆される。その行動の源泉は、父祖の教令に順じたという点にあった。巷間に喧伝される天皇への忠義・忠節は核心ではない。もちろん吉野という存在が一族の行動を支える大義たり得ることは否定できないにしろ、そこにすべてを収斂させるのは正しくない。

楠木一族のなかで傑出したのはやはり正成・正行《まさつら》父子だ。「正平」（一三四六〜七〇年）は、その正行の時代の年号だ。楠木正行は「正平一統」以前に河内の四条畷で戦死したが、執拗なまでの抵抗戦が、ある意味でその後の「吉野＝南朝の京都占領」に繋がった。

## 奮戦の敗者たち
## ――四条畷の激闘

『太平記』で名高い四条畷の古戦場は、大阪府北東部に位置する。旧国名では河内の讃良《ささら》郡に属した。東に飯盛山《いいもりやま》が控え、ここは東高野街道《ひがしこうやかいどう》に沿う軍略上の要地だった。四條畷市内の資料館には太古以来の地形・地勢を俯瞰できるジオラマが示され、かつては難波津《なにわづ》（大阪湾）がこの地域近くまで深く入り込んでいた様子がわかる。駅を挟み東側の飯盛山の裾野に楠木一族を祭神とした四条畷神社が、そしてその近傍に和田賢秀《わだけんしゅう》の墓所がみられる。さらに高野街道をはさんだ西方に正行を顕彰した巨大な碑と廟所がある。いずれも戦前の大正から昭和期の創建だ。これら史跡に囲まれた地域が、かつての四条畷の古戦場だ。

当該合戦の背景は既述したので、以下では戦いの様子を正行の力戦からスケッチしておこう。材料は『太平記』（巻二十五）である。

正平二年・貞和三年（一三四七）、正行は河内の藤井寺、ついで十一月に摂津天王寺で細川顕《あき》氏《うじ》を敗走させ、さらに住吉でも山名時氏《やまなときうじ》の軍勢を撃破した。この南軍の追撃に足利勢も反転攻勢に転ずる。尊氏は高師直《こうのもろなお》・師泰《もろやす》兄弟に八万の軍兵で吉野攻略を命じ、八幡方面へと進軍させた。対する正行の軍勢は同年十二月に吉野に参内、後村上天皇の出撃命令を受け、如意輪堂の壁板に同志一四三名の名を記し、辞世の句を残し出陣したという。そのあたりは『太平記』が格調高く語るところでもある。

戦闘開始は翌年の正月五日とある。正行軍は精兵三〇〇〇で総大将師直に向け突撃する戦略だった。弟の師泰は、四条畷の本隊六万を輔翼すべく南西の和泉の堺浦に布陣していた。大軍の利をもって、少数の南軍勢力を東西から狭撃する戦略だった。劣勢の正行軍は「魚鱗の隊形」で師直の本陣を衝く戦略だった。南軍は、四条隆資《たかすけ》の和泉・紀伊の野伏《のぶし》軍二万余も飯盛山に布陣、陽動作戦を敢行し正行軍を援助した。正行軍は白旗一揆《しらはたいっき》勢や武田勢との激戦を突破し、師直の本陣に向け追撃を続けた。

この間、正行・正時そして一族の和田賢秀以下の南軍は勇戦するが、五陣に配された師直本陣への突撃は容易ではなかった。正行勢の動きを察知した戦略の巧者佐々木導誉《ささきどうよ》

楠木氏系図

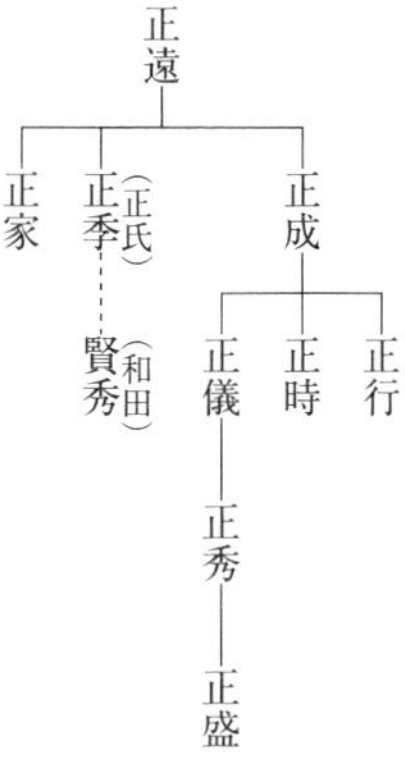

四条畷合戦後の流れ

| 年　　次 | 事　　項 |
|---|---|
| 1351年<br>(観応2／正平6) | 2月，尊氏と直義の和議．高師直・師泰死去 |
| | 5月，両朝和平交渉 |
| | 7月，尊氏近江へ．義詮播磨へ．直義北陸へ |
| | 10月，尊氏，南朝に降る．南朝，直義追討の綸旨 |
| | 11月，尊氏，関東へ．南朝，北朝の天皇を廃す(正平一統) |
| 1352年<br>(文和元／正平7) | 1月，尊氏，鎌倉入り．直義降伏 |
| | 2月，直義死去 |
| | 閏2月，宗良親王・新田義宗・義興，鎌倉入り．尊氏，鎌倉退去．南軍の入京．三上皇拉致 |
| | 3月，尊氏，鎌倉奪回．義詮，京都奪回 |

は、正行への後方からの狭撃作戦を実行、そのため正行軍は次第に弱体化しつつも、師直本陣へと迫っていったという。

正行の執念は師直の本隊を目ざし進軍するが「三十余度ノ戦」、「深手浅手負ヌ者モ無カリケリ」との状況で、正行自身も刀折れ矢尽きる惨状だった。師直打倒の執拗な追撃も不能となり、弟の正時とともに自害した。

## 正成から正行、そして正儀へ

楠木一族は節を曲げないという点で、ある意味では「俠」の語感が似つかわしい。中国風味での「漢《おとこ》」である。節を曲げない気質は、忠臣・忠君の代名詞として喧伝されてきた。状況主義の時代に抗した象徴として、近代は国家的讃辞を彼らに与えた。とりわけ正行の父正成の存在は大きかった。『太平記』での笠置山《かさぎやま》での後醍醐天皇の霊夢譚（巻三）、赤坂・金剛両拠点での長期にわたる抵抗（巻六・巻十一）、そして湊川《みなとがわ》での戦死（巻十六）等々だ。いずれもが圧巻をもって語られてきた。延元元年（一三三六）五月、鎮西からの尊氏軍を迎撃する湊川での戦闘場面は、これに先立つ「桜井の別れ」とともに、講談《こうだん》その他で格好の素材とされてきた。

太平記関係地図

湊川神社

今日、湊川神社の境内にみえる水戸黄門こと徳川光圀《とくがわみつくに》の「大楠公《だいなんこう》」の碑文には、それが溢れている。光圀の『大日本史』的な気分はその後、明治国家にも継承され、明治九年（一八七六）以降の贈位対象者の筆頭に挙げられている。さらに現在の皇居外苑にみえる高村光雲《たかむらこううん》の「楠公銅像」（明治三十年、住友吉左衛門の寄付）も、広くはその延長に位置する。

皇室の外護者たる役割を正成に与える発想は、〝国民〟を創出するさいに格好の歴史を提供した。それは別段、近代明治だけの罪でないにしてもである。

そこには近世江戸期以来の朱子学《しゅしがく》的思想も同居していた。その点では四条畷の主役の正行も同様だ。文部省唱歌「桜井の訣別《わかれ》」でもお馴染みだろう。『太平記』に取材したこの歌は、父正成に出陣を願う息子正行との父子の惜別をテーマにしたもので、これまた〝声〟を介しての国民の創設に寄与した。

その桜井は四条畷の北方に位置し、かつては西国《さいごく》街道に沿う要路で、旧摂津国三島郡に位置した。京都から湊川に向かう正成との対面の場としてふさわしい。正成の遺志を継承した正行は、雌伏の時期をへて、後村上天皇の時代に南朝吉野の軍事力の中枢の役割を担った。

「返らじと　かねて思へば梓弓《あずさゆみ》」云々の有名な歌は、その正行が四条畷に向かう直前に、吉野の如意輪堂の扉に残した辞世の句とされる。戦い抜くことを自らに課す正行の強烈な意志が伝わるようだ。既述したように、右の句に対応するかのごとき最期を遂げることになる。そうした正行的心情は、昭和戦前期の国定教科書での〝時局的気分〟とシンクロする。[**]

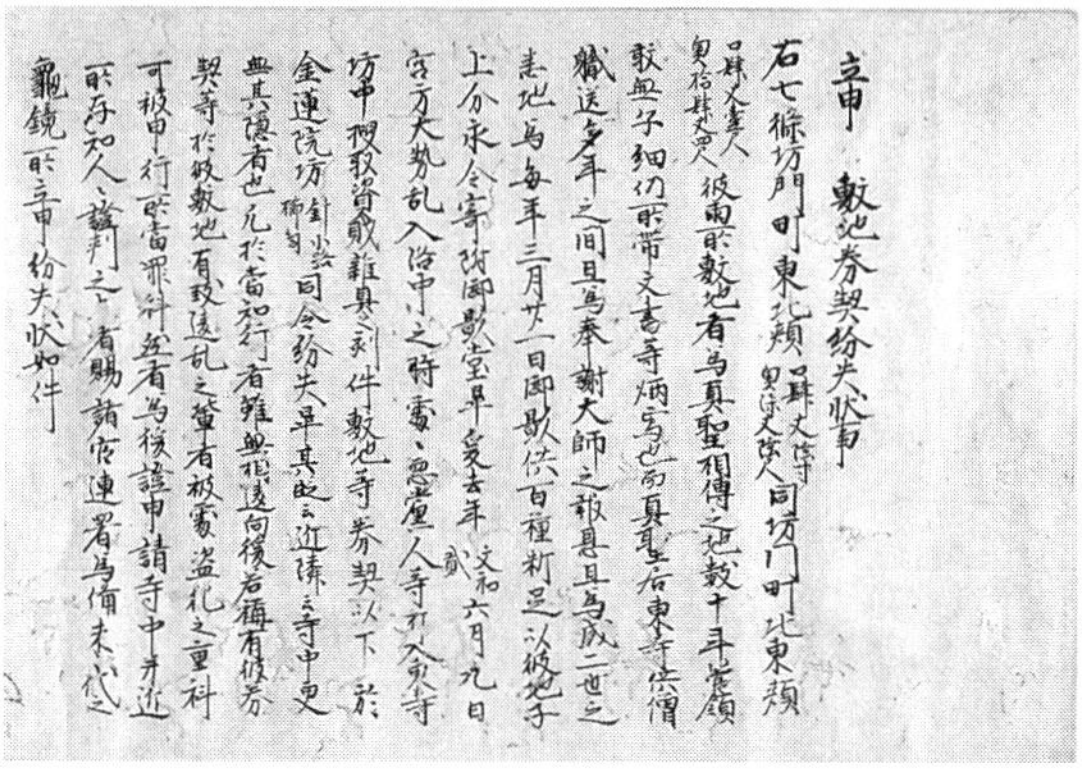

東寺百合文書イ函45号（部分）
文和２年（1353）６月９日に，楠木正儀らの南朝方が京都に押し寄せてきたことが「宮方大勢乱入」と記されている（京都府立京都学・歴彩館「東寺百合文書WEB」より）

正行の弟正儀《まさのり》の場合、いささか異なる。その行動に振幅、あるいは揺れがあるようだ。正行の貫徹主義は吉野の意地が代弁されていたが、「正平」も中期を迎える頃には南朝の劣勢は明瞭となる。正行の死後、楠木一族は弟の正儀が継いだ。「正平一統」はその正儀の時代のことだった。武家側の「観応の擾乱」が引き金となって、吉野にとっては〝はからずも〟京都奪回が実現する***。正行の四条畷での戦死から三年後の正平六年（一三五一）のことだ。

正儀は「正平一統」の合意に尽力したが、それが御破算となった段階で正平九年（文和三・一三五四）、摂津・和泉方面に転戦、その六年後にも細川勢力と河内赤坂城で戦った。

「正平」も二十年代をむかえると、南朝の劣勢はいかんともし難く、同二十四年正月、正儀は細川頼之《よりゆき》を介し足利義満に和を申し入れた。ただし、この正儀の決断は楠木一族からの反感を買い、懸隔を生じさせた。正儀自身、幕府軍と行動をともにしたものの、細川頼之の死去後には再び吉野に帰順することになる。

正儀の死は明徳の南北朝合一の数年前とされている。かつての「正平一統」とは異なる「明徳の合一」を残した。正儀の幕府への一時的帰順は、吉野側の抵抗の限界を象徴するものだった。父祖の順義という軛《くびき》から解放されることで、兄や父とも異なる選択をとらせた。正儀の辛さはここにあったのかもしれない。

## 吉野の記憶

ここで改めて楠木一族をふくめた吉野側の動きを整理しておこう。南朝が京都を占領したことが四回ほどあった（①正平六年〈一三五一〉、②正平八年〈一三五三〉、③正平十年〈一三五五〉、④正平十六年〈一三六一〉）。そのいずれもが北朝側の内紛に乗じてのものだった。

尊氏・直義兄弟の内訌《ないこう》は直義の死去（一三五二年二月）で終わるが、「正平」はその後二十五年（一三七〇年）まで続く。前々年の三月、闘う天皇後村上が崩御、吉野側の年号は「正平」から長慶天皇の「建徳」へと変わった。同時期、楠木正儀が京都に降った。長期におよんだ「正平」の終了はあたかも、吉野の実質上の終焉と符号するかのようでもあった。『太平記』もまた、この時期をもって擱筆となる。京都将軍足利義詮《よしあきら》、そして弟の鎌倉公方基氏《もとうじ》の相つぐ死去もほぼ重なる。

河内金剛寺

もちろん、吉野はその後も「明徳」の南北朝合一（一三九二年）まで存続する。ただしそれは南朝を象徴する場として作用しているにすぎない。ちなみに、南朝側の拠点は吉野から幾度か変遷した。後村上天皇の時代、吉野は高師高師直の攻撃により正平三年に陥落、西吉野の賀名生《あのう》へと移る。ついで正平一統以後の正平九年十月、後村上天皇は賀名生から河内金剛寺に拠点を移した。そして正平十四年十二月、金剛寺から河内観心寺へと移った。しかし吉野という場に宿された南朝の記憶は、現実を超えて、以後も抵抗する側の象徴として存在し続けることになる。

「正平一統」以後の吉野に、権力の実質があったわけではなかった。むしろ〝時効なき観念〟こそが、南朝を意味づけた。「正平」以後はもとより「明徳」を超えても〝賞費期限〟は継続した。吉野＝南朝は常に抵抗する側の、義の演出の役割が与えられた。南朝は、権力への反逆者たちから歴史の舞台に呼び出されることで、その存在を歴史に点滅させることができた。

たとえば前述の中先代時行《なかせんだいときゆき》がそうだった。時行は、尊氏の足利政権に抗するために吉野に降った。そして観応の擾乱段階での直義や尊氏・義詮もそうだった（一三五一年十一月）。さらには足利直冬《ただふゆ》しかりであった（一三五二年十一月）。父尊氏に挑戦した直冬は、劣勢回復をはかり、南朝側との連携を模索した（この点、拙著『その後の鎌倉』参照）。

吉野はいずれにあっても、抗心を抱く側にとっては、「義」の象徴として持ち出された。室町政権内部でも、事情は変わらない。後述するように、たとえば足利持氏《もちうじ》の永享《えいきょう》の乱《らん》（一四三八年）もそうであった。武家の特別区が有した京都への抗心は間欠泉《かんけつせん》のごとく噴出し、吉野はそれなりの価値を与え続けられた。

有力守護大名でも事情は類似する。『太平記』によれば佐々木導誉と恩賞問題で対立した山名時氏（一三五三年六月）。細川・畠山両氏と対立して、南朝に一時的に帰伏した仁木義長《にっきよしなが》（一三六一年二月）。さらに下野《しもつけ》の小山義政《おやまよしまさ》の乱（一三八〇年五月）。いずれも吉野＝南朝が呼び出されていた。

また鎌倉府の内部抗争に端を発した上杉禅秀《うえすぎぜんしゅう》の乱（一四一六年十月）でも、南朝は登場する。吉野という〝記憶の粘り〟は後述の赤松満祐《あかまつみつすけ》の嘉吉《かきつ》の乱（一四四一年）にあっても確認される。

＊　「正平」年号は南朝の後村上・長慶天皇の時代のもので（北朝では光明・崇光・後光厳の各天皇）、興国七年（一三四六）の十二月に改元、その後、正平二十五年（一三七〇）七月の建徳の段階まで用いられ、南朝を象徴する年号とされる。

＊＊　「正平」という年号と不可分の楠木一族に関して、昭和十八年（一九四三）の文部省『国史概説』（内閣印刷局発行）には以下のような叙述がみえる。時代を断罪するつもりなどないが、歴史の一齣として、「吉野」「南朝」というものの認識のされ方を知る素材として参考となろう。

同書は総論で「我が国体」から起筆、上巻は「上世」「中世」の二編の構成である。「中世」は一章「鎌倉時代」、二章「建武中興と吉野時代」、三章「室町時代」で構成されている。このうち注目されるのは独立した章として「建武中興と吉野時代」が設置されている点だろう。「楠木正行の忠烈」は当該章の「第二節吉野時代」の小見出しにみえている。

その頃楠木正成の子正行は、よく父の遺志を体して、南河内を中心にその力を養ひ、近畿官軍の柱石となって勤皇の軍を起し、北河内その他諸処に転戦し、度々賊軍を破って京都を回復せんとした。尊氏はこれを恐れ、正平三年（一三四八）正月、大軍を高師直・師泰兄弟に授けて河内に向かはしめたので、正行は決死の覚悟を以て吉野皇宮に参り、天皇に訣別申上げ、五日四条畷に賊軍を邀え撃った。初め正行の軍は優勢であったが、終に敗れて壮烈な最期を遂げ、一族多くこれに殉じた。

当時の表現でいえば、〝時局がら〟にふさわしい内容といえる。昭和十八年といえば戦局が大きく転換する時期でもあり、国民精神の高揚のための、〝国史〟が求められた。右に引用した「楠木正行の忠烈」には同書に流れる基調が代弁されているようだ。ここには①尊氏側を賊軍としており、正行の吉野勢力を官軍と表現すること、②年号も当然南朝年号とともに皇紀が採用されていること、③天皇に対しての過度の敬体表現が用られていること、等々が特筆される。いわば「忠君愛国」のモデルとして正行の行動は賞賛に値する行為ということになる。

『太平記』が語る場面を再現したこの叙述は史実を超えて、皇国意識の醸成に繋げる表現が仕込まれている。戦後は一転してかかる臭味を有した場面への拒絶があった。それらの〝気分〟と距離を置くことで、正行をふくめ楠木一族の行動それ自体をも毛嫌いされる状況にあった。人物とその人物が為した行動を共感あるいは嫌悪いずれかの極で語ること、それ自体が問題なのだが……。

歴史学の成熟とは、戦前そして戦後の反転した思考・評価から距離をおき考えるべきなのだろう。歴史用語あるいは歴史概念から帰納されるさまざまが、歴史観の醸成に少なからず影響を与えた。好例として、右の「楠木正行の忠烈」の一文は参考となろう。「吉野時代」「建武中興」なる用語が歴史観に落し込まれることでの作用に関してふれると、右のようになろうか。

＊＊＊ 以下、蛇足ながら正平一統にいたるこの間の出来事を年表風に簡略に記すと次のようになる。

①正平四年（一三四九）夏、師直と直義の京都での闘諍と確執があり、最終的には同年末に直義が出家することで、高一族の優位で終わった。

②正平五年に入ると、直義は劣勢回復のため京都脱出、直義は諸国に師直・師泰討伐令を発した。他方北朝の光厳上皇から直義追討令が出され、尊氏・直義の対立が本格化する。これに対し、直義の南朝帰服があった。

この状況下で直義党の勢力の回復が顕著となる。

③そして正平六年・観応二年（一三五一）の春から直義党の桃井直常《もものいただつね》らの北国からの入京と尊氏・義詮の退京があった。その後二月、直義軍の摂津での勝利と和議の件があり、高師直・師泰の誅殺があった。その後の夏から秋にかけての尊氏・直義両者の関係に再度亀裂が生じ、尊氏・義詮は近江・播磨に出陣、直義も八月には両者からの狭撃を察知、北陸へと逃れ和議は破られる。こうしたなかで、同年十月尊氏側が南朝に講和を要請、直義追討の綸旨を得た。かくして南朝勢は尊氏・直義の内訌に乗じ入京をはたした。

観応

# 観応の擾乱の周辺——足利直義から直冬へ、負の連鎖を考える

南北朝期の足利氏の内訌《ないこう》・内紛を、年号をとって観応《かんのう》の擾乱《じょうらん》といった。「擾乱」とは入り乱れた様子、騒擾のことを指す。足利尊氏《たかうじ》・直義《ただよし》兄弟が対立を来たし、吉野・南朝に降り、敵味方が混乱した。『園太暦《えんたいりやく》』や『師守記《もろもりき》』に当該用語がみえており、学術用語として一般化したのは、さほど古い時代ではない。*

「観応」は北朝の崇光《すこう》天皇の年号で、南朝の後村上《ごむらかみ》天皇の正平五年から七年にあたる。前述した楠木正行《くすのきまさつら》の四条畷合戦《しじょうなわてかっせん》での敗北後、吉野勢力は弱体化する。そのあたりの顚末はすでにふれた。ここでの主題は、敗れた直義そして直冬《ただふゆ》を軸に、「観応の擾乱」の周辺について、鎮西《ちんぜい》事情も加味しながら語っておきたい。勝利した尊氏側の視点とは異なる直義・直冬の事情についてふれる。

## 直冬の登場、鎮西の動き

直冬は尊氏の庶子で母は越前局《えちぜんのつぼね》とされる。尊氏に実子と認められず、直冬は幼少期に鎌倉の東勝寺の喝食《かつじき》になっていたことが『太平記《たいへいき》』にみえる。その不遇を憐み、直義が猶子《ゆうし》にしたとある。直冬は貞和四年（一三四八）、紀伊《きい》で南朝勢との合戦に武功をあげ、長門探題《ながとたんだい》に任ぜられた。翌年九月、高師直《こうのもろなお》と直義の対立の余波から急襲を受け鎮西へと逃がれた。かくして同年十一月直冬は少弐《しょうに》氏に迎えられ大宰府《だざいふ》入りをはたすことになる。直冬の武将としての来歴は、一つはこの九州・鎮西における活動の段階、そして二つは、南朝与党として、反尊氏・義詮《よしあきら》闘争の段階に集約できそうだ。

まず前者の段階の動きだ。直冬が鎮西入りをはたした時期は、南朝の征西将軍宮懐良《かねよし》と幕府側の鎮西探題一色範氏《いちしきのりうじ》（道猷《どうゆう》）が対立状況にあった。直冬はこれを利用しつつ、少弐氏を味方につけ勢力拡大をはかった**。

直冬の台頭で従来と異なる第三勢力が登場した。この、三者鼎立の状況が鎮西方面の統合に影響を与えることになる。これは京都を軸として展開された観応の擾乱の雛型、すなわち幕府、直義党、そして吉野（南朝）という天下三分の形勢の再現にほかならなかった。

観応二年（一三五一）の尊氏・直義両者の和議で、直冬は九州探題へと就任することとなる。けれども、それも束の間のことだった。和議破談で、直冬は鎮西で尊氏への対抗姿勢を強めた。『太平記』（巻二十八）には「九国二島ノ兵共、大半右兵衛佐殿（直冬）ニ心ヲ通ズ」とあり、直

足利氏系図

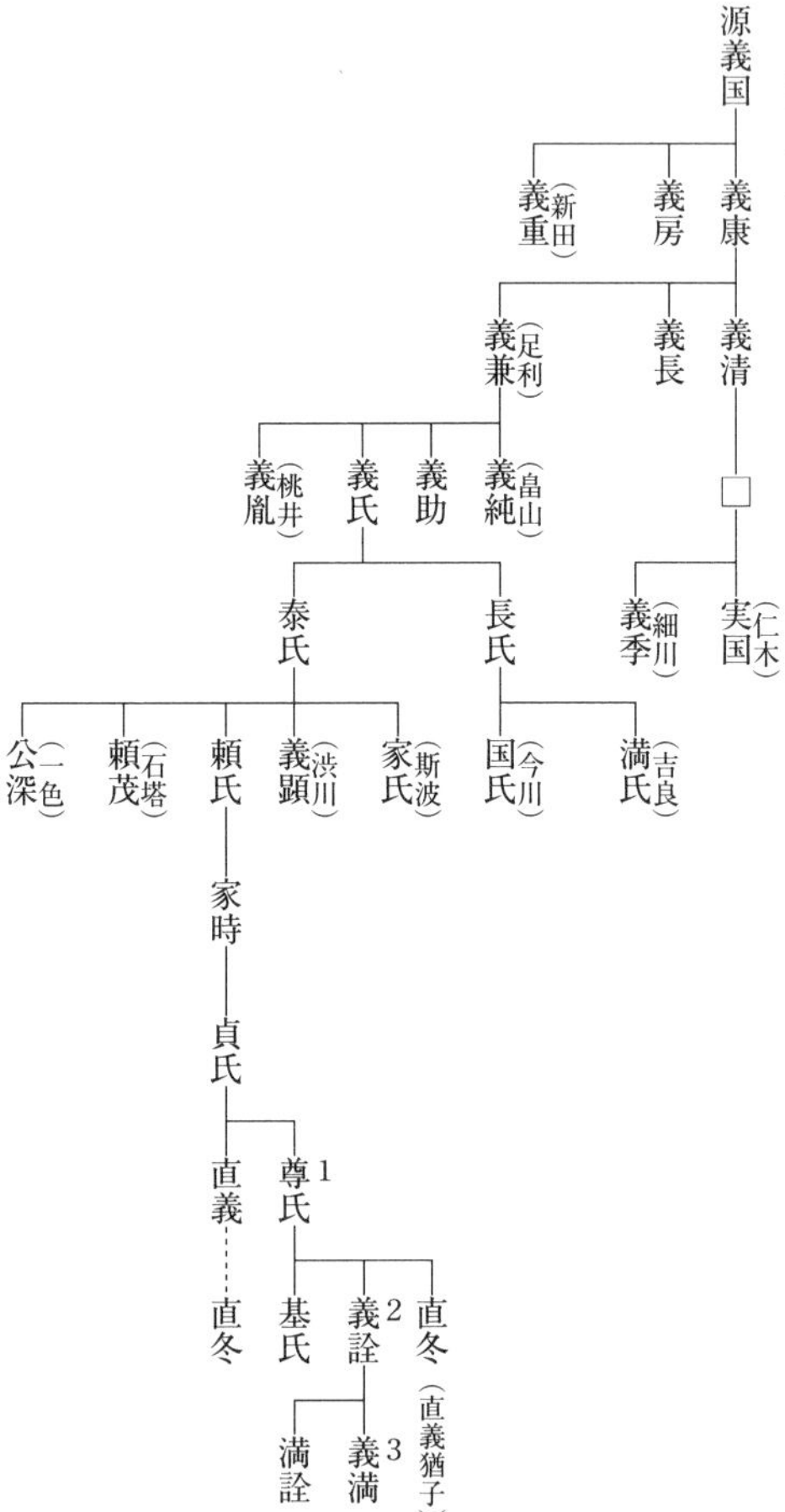


冬党の力が大きくなっていったことがわかる。

当時、直冬を支えた最大の有力武士は筑前《ちくぜん》・筑後《ちくご》方面を基盤とする少弐一族であった。〝九州三人衆〟の一角を担う存在で、鎌倉時代以来の名族とされる。元来、少弐氏は筑前・豊前《ぶぜん》・肥前《ひぜん》の鎮西北部を、大友氏は筑後・豊後《ぶんご》・肥後の鎮西中部を、そして島津氏は、日向《ひゅうが》・大隅《おおすみ》・薩摩の南部という住み分けとされた。

これらは鎌倉初期のかれらの守護職領有の地域だったが、比企能員《ひきよしかず》の乱の煽りで、少弐は豊前・肥前、大友は筑後・肥後、そして島津は日向・大隅を幕府に没収され、源頼家没後、六ヵ国はいずれも北条の手中に帰するところとなっていた（佐藤進一『南北朝の動乱』前掲参照）。元弘・建武の乱で〝九州三人衆〟は反北条で結束、鎮西に下向《げこう》した尊氏・直義に味方したのも足利政権を見据えての旧領回復のための選択だった。けれども現実に足利体制にいたっても、回復は容易ではなかった。

特に筑前を拠点としていた少弐氏にとって、幕府派遣の九州探題一色道猷《いっしきどうゆう》の存在は許容されるものではなかった。直冬が反尊氏・反幕府の姿勢を強めていたことで、両者の利害は一致する。直冬にとって敵は自身の父尊氏だった。養父直義と尊氏との対立状況からすれば、その心情は複雑だ。権力とは別の次元、すなわち血脈に由来する負の連鎖が直冬の行動の支えとなった。かかる流れからすれば直冬にとって、征西宮懐良の南朝勢力は〝敵ノ敵〟でしかなかった。

九州での直冬の活動は貞和五年・正平四年（一三四九）の九月から文和元年・正平七年（一三五二）十一月までの足かけ三年である。あたかも中央での観応の擾乱に対応するかのごとくであった。その間、直冬は一貫して貞和の年号を七年（一三五一）まで用い続けた。

九州にあっては、直冬党の「貞和」、南朝の「正平」、そして幕府・北朝の「観応」が用いられ

京都攻防戦

| 年　次 | 事　項 |
|---|---|
| 1351年 | |
| (観応2／正平6) | 10月，尊氏・義詮，南朝に降る(正平一統) |
| 1352年 | 2月，直義死去 |
| | 閏2月，南軍入京(第1回)．義詮，近江に脱走．南朝，光厳・光明・崇光の三上皇を捕らえる |
| | 3月，義詮，京都奪還 |
| | 8月，後光厳天皇践祚 |
| | 11月，直冬，南朝に降る |
| 1353年 | 6月，南軍入京(第2回) |
| (文和2／正平8) | 7月，義詮，京都奪還 |
| | 9月，尊氏，鎌倉より入京 |
| 1354年 | 5月，直冬，石見を出発 |
| | 12月，直冬，北陸勢と南軍で京都包囲．尊氏，後光厳を奉じ近江へ |
| 1355年 | 1月，直冬・南軍入京(第3回) |
| | 3月，尊氏・義詮，京都奪還 |

た。年号は当該期の天子（天皇）の治世認定の証しである。頼朝が平氏擁立の安《あん》徳《とく》天皇の年号（養和・寿永）を認めず、「治承」を用いたことを想起すれば、直冬は尊氏・直義の対立が顕著となる「観応」を否定し、以前の「貞和」（光明《こうみょう》天皇の年号）にこだわったのだろう。

**直冬と南朝**　次に二つ目の段階、すなわち九州撤退後の直冬についてながめておく。南朝与党としての動向だ。『太平記』（巻三十二）によれば直冬は文和元年（一三五二）の冬、一色道猷との戦に破れ、長門豊浦郡豊田城に拠点を移した。観応の擾乱の終息で直義・直冬党は弱体化した。かかる状況化で、直冬は南朝との連携を模索する。

「将軍ニ敵スレバ、子トシテ父ヲ譴《せむ》ル咎アリ、天子ニ対スレバ臣トシテ君ヲ無《ないがしろに》シ奉ル恐アリ」（『太平記』巻三十二）との直冬の心中の揺れをかく表現した。

つまりは親への孝と、君への忠との葛藤であった。その矛盾を解消する妙案が「吉野」の存在だった。直冬の心情を「吉野殿へ奏聞ヲ経テ勅免ヲ蒙リ、宣旨ニ任テ都ヲ傾ケ、将軍ヲ攻メ奉ランハ、天ノ忿《いか》リ人ノソシリモ有ルマジ」と語っている。「吉野殿」（南朝）に帰順することで直冬は自身の行動正当化を決めたのであった。直冬を受け入れる状況は吉野側にもあった。「正平一統」の決裂後、京都から撤退した南朝勢力は現状の打開が期待されていた。

南朝側に降っていた山陰の有力守護山名時氏《やまなときうじ》の要請もあり、畿内近国での武力の核が必要とされた。『園太暦』（文和二年九月二日条）によれば、鎮西の菊池一族の仲介もあり、直冬の南朝合体と、それにともなう「総大将」の補任《ぶにん》がなされた。

細部は別にしろ、直冬と吉野側双方にとって合体を可能にする状況があった。文和元年の冬、直冬は南朝に降った。敗勢挽回を急務とする直冬を支える勢力もあった。山陰の山名氏以外にも直冬党に属したかつての宿将たち（越中《えっちゅう》の桃井、越前の斯波《しば》、伊勢の石塔《いしどう》らの支持）である。かくして直冬の第二ラウンドの京都進攻に向けての戦いが開始される。

文和二年春になるとその直冬党の勢力と南朝側の動きが活発となる。二度目の南朝側による京都進攻戦が進められた。具体的な動きは夏以降に始まった。まず楠木正儀《まさのり》・石塔頼房《いしどうよりふさ》らが吉田神楽岡《かぐらがおか》で幕府軍を撃破、敗れた義詮勢は後光厳《ごこうごん》天皇を奉じて美濃《みの》の土岐《とき》氏を頼ることになった。正平一統につぐ京都占領である。けれども一ヵ月半後、再び京都は義詮の幕府側が回復するところとなる。

京都をめぐる攻防として、直冬が南軍の総大将の立場で参戦するのは文和三年のことだった。この年の五月以降、直冬は山陰の石見《いわみ》国から進軍を開始した。山名勢に加え、北陸の桃井・斯波軍とともに京都へと進攻した。これより先に尊氏は後光厳天皇を奉じ近江武佐寺《むさでら》（長光寺、老蘇《おいそ》の森の付近）へ難を避けた。尊氏は前年の八月、京都の義詮から救援要請のため鎌倉から上洛していた。

直冬入京に関して、『太平記』（巻三十二）は、「直冬都ニ入給ヘバ、越中ノ桃井・越前修理大夫（斯波）、三千余騎ニテ入洛ス、直冬朝臣此七、八箇年……多年ノ蟄懐《ちっかい》一時ニ聞ケテ、今天下ノ武士ニ仰ガレ給ヘバ……」と入京を果たした感慨を伝える。右に語る「蟄懐」（心中の不満）の中身はさまざまだった。実父尊氏への半ば憎悪があった。養父直義への憐憫もあった。特に直義が存命していれば、自身の京都進攻で大きく地平が拓けた可能性もあった。けれども現実はそうはならなかった。

この三度目の、直冬を総大将に戴いた南軍の京都占領も長くは続かなかった。わずか二ヵ月後、直冬軍の南朝勢は最後の拠点、八幡男山方面を放棄する。

石清水八幡宮

## その後の直冬

尊氏・直冬父子の本格的戦闘となった。兵站《へいたん》確保の困難さが南軍の弱点だったが、直冬自身の「蟄懐」の心情も作用した。このあたりは、多分に出来すぎの感もある『太平記』の「男山八幡御記宣事」（巻三十二）の挿話が興味深い。同年三月男山まで退京した直冬軍は、再度入京すべく男山の石清水八幡《いわしみずはちまん》に吉凶を占ったという。巫女の「宣託」には「タラチネノ親ヲ守リノ神ナレバ、コノ手向ヲバ受ル物カハ」（親子の道を守るのが神の真意であるから、それに背く行為の幣帛《へいはく》〈貢物〉は受けられない）との表明を数回くり返したとある。そのため直冬に参陣した武将たちも離れていったとある。

史実は別にしても直冬参陣の勢力にとって、「吉野」という義とは別に、総大将たる直冬が懐く父子敵対への〝蟠《わだかま》り〟から自由ではなかった。直冬の内奥を代弁した逸話とも取れるようだが、尊氏への憎悪のなかの〝蟠り〟があったとすれば、宿将たちの去就にも影響したにちがいない。京都を逃れた直冬は、再び態勢を整えようとしたが、劣勢を強いられる。翌延文元年（一三五六）

安芸《あき》に拠点を移すが、昔日の勢力を取り戻すことはできなかった。

直冬は山名氏の助力で四国方面で活動していたものの、その山名氏も貞治二年（一三六三）に義詮に降った。その後足利義満《よしみつ》の時代にいたり、直冬は石見《いわみ》国に配流されたが、その動静は定かではなく、没年に関しても諸説あるようで（『鎌倉大日記』）、応永年間の七十歳台半ばのようだ。

直冬が活躍した全盛期は既述したように鎮西における「観応」の段階、そして南朝に降り、京都攻防戦に参加した「文和」の段階ということになる。その前後の貞和から貞治までふくめると、都合二十年弱が武将たる直冬の時代に相当する。足利の血脈を受けつつも、父子との相剋のなかで戦うことでしか自身の存立を証明できなかった直冬も、敗者ながら歴史にその足跡を残した武将の一人だった。

ちなみにこの直冬と位相を同じくしたのが新田義興《にったよしおき》だ。畠山国清《はたけやまくにきよ》との戦いで矢口渡《やぐちのわたし》において憤死した人物として知られる。義興もまた妾腹の子として父義貞から距離をもって育てられた。「有ルニモアラヌ、孤《みなしご》ニテ上野国ニ居タリシ……」との義興の幼少時代は、そのまま直冬にも当てはまる。直冬もまた父から認知されない「有ルニモアラヌ」（生きていても認めてもらえない）の存在だった。その自身の境遇からの脱却こそを使命とした。

＊『園太暦』は洞院公賢《とういんきんかた》の日記、彼が中園太相国と呼ばれたことによる。同日記の観応二年正月十四日条に「世

上擾乱」の語が、『師守記』は朝廷の外記中原師守の日記で、その貞治六年五月四日条に「観応擾乱」の表記がある。ともに『史料纂集』（続群書類従完成会）に所収。また学術用語としては戦後の林屋辰三郎『南北朝』（創元社、一九五七年）が早い例とされる。ついでながら「観応」の年号は北朝の崇光天皇のもので出典は『荘《そう》子《し》』。「以虚通之理、観応物之数、而無為」に由来するとされる。

＊＊　懐良親王に関しては延元元年（一三三六）九月、後醍醐天皇の親政政策の維持のために鎮西へと派された。幼少の懐良に征西大将軍の称を与え、他日を期したとされる。懐良は、四国の讃岐をへて、伊予の忽那島《くつなじま》に時宜《ぎ》をうかがい、数年後に薩摩の郡司谷山氏の谷山城で庇護され、海路をへて肥後宇土津に着したのは、正平二年・貞和三年（一三四七）のこととされる。これまでおよそ十三年の月日が経過した。肥後で懐良親王をむかえたのは菊池一族であった。同氏は同国の阿蘇氏とともに南朝与党として旗色を鮮明にしており、懐良の肥後入りは九州の一角に大きな影響を与えた。

＊＊＊　島津は建武体制下で大隅国の守護職を与えられたが、日向に関しては足利一門の畠山氏が入部していた。また少弐・大友の場合は、筑後・豊前・肥前について不安定ながら回復をみたものの、少弐に関しては基盤の筑前が北条氏一門に替り鎮西探題が君臨していた関係で、その勢力回復は不十分だった。三者が探題勢力排除を求めることは共通したが、少弐氏の切望は大きかった。

　尊氏が鎮西退去後に配置した九州探題の存在は、尊氏与党への期待を損なうものとなった。かかる状況化にあって、この現状打開の切札とされたのが直冬の存在だったことになる。

康暦

# 小山義政と康暦の蜂起——呼び出される抗心の旗印

「康暦《こうりゃく》の政変」は教科書レベルでは足利義満《あしかがよしみつ》時代の細川頼之《ほそかわよりゆき》の追放事件として知られる。* ここでは中央の動きとは別に、東国世界での政治変動を語るテーマとしてこの「康暦」を取り上げたい。北関東屈指の名族小山《おやま》氏の蜂起《ほうき》は、鎌倉府体制への物言いとなった。小山義政《よしまさ》・若犬丸父子の十七年にわたる抵抗の足跡は、奥羽方面にまで波及し、鎌倉公方《かまくらくぼう》二代足利氏満《うじみつ》を悩ませた。その小山義政蜂起の旗印は「吉野宮方ト号シ」というところにあった。挙兵には大義が必要だった。下野《しもつけ》の雄族宇都宮《うつのみや》氏との確執・私闘に端を発したこの闘諍事件は、やがて広域化の様相を帯び、奥州の田村氏まで巻き込むことになった。

年号の「康暦」は北朝の後円融《ごえんゆう》天皇の時代のものだ。** 南北朝合一の明徳年間まで十余年を残す時期であり、当該期の南朝（吉野）は実質の意味を持っていなかった。けれども、逆心・抗心の立場の旗印としては作用したこの時期、小山氏が南朝与党に与した心算は何であったのか。

## 小山氏の来歴

小山氏は下野の都賀《つが》郡小山荘を本拠とした秀郷流《ひでさとりゅう》の名族として知られる。「一国ノ両虎」（『吾妻鏡』）の一翼を担うほどの力を有した。康暦年間（一三七九〜八一）はその小山氏の血脈が断絶にいたるほどの大きな出来事が勃発する。ここではまず当事件の序奏からすすめたい。小山氏の始祖政光は天慶《てんぎょう》の乱《らん》の功臣藤原秀郷の末裔にあたる。同一族は下野大掾《だいじょう》の肩書を有し国衙《こくが》有力在庁として、源平争乱・奥州合戦《おうしゅうかっせん》さらに南朝動乱期を潜ぎ

小山氏系図

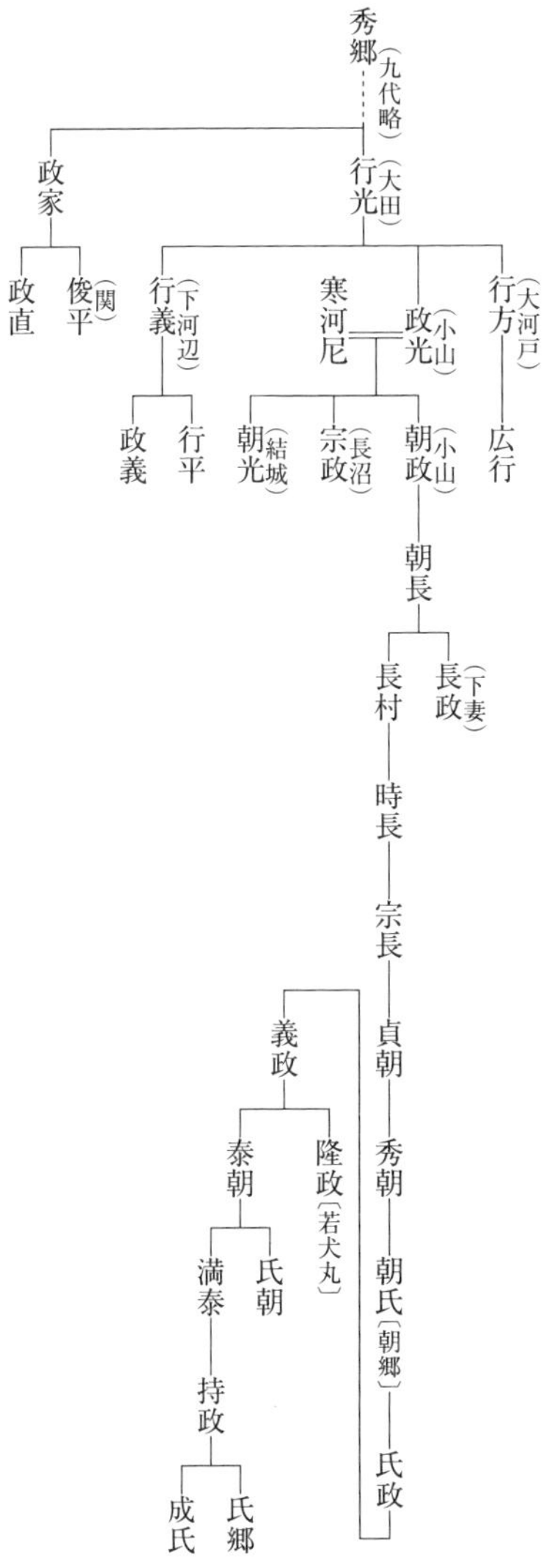

宇都宮氏系図

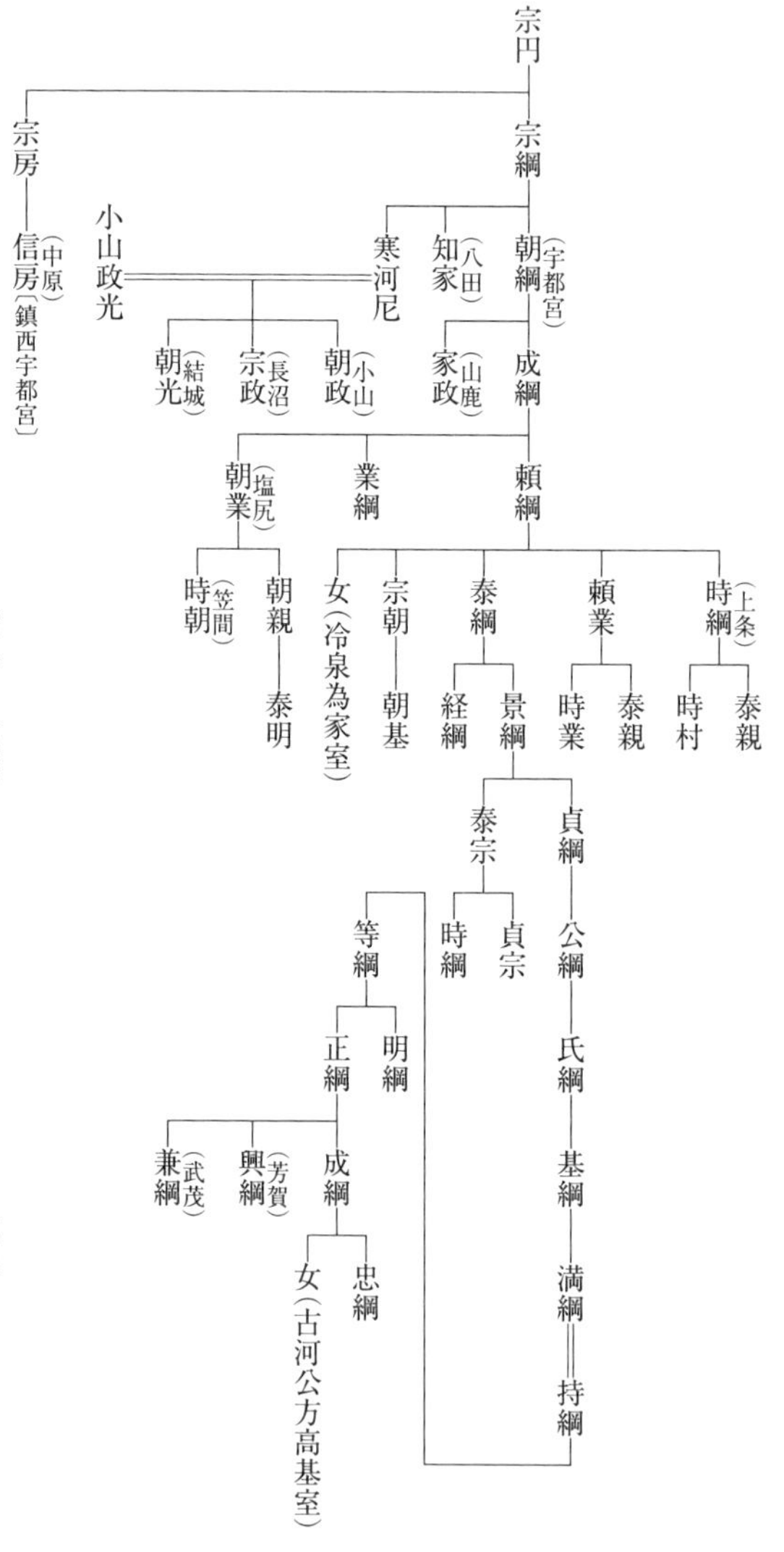


抜いてきた。政光以後、同氏は長沼・結城《ゆうき》・下妻《しもつま》等々の諸氏を分出、下野・下総《しもうさ》方面に大きな基盤を形成した。朝政《ともまさ》から貞朝《さだとも》にいたる鎌倉期は、源頼朝《よりとも》以来北条氏与党の立場で東国屈指の有力武士団として成長していった。

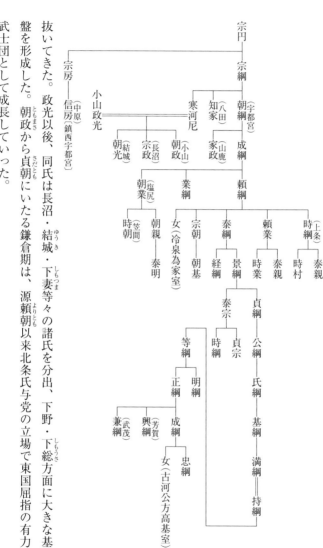

建武体制下にあって秀朝《ひでとも》の子朝郷《ともさと》（初名朝氏）が足利氏与党として箱根竹ノ下合戦に参陣、黄《き》瀬《せ》川で新田義貞《にったよしさだ》軍を迎撃するなど活躍した（『梅松論《ばいしょうろん》』）。また南北朝動乱期には常陸《ひたち》を中心に東国経略を進めた北畠親房《きたばたけちかふさ》の呼びかけもあったが、結城氏とともに静観の構えを崩さず、旗色を鮮明にしなかった。

この局外観望主義は一方で小山氏を中心とする北関東武士団勢力による藤氏一揆《とうしいっき》の組織化の流れと対応していた。中央政界にあって前関白近衛経忠《かんぱくこのえつねただ》は吉野を離脱、〝藤氏同盟〟を主唱し、東国の小山氏や小田氏らと連携し、新たな政治勢力を創出しようとした。北畠親房の南朝路線とは異なる構想だ。当時、小山氏は朝郷の時代だった。成功しなかったが、暦応四年（一三四一）、前関白近衛経忠と結び小山氏が「坂東管領《ばんどうかんれい》」へ就任する段取りだったという。***

その後、朝郷は康永二年（一三四三）に興良《おきよし》親王（護良《もりよし》の子）を大宝城《だいほうじょう》から小山城へ迎えている。藤氏一揆の流産の過程で、小山氏を基軸とした別の構想も看取できそうだ。南朝と敵対関係を避けつつ、さらに足利体制に組み込まれない動きということができる。

南北朝初期の小山氏はそうした位置にあった。ある意味では足利体制に抗した〝前科〟があったともいえる。とはいえ家督はその後、朝郷から氏政《うじまさ》をへて、やがて義政の時代をむかえる。小山氏に宿された自立志向はその義政の世代に再び吹きだすことになる。その後の貞治五年（一三六六）から康暦二年（一三八〇）までの十四年間、同氏は下野守護に補任《ぶにん》された。義政の乱は康暦二年に勃発するが、直接の引き金は下野国内でのライバル宇都宮基綱《うつのみやもとつな》との戦いから始まる。

## 小山氏と宇都宮氏

ちなみにその宇都宮氏はこれまた小山と領域を接する下野国の雄族で、家伝では粟田関白《あわたのかんぱく》と知られる道兼《みちかね》流藤原氏がルーツとされる。「綱」を多く一族の通字《つうじ》とした同氏は治承・寿永の内乱期をへて、鎌倉期に勢力を拡大させた。宗綱《むねつな》以降、朝《とも》綱《つな》―成綱《なりつな》―頼綱《よりつな》と続いた。頼綱に関しては法名を蓮生《れんしょう》と号し、歌人としても知られる。その娘は藤原定家《ていか》の子息為家《ためいえ》に嫁した。『小倉百人一首《おぐらひゃくにんいっしゅ》』は定家が頼綱の要請で撰したとされている（『明月記《めいげつき》』文暦二年五月二十七日条）。

その後も泰綱《やすつな》・景綱《かげつな》・貞綱《さだつな》の各代は北条氏や安達氏との血脈を有し、小山氏同様に勢力を拡大しつつ、南北朝期をむかえた。貞綱の子公綱《きんつな》（初名は北条高時《ほうじょうたかとき》の偏諱《へんき》から高綱と名乗った）は吉野の南軍に身を投じた。その子氏綱は観応《かんのう》の擾乱《じょうらん》にさいし、その命運を決する駿河の薩埵山《さったやま》合戦（一三五一年）で尊氏に参じ勝利をもたらした（『太平記』）。

小山義政と戦い敗死した基綱は、その氏綱の子にあたる。宇都宮氏の場合、鎌倉期にあっては北条得宗《とくそう》家との関係を軸に、また南北朝・室町期にあっては将軍や公方家の偏諱を一族の家督継承者に付すなど、政権与党の立場を堅持した。

その点では、小山氏以上に〝優等生〟だった。宇都宮氏のさらなる勢力拡大の画期は、薩埵山合戦以後だった。これにより、かつての直義党の上杉の基盤だった、上野・越後両国を尊氏から分与された。けれども鎌倉府体制の樹立のなかで、鎌倉公方足利基氏《もとうじ》とこれを支えた上杉憲顕《のりあき》は宇都宮勢力抑制策をとった。そのことが鎌倉府と宇都宮氏との対抗に繋がっていった（『太平記』巻三十九）。この間、小山氏は宇都宮氏と鎌倉公方との確執を静観していた。二代足利氏満《うじみつ》の時代には、雌伏し勢力拡大をはかっていた小山氏が宇都宮氏との確執をへて台頭する。この動きに鎌倉府側が対応する。

その背後にあるのは、東国を管轄する鎌倉府による伝統的有力武士団への勢力削減という流れだった。あたかも、三代将軍義満が京都にあって「康暦の政変」を皮切りに畿内・西国の有力守護弾圧の路線と軌を一にする状況がここにみられた。

下野における小山・宇都宮の二つの有力武士団にとって、南北朝期は勝者として勢力を温存しつつ、「康暦」の段階を迎えたことになる。所領紛争に帰因した義政と基綱の対抗には伝統を有した二つの武士団の宿縁が作用したが、他方で鎌倉府の干渉もあった。特にこの鎌倉府と小山氏、両者の紛争は、奥州方面にまで影響を与えた。

## 南朝への共鳴

義政とその子若犬丸（隆政）へと、騒乱は十八年間におよび継続し、鎮火したはずの南北朝の燠火《おきび》を東国に再燃させる流れをともなった。義政は挙兵にあたり、「吉野宮方ト号シ逆心シケレバ」（『鎌倉大草紙《かまくらおおぞうし》』）とあるのは、その証ともなりそうだ。今更ながらの「吉野宮方」への与同ではあるが、問題はそれではない。北関東の小山氏から飛火したこの乱から、小田氏や南奥州の田村氏をも巻き込む形で、下野・常陸そして奥州へと広い地域を巻き込むことになったからだ。

それにしても「康暦」というこの段階にあって、小山氏が「吉野宮方」に執着し抵抗の旗印としたことの意味は考えねばなるまい。小山氏の乱にあっては南朝の〝賞味期限〟は終わっていた。とはいえ東国では依然、有効だったともいえる。小山氏の前に立ちはだかった鎌倉府の二代氏満にとって、初代の基氏が築いた鎌倉府の強化・発展のためにも、北関東の制圧は重要な課題だった。

一三六〇年代末は、京都にあっては義詮が、鎌倉では基氏が踵《くびす》を接するように死去する。よって、東西それぞれに主役の交替がなされた。京都の義満、鎌倉の氏満の両者はライバルの関係でもあった。同時にこの時代は京都も鎌倉も権力の安定をみる。小山氏の乱が勃発する一三八〇年代は京都・鎌倉のそれぞれの権力を継承した両者が、相互の権力を彫磨させてゆく段階だった。

小山氏の蜂起は、そうした鎌倉府の段階に対応した出来事であった。東国を管轄する鎌倉府の代表氏満は、継承された権勢を拡大しようとすれば周辺有力武士団との軋轢は避け難くなる。義政の蜂起が宇都宮氏との対抗から出発しつつも、長期に及んだのはそうした事情があった。

## 小山義政の乱への助走

「康暦」の小山氏の乱への助走として、それ以前を、十年を節目にその流れを整理しておく。

【①一三三〇年代】鎌倉末期にいたり、元弘・建武の乱が本格化。建武体制の樹立と中先代《なかせんだい》の乱を皮切りに足利体制へ。この動きと対抗する吉野という構図で南北朝対立の初期の段階で畿内を中心とした幾多の戦いはこの時期に集中する。

小山義政（栃木県立博物館蔵）

【②一三四〇年代】後醍醐天皇が他界。楠木一族の抵抗をふくめ、吉野勢力は劣勢を余儀なくされる。北畠親房を中心に常陸経略や懐良親王の鎮西経略が進められる一方、足利勢の高師直《こうのもろなお》以下の吉野攻略でその優位が決定されていく。

【③一三五〇年代】武家側の体制が確立するなかで観応の擾乱が勃発。足利側の混乱に乗じて南朝・吉野勢の「正平一統」が実現するが、一時的なものに終始した。当該期、直義、そして尊氏、さらに直冬あるいは仁木《にっき》・山名などの有力守護も南朝に降った。尊氏の死去にともなう磁場の喪失で、争乱はその後東国・鎮西に拡大する。

【④一三六〇年代】四度にわたる南軍の京都の一時的占領は、この段階で終わりを告げ、二代義詮《よしあきら》の下で山陽の大内氏、山陰の山名氏をはじめとした有力守護が帰順。南朝側も後村上天皇崩御ののち、楠木正儀《くすのきまさのり》が幕府に降るなど、その力を衰退させる。六〇年代末期に幕府側も将軍義詮さらに鎌倉公方基氏の死去にともない、新時代へと移行する。

『太平記』から看取できる内容を整理すれば、右の四つの段階になろうか。①は年号では元弘・建武、そして南朝では延元、北朝では暦応と続く流れだ。②は南朝では興国から正平へ、北朝では暦応から貞和ということになる。そして③は南朝は正平、北朝は観応から文和・延文と続く。④は南朝は引き続き正平、北朝は貞治・応安ということになる。

小山氏の乱とは直接に関連しないことを簡略に記したのは、小山氏の蜂起にかかわる「康暦」という段階は一三八〇年代、いわば『太平記』の時代の終焉する時期にあたるからである。実質上の南北朝の対立以後の出来事だった。

幾度かふれたように、中先代の時代が吉野との連携を目ざしたことからも理解されるように、〝敵ノ敵ハ味方〟という状況主義は、劣勢での場にあっては当然の選択でもあった。とりわけ、「義」に繋がる余地があればなおさらだ。③、④段階での武家支配の確立後も、吉野は呼び戻されていた。直義から始まり尊氏、直冬そして武家方諸将の面々は、自身の劣勢のなかで吉野に救援を求めている。

『太平記』の射程外ながら東国における武家の府「鎌倉府」の存在は大きい。その動向については『鎌倉大草紙』が詳しい。『太平後記』の異名があるように、『鎌倉大草紙』には一三七〇年代以降、応仁の乱までの東国の騒乱が語られている。『太平記』自体が南北朝動乱の実質的局面を切り取ったのに対し、『鎌倉大草紙』はその後の吉野・南朝の〝語られ方〟を伝えてくれる。

小山氏の蜂起にあたって「吉野宮方ト号シ」云々と『鎌倉大草紙』が伝えるのは、東国世界にあって、依然として吉野宮方が利用されるべき価値を有した証だった。少し難しく表現すれば〝観念の実在性〟の重みが抗心の旗印になり得たということだろう。かりに語られるべき内実が虚構であったとしても、それを可能とさせる記憶が存在した。近世江戸期以来、『鎌倉大草紙』をはじめ『頼印《らいいん》大僧正《だいそうじょう》行状《ぎょうじょう》絵詞《えことば》』あるいは『小山軍記』等々で語られる義政の南朝への義挙云々の背景にあるものを探れば、右のようになろうか。

私闘の中身として、語られてきた問題に、下野国内を二分する小山・宇都宮両勢力の消長があった。両者の来歴はすでにふれた。当該期、両者がかかえた固有の問題として下野国内の支配権の確執があり、凋落の危機をむかえた宇都宮と、勢力温存で所領拡大をはかる小山の流れがあった。

具体的には、下野守護職および同国守の就任をめぐる問題である。守護なり国守なりのポストは、地域権力の結集軸となり得た。宇都宮・小山両勢力にとって、同国内の覇権掌握に際し両職をいずれが掌握するか問われた。「小山下野守義政ト宇都宮下野前司基綱ト確執ノ事」で始まる康暦二年六月一日付「鎌倉公方氏満軍勢催促状」（『別符文書』所収）には、両者の確執により氏満の制止を無視して義政の「基綱在所」への攻略と、合戦での基綱の「討死」があったとする。

その「義政ノ狼藉《ろうぜき》」より、これを「対治」すべく氏満の軍勢動員のことが語られている。この文書の内容はほぼ『鎌倉大草紙』とも符合し、経過自体に誤りはなさそうだ。注目されるのは、指摘されているように氏満軍勢催促状の冒頭にみえる「下野守」（小山義政）と「下野前司」（宇都宮）との対比であろう。守護職と国守が兼帯されていた同国にあっては、一族の盛衰にとって、国衙《こくが》行政と軍務は不可分の関係にあった。これらの論点をおさえたうえで、以下小山氏の乱の経過について概容を整理しておこう。

### 小山義政から若犬丸（隆政）へ——鎌倉府への抗心

十八年におよぶ小山氏の蜂起は、主体となった義政とその子若犬丸（隆政）に対応して大きく二つの段階に整理できる。康暦から始まった闘諍は「永徳」「至徳」「嘉慶」「康応」「明徳」そして「応永」にいたる。そして地域も下野から南奥州へと拡大、会津での応永段階の若犬丸の自害で終息をみる。この間のおおよそは『鎌倉大草紙』および関連文書等から知ることができる。

【第一段階】

## 小山氏の乱の経過

| 年　次 | 事　　項 |
|---|---|
| 1380年<br>（康暦２） | ５月16日，義政，宇都宮基綱と争い殺す |
| | ６月１日，足利氏満，義政追放令を発す．武蔵府中に出陣 |
| | ８月12日，上杉憲方(山内)・上杉朝宗(犬懸)，下野の大聖寺に布陣 |
| | ８月29日，義政の拠点，小山城(祇園城)にせまる |
| | ９月19日，義政，和議を請う．氏満受諾，武蔵府中に帰陣 |
| 1981年<br>（永徳元） | １月18日，京都将軍・義満からの討伐許可 |
| | ２月15日，上杉朝宗らによる小山城攻略の再開 |
| | ８月12日～11月19日，小山城の近隣の鷲城の攻防戦 |
| | 12月６日，義政らの祇園城の敗走と降伏 |
| | 12月14日，義政が出家(永賢)，降伏．若犬丸とともに氏満に帰陣．太刀・馬を献上 |
| 1382年 | ３月12日，義政(永賢)，祇園城を焼き，若犬丸とともに都賀郡糟尾山に逃亡 |
| | ４月８日，氏満，再度，糟尾の長野城攻略 |
| | ４月13日，義政(永賢)，糟尾山中で自害．若犬丸は陸奥の田村氏のもとに逃亡 |
| 1386年<br>（至徳３） | ５月27日，若犬丸，田村則義の後援を得て，再度挙兵 |
| | ７月２日，氏満，若犬丸打倒のため古河に出陣 |
| | ７月12日，若犬丸祇園城を放棄，逃亡 |
| | 12月，氏満，鎌倉帰着 |
| 1387年<br>（嘉慶元） | ５月13日，若犬丸，常陸小田城の小田孝朝のもとにいることが発覚 |
| | ７月19日，氏満，上杉朝宗らに小田城を攻撃させる．若犬丸，常陸宍戸の男体山(難台山)城に逃走 |
| 1388年 | ５月18日，朝宗，包囲10ヵ月にして男体山を攻略．若犬丸，三春城の田村義則らのもとに逃走 |
| 1396年<br>（応永３） | ２月28日，若犬丸，新田義宗の子とともに田村で挙兵．氏満，鎮圧のために鎌倉出立 |
| | ６月１日，氏満，白河の結城満朝の館に入る |
| | ７月１日，氏満，鎌倉に帰着 |
| 1937年 | １月15日，会津に逃走した若犬丸が自殺 |

①宇都宮基綱の敗死を皮切りに、康暦二年六月の鎌倉公方氏満による小山討伐が開始される。八月に氏満は義政の拠点小山城（祇園城《ぎおんじょう》）にせまり、九月に義政を降伏させる。しかし、義政は武蔵府中に滞陣する氏満の下に参陣しなかった。

②翌年永徳元年（一三八一）二月京都幕府から討伐許可を得て、小山城攻略が再開される。その後、近隣の小山氏の支城（鷲城《わしじょう》）等々での攻防戦が展開されたが、十二月義政が出家（永賢）し若犬丸とともに降伏する。

③だが、義政は翌永徳二年春、監視下の祇園城を焼き払い、若犬丸とともに都賀郡《つがぐん》糟尾山《かすおやま》城《じょう》へと逃亡、公方氏満に抵抗する姿勢を示した。再度におよぶ義政の反抗には講和条件をめぐって問題があったとされる。が、それ以上に氏満の鎌倉公方としての示威的姿勢が小さくなかった。

京都の将軍義満への意趣をふくむ氏満にとって、抵抗勢力の討滅は鎌倉府の威信を示す戦いと重なった。けれども威信は鎌倉府側だけのものではない。小山氏も名族としての意地があった。義政敗死後、その遺志は子息の若犬丸（隆政）に継承される。

【第二段階】

④永徳二年四月の父義政の糟尾山中での敗死から、陸奥の田村則義の後援を得て、翌年五月の再度の挙兵にいたるまでの段階。田村氏の出自は秀郷流とも平姓とも諸説あるが、南朝の有力武士団として、北畠顕家《あきいえ》・顕能《あきよし》に従軍した。その田村氏の援助で再挙をはたし、一時祇園城を奪回

するが、公方氏満の古河《こが》出陣で祇園城を放棄する。
⑤翌年の嘉慶元年（一三八七）五月、若犬丸と常陸小田城の小田孝朝《たかとも》との連携が発覚。氏満はこれへの対応として小田城攻略を上杉朝宗《ともむね》に令達、小田氏は降伏する。同年七月常陸宍戸《ししど》の男体《なんたい》山《さん》（難台山）城へと若犬丸が逃走。上杉朝宗勢はここを十ヵ月包囲するが、若犬丸は再度陸奥の三春城《みはるじょう》の田村則義の庇護下に入る。

小山城跡（小山市提供）

⑥さらに数年後の応永三年（一三九六）二月、若犬丸の挙兵がなされた。東国南朝の生き残り新田一族の義宗の子息とともに、この田村で挙兵する。氏満は同年四月、陸奥白河の結城満朝《ゆうきみつとも》の館で臨戦態勢に入る。在陣一ヵ月で鎌倉に帰着したが、明けて応永四年正月、若犬丸は会津での蜂起に失敗、自害する。

以上が第二段階の若犬丸を軸とした経過である。第一段階に比べ若犬丸の乱の特色は、常陸あるいは陸奥方面をふくむ広域性にあった。若犬丸に与した小田氏・田村氏さらには新田氏も、南朝・吉野の伝統を共有した一族だった。北関東から陸奥にかけては、「吉野」という記憶と結合できる地盤があった。かつての建武体制下での北畠顕家による陸奥将軍府の存在が、さらには親房による常陸経略が、あるいは新田義宗・義治・義興らによる諸種の戦略的活動が埋め込まれていた。足利体制という勝者への抗心は、田村氏・小田氏・新田氏それぞれの形で小山氏との共闘体制を可能にさせた。

そうした問題とともに、小山氏側に仕懸けられた鎌倉府側からの挑発も無視できない。武蔵国太田荘や下総国下河辺《しもこうべ》荘をめぐり、公方勢力と小山氏の領有権の争奪も存在していた。小山氏は自己の所領拡大のなかで、北には宇都宮が、そして南は公方の御料所の衝突という事態に直面していた。氏満の時代、尊氏路線の戦略的恣意性で分与された権益への見直しがなされた。小山や宇都宮等の関東の有力者たちは、鎌倉府の新統合路線で、旧権益御破算の憂き目をみることもあった。広くみれば小山義政・若犬丸の乱は、関東に新秩序を誕生させるための鎌倉府側との衝突という面にも留意する必要がありそうだ。

＊　康暦元年（一三七九）若年の将軍義満を補佐してきた管領の細川頼之《ほそかわよりゆき》が、対抗関係にあった斯波義将《しばよしゆき》・土岐《とき》頼康《よりやす》・京極高秀《きょうごくたかひで》から排斥、義満により頼之は都からの退去を命ぜられた事件をさす。頼之らの四国下向にかわり、義将が管領に就任した。この京都政界の動きを「康暦の政変」と呼称している。本文でも指摘するように、義満による頼之排斥には、斯波氏と連携した鎌倉公方二代の氏満の動きも大きかった。『鎌倉大草紙』にもこの

点はふれられている（拙著『その後の鎌倉』も併せて参照）。

＊＊　永和五年（一三七九）三月、天変・疾病・兵革等の災異改元。南朝で長慶天皇の天授五年から七年にあたる。出典は『新唐書』の「承成康之暦業」（成康ノ暦業ヲ承ル）による。中央政界にあっては将軍足利義満の管領は、「康暦の政変」により細川頼之にかわり斯波義将の時代ということになる。

＊＊＊　「坂東管領」の件に関しては、暦応四年五月二十五日、北畠親房書状写に簡略にふれられている（『栃木県史史料編・中世3』所収）。親房は本書状で「亡屋一宇所領二ヶ所ノ外」は「正体ナキ」の状況で、彼は吉野に当時いた前関白近衛経忠が関係方面と連携し、藤氏一揆の件を企てたと指摘する。親房書状には、その概容について「其ノ旨趣ハ藤氏各一揆スベシ。且ハ我身、天下ヲ執ルベシ、小山ヲ以テ坂東管領ニ定メラルベシト云々」との情報を載せている。ちなみに、この話は小山氏が小田氏との連携を模索しており、当時親房の拠点としていた小田城にもたらされたことで判明した。なお「藤氏一揆」については佐藤進一『南北朝の動乱』（前掲）にもふれられており、参照のこと。

＊＊＊＊　このあたりの事情は、康安元年・正平十六年（一三六一）仁木義長が伊勢において近江の佐々木、美濃の土岐の対立のなかで、南朝へ帰服しようとしたことへの吉野側の反応という場面で『太平記』（巻三十六）が語るものである。内容的には真実を穿ったものと思われる。以下、興味深いので当該箇所を引用しておく。

近年源氏ノ氏族ノ中ニ、御方ニ参ズル人々ヲ見ルニ、何レモ詐《いつわり》ヲ以テ君ヲ欺キ申サズト云者ナシ。先ズ錦小路慧源禅門（直義）ハ、相伝譜代ノ家人師直・師泰等ガ害ヲ遁ン為ニ、御方ニ参リシカトモ、当方ノ力ヲ仮テ、会稽ノ恥ヲ雪《すすぎ》タリシ後、一日モ更ニ天恩ヲ重シトセズ、其讒身ニ留テ遂ニ毒害セラレニキ、其ノ後又宰相中将義詮朝臣、御方ニ参ズベキ由ヲ申テ、君臣御合体ノ由ナリシモ、何シカ天下ヲ君ノ御成敗ニ任セタリシ、堅約忽ニ敗レテ……又右兵衛佐直冬・石堂刑部卿頼房・山名伊豆守時氏等ガ、御方ノ由ナルモ、都テ実共覚エズ推量スルニ、只勅命ヲ借テ私ノ本意ヲ達セバ、君ヲバ御位ニ即進スル共、天下ヲバ我侭ニスベキ者ヲト、心中ニ挟ムモノナリ……

この発言にはまさに吉野側が武家内部での劣勢派に便宜的に利用されてきた流れが語られている。当該場面では、この後、それゆえに仁木義長の和議も信用できないことを指摘しているが、現実には吉野側の退潮、劣勢回復のためには、仁木の与同を許容せざるを得ない流れが語られている。

＊＊＊＊＊　磯貝富士男「小山義政の乱の基礎的考察」（巻末の参考文献を参照）。なお同論文が収録された『下野小山氏』には他に小山氏の乱に関しての関係論文も多く所載されており、戦前来の古典的研究から昨今にいたる論跡を確かめることができる。本文で叙した指摘には、その蓄積の成果に依拠しているので、併せて参照されたい。

明徳

# 明徳の乱と山名氏清——「六分一殿」の思惑

山陰の有力守護山名氏清《やまなうじきよ》の乱を年号をとって、「明徳《めいとく》の乱《らん》」という。将軍足利義満《あしかがよしみつ》・管領細川《かんれいほそかわ》頼之《よりゆき》からすれば、室町体制のより堅固な基盤維持のための布石ということになろうか。「夷ヲ以《い》テ夷ヲ制ス」とは、権力掌握者の常套手段である。山名一族の強勢は惣領《そうりょう》・庶子《しょし》の一体化のなかで誕生したものだった。それが長所だったが、一方で命とりになった。惣庶の結束を乱すことで、反目を募らせ一族の分裂がなされた。かくして、山名一族は大きな挫折を味わうことになる。敗死した氏清の一族はその後、いかにして蘇っていったのか。

明徳の年号は北朝の後小松《ごこまつ》天皇のもので、南朝にあっては後亀山《ごかめやま》天皇の「元中」に対応する。*南北朝の合体・合一はこの山名氏の乱の翌年のことだった。

山名氏系図

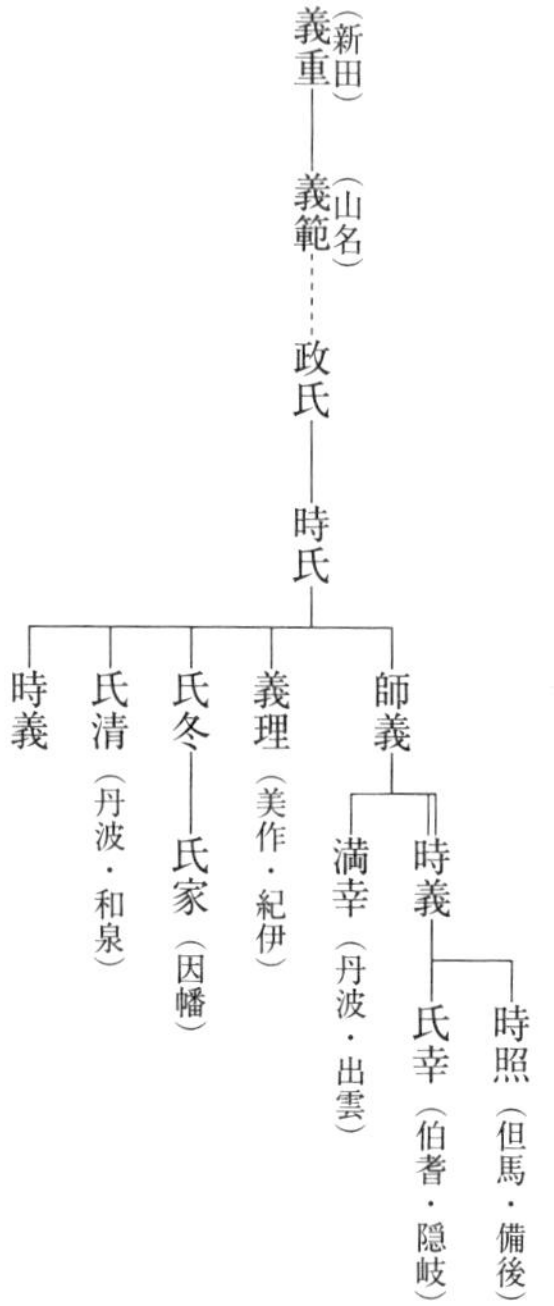


## 「六分一殿」の強盛

事件の主体をなした山名一族に関して紹介しておく。同氏は清和源氏《せいわげんじ》の新田氏流に属し、上野《こうずけ》国緑野《みどの》郡山名郷（現群馬県高崎市）を出自とした。山名氏の祖とされる義範《よしのり》は新田義重《にったよししげ》の長子で源頼朝《みなもとのよりとも》に早くから属し、源家《げんけ》六人受領の一人として源平争乱後の文治元年（一一八五）に伊豆守《いずのかみ》に任ぜられた（『吾妻鏡《あずまかがみ》』）。足利氏に比べ冷遇されていた新田氏にあって、義範は鎌倉幕府ではそれなりの地位を与えられていた。山名氏のさらなる飛躍は南北朝期に訪れた。

義範の七代の末裔、時氏《ときうじ》の時代である。足利尊氏《たかうじ》政権下での有力武将として、建武四年（一三三七）伯耆《ほうき》の守護に任ぜられた。建武体制下での同国の有力者名和《なわ》一族に替わっての投入だった。山名氏の山陰方面での地盤形成はここから始まる。その後に丹後《たんご》守護（一三四二年）、若狭《わかさ》守護（一三四八年）に補任された。山名氏の転換期は観応の擾乱（一三五〇～五二年）だった。直義党に属した時氏は、丹波《たんば》・若狭両国の守護職を没収された。時氏とその子師氏（師義《もろよし》）らは、尊氏与党の佐々木導誉《ささきどうよ》との確執もあり吉野の南朝勢力と共闘する（『太平記』巻三十二）。直義死後、その猶子《ゆうし》直冬《ただふゆ》に接近した山名氏は、山陰・山陽方面で勢力を伸ばし、南朝と連携をはかり力を維持した。

尊氏死後の義詮《よしあきら》体制下にあって、幕府は西国《さいごく》方面の安定を優先させようとした。貞治二年（一三六三）にいたって、時氏以下の山名氏支配の領国（丹波・丹後・因幡《いなば》・伯耆・美作《みまさか》）五ヵ国の守護職の安堵を条件に幕府に降った。この時期は周防《すおう》・長門《ながと》の有力守護大内氏も幕府との和議が成立、「中夏無為」（天下太平の意）の情勢が現出した。直義党に属し南朝と共闘した山名の帰服《きふく》は、形式上からは足利一門外の有力守護の統合を意味した。義詮の死去はその五年後のことで、山名氏も時氏が没し（応安四年〈一三七一〉）、世代交替の段階をむかえた。

山名氏は幕府内で侍所頭人《さむらいどころとうにん》などの枢要な職責に就き、家督を継承した惣領時義《ときよし》の時代には、一族が保有した守護の数は先述の五ヵ国に但馬《たじま》・隠岐《おき》・出雲《いずも》・紀伊《きい》・山城《やましろ》・和泉《いずみ》等々が加わり十一国を数えた。

「去ル建武年中ニ、大御所尊氏将軍御代《みよ》ヲ召サレテ既ニ六十年ニ及ビテ、一天下悉《ことごと》ク武徳ニ帰シ、万民皆ソノ化ニ誇ル、兵乱久シク絶エテ四海ノ逆浪《げきろう》治リ」とは『明徳記《めいとくき》』の冒頭が記す表現だ。「建武」年中から「明徳」までに天下が「武徳」に帰した状況が表明されている。義詮時代以降およそ二十年間に、山名氏は山陰はもとより山陽の備前《びぜん》、さらには南和泉・紀伊方面へと進出し、畿内をも射程に収めるほどに成長する。

「六分一殿《ろくぶんのいちどの》」とまで呼称されるほどに有力視された同氏は、三代の義満政権下では危険視された。特に注目されるのは和泉・紀伊への進出だった。前者は楠木正儀《くすのきまさのり》が幕府に降ったため、山名氏清《うじきよ》がここに配された。後者の紀伊に関しては細川に代わり山名義理《よしまさ》（氏清の兄）が守護とされた。南朝勢力討伐に力を尽くしたことが評され、山名一族による堺の掌握が実現する。山名氏の守護の集積期間は、義満も将軍権力の増殖に努めた段階だった。

**山名氏の危機**

山名氏の危機は、時氏の子時義《ときよし》が没した康応元年（一三八九）におとずれた。時義没後の惣領権をめぐり、一族内の対立が生じた。庶子家の氏清・満幸《みつゆき》との不和である。義満はそれに乗じたとある。時義の嫡子時熙《ときひろ》らが「武恩莫大ナルニ驕テ此ノ一家ノ人々、毎事上意ヲ忽緒」にしたという。時義も生前には但馬に在国して「京都ノ御成敗ニモ応ゼズ」「雅意ニ任セテノ振舞」があったとされる（『明徳記』）。

そんな状況下で庶子家の中心氏清側にも時熙の追討命令が出された。幕府側による一族の離間策に氏清は「一家ノ者共退治ノ事、偏ニ当国ノ衰微ノ基《もとい》ナリ」と懇請したものの、時熙らの領国は一族に分割されることとなった（但馬は氏清に、伯耆・隠岐は満幸に）。山名氏にとっては、中国方面に守護職を集積・領有した富強さゆえの不幸にあった。

そもそも惣領的秩序は軍事的非常時においては有効に機能したが、平時にあっても強大な指導権を残した。けれども、動乱期が終結したこの段階にあっては事情を異にした。支配領国が肥大化した山名氏のような有力守護の場合、幕府（将軍）の介入が容易となる。地域（在地）から離れた守護領国制の段階では、守護の任命・停廃は、上位権力によって容易になされることが少なくなかった。

足利義満（鹿苑寺旧蔵）

氏清が義満に対し「一家ノ者共退治ノ事」に関して、一族内の解決を要望したが、最終的に「上意トシテ仰下サル、上ハ、辞シ申ストニコロナシ」とあり幕府の意向が大きかった。

**義満と氏清**

以上は山名側の事情だが、他方では戦略として幕府（将軍）が有した方向性があった。幕府の権力基盤が確立されていない尊氏・義詮の段階にあっては、有力守護との妥協的統合がなされた。既述のように山名氏のような野党的勢力との大同団結体制なかで、将軍権力の秩序は保たれていた。

けれども動乱が終息を迎えた義満の時代には、馬廻衆《うままわりしゅう》・奉公衆といった直轄軍の充実や御料所など経済基盤の拡充・整備など、従前の受動的方向から能動的秩序の創出への転換がはかられる。数ヵ国を領有する守護の権力を分割、統治する方策が模索されるようになる。義満を補佐した細川頼之の政策は、そのような方向での将軍権力の強化だった。

康暦の政変での頼之の失脚後も、義満の志向に変化はなく、同族守護の領国分割化への戦略は強化された。明徳の乱の直前の、美濃土岐氏の討滅も、そうした義満の意向の反映だった。明徳の乱にいたる山名氏一族がかかえた内（一族内部）と外（幕府・将軍）の問題をながめると、右のように考えることができる。留意を要するのは同族内での結束力の乱れを誘発できたとしても、物領家の継承者（時熙・氏幸《うじゆき》）へ付け換えがなされただけで、山名氏全体での守護の領国数に変化はなかった。

とはいえ惣領権の行方に幕府の関与が決意的意味を持ち始めたことが重要だ。中世初期の鎌倉期の場合、父祖の親権や一族内部の意思が優先された。他者・外部からの干渉は排されていた段階とは隔たりがあった。その意味では上部権力側からの仕掛けによって、一族統合に動揺が生じやすい状況が生じたことになる。明徳の乱の背景にはそうした問題もあった。

氏清は南北朝の動乱のさなかの康永三年（一三四四）に生まれた。観応《かんのう》の擾乱《じょうらん》以前ということになり、義満の十数年年長にあたる。時氏の第四子（系図参照）で陸奥守を名のり、父の死（応安四年〈一三七一〉）を継いで、丹波守護になっている。『太平記』等によれば、氏清は兄義理とともに南朝側の拠点和泉・紀伊の攻略に尽力し、康暦元年（一三七九）には長年抵抗を続けた紀伊の土丸城攻略に武功をなした。そしてその数年後に河内平尾で楠木正儀を敗退させるなどの功績をなした（河内守護は畠山基国《はたけやまもとくに》とされた）。

河内・和泉・紀伊方面では氏清の功績が大きかった。南朝の基盤への侵攻で、これを封印することが可能となった。幕府にとって山名氏清および義理は、山名一族内でも信頼し得る存在だった。

かつて直義党として尊氏に異旗《ことはた》を立て、吉野と共闘した経験を山名氏は持っていた。氏清も当然それを経験しており、明徳の乱に際しても吉野が利用されることになる。

南北朝合一の直前にあたるこの時期にあっても、その〝賞味期限〟はかろうじて保ち得たようだ。以下、その明徳の乱と氏清の敗死にいたる流れを『明徳記』からながめてみよう。

## 『明徳記』の世界

明徳の乱に特化したこの作品は、主題が明瞭で、乱の終息直後の明徳三年（一三九二）五月以前の成立とされる。義満の側近の筆によるものとされ、合戦描写のリアルさから素材提供には時宗《じしゅう》の徒の存在も指摘されている。義満側の思惑やこれに対する氏清・満幸ら山名一族の動向が具体的に描かれ、実録的要素も強い。その限りでは氏清の行動や意思について、敗者ながら充分に筆が費やされており興味深い。ただし、『平家物語』などを意識したためか饒舌な挿話的・道行《みちゆき》的表現が目立つことも否定できない。

作品の評価は別にしても、そこには山名氏清の等身大が語られているようだ。『明徳記』には

った。

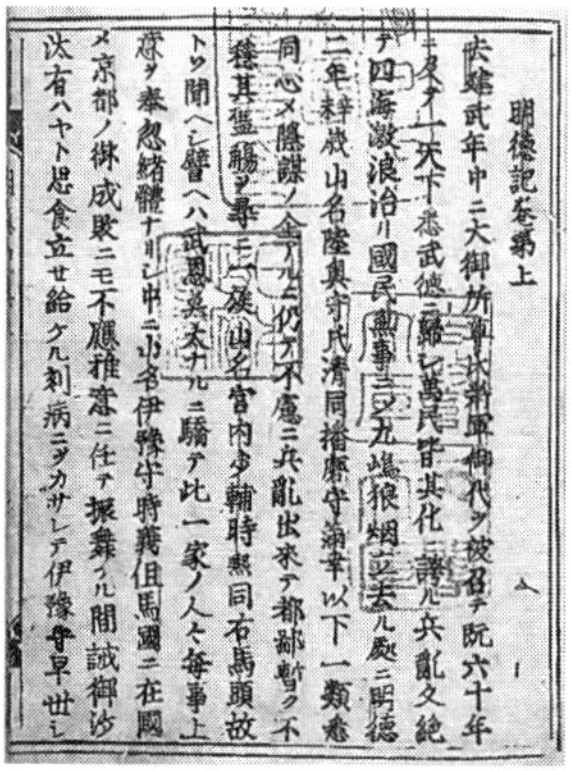
明徳記巻第上
武建武年中ニ大御所将軍御代ヲ被召テ既六十年
ニ及ナリ天下悉武徳ニ歸シ萬民皆其化ニ誇ル兵亂久絶
テ四海激浪治リ國民無事ニ有ル處ニ狼烟立去ル歳ニ明徳
二年ノ秋歳山名陸奥守氏清同播磨守満幸以下一類悉
同心シテ陰謀ノ企アルニ依テ不慮ニ兵亂出来テ都鄙暫ク不
穏其濫觴ヲ尋ニ一族山名宮内少輔時熙同右馬頭故
トツ聞ヘシ譬ヘハ武恩莫大ナルニ驕テ此一家ノ人々毎事上
意ヲ奉忽緒體ナリシ中ニ小名伊豫守時義但馬國ニ在國
シテ京都ノ御成敗ニモ不應雅意ニ任テ振舞ケル間誠御沙
汰有ヘキト思食立セ給ケル剋病ニヲカサレテ伊豫守早世シ

『明徳記』
（1614年，国立公文書館蔵）

敗者への立場にも理解が与えられている。義満を権力の権化のようにも描いていない。『明徳記』を素直に読む限り、義満による陰謀云々とは距離がありそうだ。ともかく勝者の幕府からすれば、この乱により権力基盤が強化されたことはたしかだ。闘諍《とうじよう》それ自体は薄氷を踏む連続だったのではなかったか。勝つべくして勝ったなどの余裕は、義満側にもなかった。

教科書的構図でしばしば指摘される、有力守護大名の弾圧策の一環という図式に反対するわけではない。それを可能にした幕府軍権力の安定があり、時代がそれを可能にさせたのもたしかだが、この事件は必然だったわけではない。打倒する側にも事情があり、される側にも言い分はある。

『明徳記』は、敗者の氏清の心情に寄り添う形での描写もあり興味深い。以下ではいささか長くなるが、氏清滅亡までの大局を作品に則しながら超訳で紹介しておく。

義満が氏清・満幸に、一族の時熙・氏幸兄弟を追討させたことは既述した。明徳元年（一三九〇）三月のことだった。『明徳記』では、その後の事態を次のように伝える。

【明徳二年十月】在国を追われた時熙・氏幸兄弟が京都に「野心」なき旨を陳述、義満が軟化する。義満の態度を知った満幸は、時熙たちの復権を恐れ兄弟赦免の危惧を氏清に伝える。おりしも、氏清は「宇治辺ノ紅葉」見物に義満を誘っていたが、満幸からの報で氏清は義満との対面を中止した。一方、義満は宇治行きを実行、行き違いが生ずる。

【明徳二年十一月】そんなおりに満幸の分国の仙洞《せんとう》（後円融上皇《ごえんゆうじょうこう》）領・横田荘での押領《おうりょう》事件が勃発、御教書《みぎょうしょ》が下された。満幸は「上意」の無視の咎《とが》で「守護職改替」と丹後への追放が決せられる。十一月初旬のことだった。「無念」と感じた満幸は、氏清の在国する和泉へと赴き、「此一門ヲ亡ボサルベキ御結構ナリ」と断じ氏清に挙兵をうながす。満幸は「一族悉ク同心シテ分国ノ勢ヲ併セ、方々ヨリ京都へ責上」「時ノ儀ニ随ヒテ御旗ヲ揚ラルノ事何ノ子細カ侍ルベキト」等々の主戦論を展開した。

【明徳二年十二月】①氏清も、挙兵の件を承諾し十二月二十七日を京都進攻の日時と定め、西国方面での軍勢動員を進めた。京都では、氏清・満幸への武力行使を巡る硬軟両様の意見がなされた。そうした状況下、②丹後での満幸の京方代官追放の件が報ぜられ、氏清の和泉での臨戦態勢が伝えられた。氏清は兄義理に合戦の件を伝え協力を要請した。③同月二十三日満幸が難波路から、氏清は淀川沿いに石清水から、そして紀伊の義理は摂津天王寺方面から、京都をめざすこととなった。④同二十五日、夜から幕府側は細川・畠山・今川・大内・佐々木（京極）・赤松諸

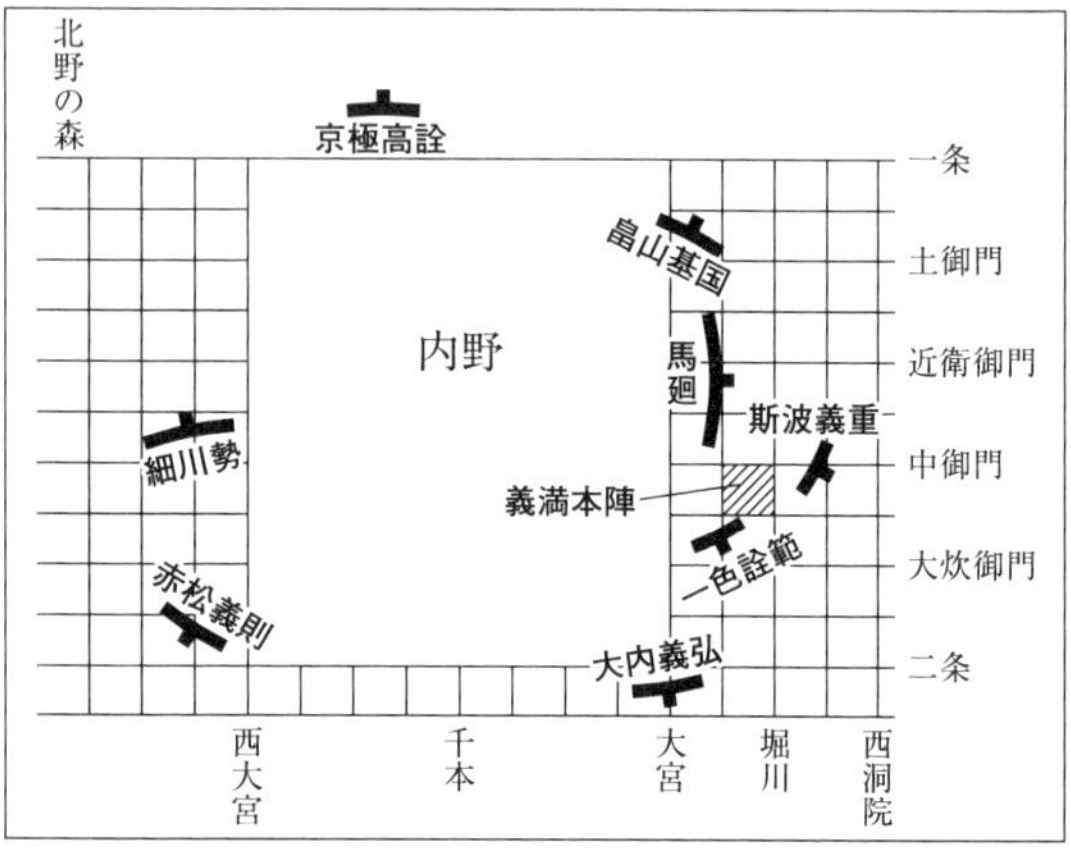


明徳の乱関係地図（松岡久人『大内義弘』より作成）

将の「評定《ひょうじょう》」（軍議）がなされた。この段階でも依然として主戦・和議両様の儀があった旨が記されているが、最終的には義満の判断が優先された。「当家（足利）ノ運ト山名カ一家ノ運トヲ天ノ照覧」との意向のなかで、京都各地域に迎撃の布陣がなされた。⑤京都の西南方面から進攻する山名軍に対し、幕府軍は主力を洛西の旧内裏に布陣させ、一部を東寺に配し将軍義満も直轄の馬廻衆を率い、一《いっ》色詮範《しきあきのり》の館（中御門堀川）に陣取った。

氏清は二千余騎を率い下桂方面から入京、満幸も千七百余騎で峯ノ堂から内野（内裏）を目ざし市街戦へ突入した。両勢力激戦の末、幕府連合軍が辛勝した。氏清は三条坊門大宮方面から内野での戦闘で疲弊し、一色義詮の軍勢と「打チツ打タレツ」のなかで、ついに戦死したとある。「高声ニ念仏七八申シ」「鬼神ノ如ク」闘諍をなす氏清の四十八歳の最期の様子だ。

『明徳記』上巻から中巻のおおよその流れを記すと右のようになろうか。下巻では翌明徳三年正月に、この合戦での功賞が義満によりなされたことが記してある。そこでは山名氏清以下の関係領国は幕府参陣の有力諸将に分与されたとある。丹波（＝細川頼之）、丹後（＝一色満範《みつのり》）、山城（＝畠山基国）、美作（＝赤松義則）、紀伊（＝大内義弘《おおうちよしひろ》）とされた。

ちなみに、山名一族でも義満から赦免を得ていた当の時熙以下の一族に関しては、それぞれ但馬・伯耆・因幡三ヵ国の守護職が還補されたとある。

いささか繁雑な紹介となった。予定調和的な、勝者による陰謀云々のみでは語れない要素もあろうことは既述のとおりだが、ここで留意したいのは氏清もまた吉野を呼び込もうとしたという点だ。

## 南朝の記憶

内野での戦闘前日、戦略を練る氏清は、賀茂社への「信仰」も深く、神仏もこの戦いを賛じてくれることを期待した。さらに新田一族として同流の義貞がかつて「先朝（後醍醐）ノ倫命ヲ承《うけ》テ……天下ノ政務」に携わったことで、自分もその資格を有すると語った。そのうえで、以前の動乱の時期に「南朝ヨリ……錦ノ御旗ヲ差テ合戦ヲ致スベシ」と過去を引き合いに家臣たちの結束をはかろうとしたという。

『明徳記』が伝えるこの話が史実かどうかは、保証の限りではない。しかし、氏清にとっても神仏への祈願と併せて、一族の名誉ある来歴に思いを馳せ、南朝の記憶を呼び起こすことが求められたということだろう。

この翌年、当の南朝は京都の武家に吸収され、南北朝合体となる。実質上、歴史の現実に埋没していた「吉野」を氏清は一族の過去にすり合わせる形で義貞を持ち出し、その挙兵を意義あるものに演出しようとした。事を為そうとする際、この氏清もそうであったように、〝賞味期限〟とは別の問題として「南朝」は〝記憶〟として意味を持ったことになる。

＊　明徳は『礼記《らいき》』の「大学之道、在明明徳、在親民」（大学ノ道ハ明徳ヲ明ラカニスルニアリ、民ヲ親シムルニアリ）による。南朝にあっては後小松天皇の「元中」の年号に対応する。ちなみに『明徳記』については『承久記』『応仁記』と合わせて三代記といわれ『太平記』の流れに属する作品とされる。『群書類従』（合戦部）に所収、上・中・下巻より構成され、軍記の条件ともいうべき闘諍場面の描写が詳細をきわめる。さらに、都を舞台とした騒乱にふさわしく、そこに登場する地名には〝道行〟的表現が仕込まれ、和歌の名所が折り込まれている。

＊＊　美濃源氏に出自を有した幕府創業以来の功臣土岐氏は、美濃以外に隣接の尾張・伊勢三ヵ国の有力守護だった。婆沙羅《ばさら》大名として『太平記』（巻二十三）にも逸話を残す土岐頼遠《よりとお》は光厳上皇に矢を射かけ、直義から死罪に処せられた。その後に登場する頼康《よりやす》は尊氏・義詮を補佐、東海三ヵ国の守護だったが、その死後、養子康《やす》行《ゆき》が家督を継承すると、義満は尾張については康行の弟満貞《みつさだ》に与え、兄弟の対立を煽った。その結果、康行の蜂起へと繋がったとされる。嘉慶二年（一三八八）から明徳元年（一三九〇）にかけての出来事で、「土岐氏の乱」とよばれている。

# 室町

## 両府相剋と敗者たち

「応永」(大内義弘《おおうちよしひろ》および上杉禅秀《うえすぎぜんしゅう》の乱)—「永享」(足利持氏《あしかがもちうじ》の乱)—「嘉吉」(赤松満祐《あかまつみつすけ》の乱)—「享徳」(足利成氏《あしかがしげうじ》の挙兵)等々、応仁の乱以前にあって、著名な歴史上の事件を取り上げる。これらの諸乱は戦国時代の〝呼び水〟となる。東国・西国を問わず展開される地域的紛争は、幕府や鎌倉府を巻き込み十五世紀史を規定した。政治的磁場としての京都と鎌倉は右に示した諸乱を通じ、その役割を減少させてゆく。とりわけ東国では享徳の乱以降、鎌倉はその歴史的使命を終える。東国の戦国時代はまさに鎌倉の終焉とともにあった。十五世紀後半はこの動きと軌を一にするかのごとく、京都においても、ここを舞台に応仁・文明の乱が勃発する。

当該期、かつての南朝(吉野)と京都との「南北」問題は、両朝合一で政治の課題から距離を持ち始めた。これに替わり浮上したのが鎌倉府との相剋にかかわる「東西」問題だった。本章ではこの「東西」問題にも注目しつつ議論をすすめたい。

応永

# 応永の乱から禅秀の乱へ——大内義隆そして上杉氏憲を考える

「応永《おうえい》」は前近代の年号で最長の三十二年にわたった。* 南北朝合一後の後小松《ごこまつ》天皇の時代に対応する。この間、将軍は足利義満《よしみつ》から四代の義持《よしもち》へと代わり、さらにその末年に義量《よしかず》へと移った。長期に及んだ応永年間（一三九四〜一四二八）は東国《とうごく》・西国《さいごく》それぞれに多事多端だった。西国で特記されるべきは山陽の有力守護大内義弘の蜂起があった（応永六年）。東国でも「鎌倉大乱」と称された上杉禅秀の乱があった（応永二十三年）。

前者は、山陽の有力守護大内氏による義満への反旗とされる。同氏は足利義詮《よしあきら》の時代、最後に軍門に降った周防《すおう》・長門《ながと》の有力者だった。その点では明徳の乱での山陰方面の有力守護山名氏と同様の存在だった。義満はこの抵抗勢力を打倒することで、室町体制をより堅固なものとした。

そして後者である。「応永」の段階は鎌倉府でも内部で闘諍《とうじょう》事件が勃発する。前関東管領《かんとうかんれい》上杉禅秀（氏憲）による鎌倉公方《かまくらくぼう》持氏への抵抗の戦いだ。両者の蜂起は時間にして、十数年の隔たりはあるものの、南北朝合一後の地域勢力が自己の権力を拡大するなかでの事件といえる。ちなみに応永の乱に関しては『応永記』、禅秀の乱は『鎌倉大草紙《かまくらおおぞうし》』（ともに『群書類従《ぐんしょるいじゅう》』合戦部）が一般的によく知られており、それをベースに語ることにする。

## 大内一族台頭の背景

土岐氏そして山名氏と、義満政権下で有力守護の勢力削減がなされた。「明徳」の段階をへて足利体制はさらなる脱皮を遂げる。「応永」段階の大内義弘の事件もそうだ。疑心が暗鬼を生み出したという点では、明徳の乱と同様の面があった。が、肝心なことは、その〝疑心〟を抱かせる状況が大内氏側にもあったことだ。数ヵ国を領有する守護勢力の解体が当該期の幕府の課題の一つであった。土岐・山名そしてこの大内も足利一門外の外様《とざま》に位置していた。ただし、大内は土岐や山名ほどの名族ではなかった。

大内一族は、周防《すおう》の有力在庁官人の出自を持つ地域領主だった。系図上では、百済《くだら》の聖明王《せいめいおう》の第三子琳聖太子《りんしょうたいし》に由来するという。周防国佐波《さば》郡多々良《たたら》に拠点を有し同氏は、有力在庁として勢力を拡大させた。

源平争乱後の文治二年（一一八六）三月、周防は東大寺再建の造営料国に設定され、重源《ちょうげん》（一一二一〜一二〇六）に国務の管理が委任されることとなった。乱後は周防も鎌倉幕府体制下で関東御家人《ごけにん》の傘下に入った。当初は佐々木氏が守護となったが、東大寺再建のための大勧進職《だいかんじんしき》に重源が就任、国衙《こくが》の差配がなされた。そのため、他の地域と異なり守護・地頭《じとう》勢力の浸透に限界があった**。そうした特殊性に規定され、大内氏は鎌倉期に「大内介」の肩書を有し、国衙を足場に勢力を台頭させ南北朝の内乱期をむかえた。

　大内氏のさらなる特殊性は、長門《ながと》をふくむこの地勢が大陸交易・交流の拠点だったということだ。博多に隣接し、大内氏は瀬戸内・四国・鎮西《ちんぜい》にわたる経済圏を有した。それが同一族の富強と飛躍に繋がった。さらに大内氏を強くさせたのは義弘の泉州堺の掌握だった。この堺は明徳の乱で没落した山《やま》名《な》氏清《うじきよ》が南朝との戦いの武功で獲得した地であった。のちに博多と並ぶ交易の拠点となったことでも知られる。

大内義弘（山口県立山口博物館蔵）

　堺から摂津《せっつ》そして瀬戸内海をへて博多へとつながる海の回廊を、大内一族が関与していたことは大きい。当然この堺と博多エリアには利害を異にする勢力があった。前者は四国を基盤とした管領家の細川氏であり、後者は九州三人衆として筑前勢力を有した少弐《しように》氏だ。博多に関しては九州探題《きゅうしゅうたんだい》が設置され、幕府との関係で利害が衝突した。

大内氏系図

琳聖……正恒―藤根―宗範―茂村―保盛―弘真―貞長―貞成―盛房―弘盛―満盛―弘成―弘貞―弘家―重弘―弘幸―弘世

弘世―義弘―持世
弘世―盛見―教弘―政弘―義興―義隆
弘世―弘茂

一三七〇年代の段階では、今川了俊《いまがわりようしゆん》（貞世《さだよ》）の投入で九州の在地勢力の動きは下火となった。ただしその了俊が九州探題を解任されると、渋川氏に交替、混乱が深まる。これを打開したのが大内氏の力の政策だ。博多をふくむ九州北部は義弘の支配下に組み込まれることとなる。応永の乱はかかる流れのなかで勃発した。

そしてその好敵手が義満だった。義弘とほぼ同世代に属し十三歳で将軍となり、その後十年ほどは管領細川頼之《ほそかわよりゆき》の保護観察下にあった。頼之の失脚（「康暦の政変」）後は将軍権力の強化に努めた。この間、征夷大将軍《せいいたいしようぐん》・太政大臣の極官《ごくかん》をへて応永二年、三十七歳で出家する。公武の頂点に立脚した義満は出家後も、仙洞《せんとう》（上皇）と同格の権威を創出した。

「応永の乱」は、その権力拡大のなかでのことだった。大内氏が有した強勢が、そのまま義満の干渉につながった。

## 義隆の危惧と不安
## ―『応永記』の世界

大内氏は義弘の父弘世《ひろよ》以来、周防・長門・石見《いわみ》・豊前《ぶぜん》の四ヵ国の守護職を領した。「明徳の乱」の武功によって義弘の時代には、紀伊・和泉《いずみ》を領するにいたった。しかも対朝鮮・対明《みん》貿易の利益も得ていた。挙兵以前の二十年間、義弘は幕府の命で九州探題・今川了俊（貞世）と協力し、鎮西経略に尽力した。『応永記』では義弘に関し「探題相共ニ九州ニ渡海スルコト二十箇年ノ間、此彼《ここか》シコニ宗徒《むねと》ノ合戦ドモ二十八箇度、敵ヲ滅シ無二ノ忠節ヲ致スコト、世ノ知ルトコロトナリ」と語らせている。九州での論功を伝える場面だ。

今川了俊の鎮西経略はこの大内氏とともに、大友・少弐・島津らの有力守護の協力なくして、実現不可能であった。義弘は九州探題の地位を望んでいた。今川氏の失脚でその地位への就任は実現しなかった***。そのことが義弘に大きな蟠《わだかま》りを残すことになった。先述の『応永記』に語られる義弘の発言はそれを示す。

義弘にはさらなる不満もあった。先年の明徳の乱の武功で得た紀伊・和泉を足場に、両朝合体の地均《じなら》しをなしたことへの幕府からの評価だ。

幕府および義満への忠節は、不信へと変じていった。幕府からの上洛要請も義弘の疑心をつのらせた。それを解消すべく義満も顧問の禅僧絶海中津《ぜっかいちゅうしん》を義弘に派した。だが、その尽力も効果はなかった。

大内氏と鎌倉公方氏満との連携の約諾が先行していたからである。「政道ヲ諌メ奉ルベキ由、関東ト同心申ス」との話がすでに鎌倉との間でなされていた。

『応永記』によれば義弘は関東（鎌倉公方）と東西の同時挙兵を策していたようだ。だが、その氏満がはからずも死去したため連携不調で、義弘は応永六年（一三九四）周防を出立した。まず堺に布陣、京都への抵抗の姿勢を示した。これに同調する勢力に、美濃《みの》の土岐詮直《ときあきなお》、丹波の山名満氏（氏清の子）も参陣した。さらに後村上《ごむらかみ》天皇の皇子師成《もろなり》親王および楠木・菊池の一族も呼応した。

義弘が布陣した堺をふくむこの地域は南朝との連携が可能であり、この時期にあっては、実質は別にしろ、「義」の余韻たりえた。そして、最大の期待は「関東」（鎌倉府）の存在だ。これとの連携は義挙の旗印ともなる。足利の血脈を有する連枝《れんし》（兄弟）との共同挙兵は弾みとなった。義弘にとって「吉野」と「鎌倉」の二つを観念として保持したことは、小さくなかった。

大内氏と旧山名の残存勢力が西から、美濃の土岐と鎌倉公方勢力が東から、そして義弘の和泉・紀伊の主力と旧南朝の楠木等が南から、この大包囲網で京都を攻略する。そんな戦略である。けれども主力の大内勢力の分散化に加え、肝心の鎌倉公方の不発のなかで（この点は後述）、青写真は現実とならなかった。

他方、将軍義満側の事情はどうか。義弘の武功による過信について、義満はそれは必ずしも

「義弘ノ力ニ非ズ」と主張し、「朝敵ト成ラバ、何程ノ事カ、アルベキ」とも語り、義弘を迎撃する構えを見せた。十二月八日、細川以下、赤松・京極等々が六千余騎で山崎方面から和泉に先鋒として進発した。義満も馬廻《うままわ》り衆と東寺《とうじ》を本陣にした。従軍の大名は管領の畠山以下、渋川・一色・今川の一門の諸大名や佐々木・武田・小笠原等の守護三万余騎と伝える。

義弘軍は、和泉の石津方面に出陣するが、紀伊・和泉での迎撃策か、摂津尼崎から積極的進撃策かの戦略上の対立もあった。しかし義弘の堺籠城《ろうじょう》策が用いられるところとなった。攻防戦の様子は『応永記』も語るところで、十二月二十一日、その雌雄が決せられた。

堺の攻防戦では義弘は管領畠山満家の砦に切り込むなどしたが、国人《こくじん》たちの裏切りで劣勢となり奮戦むなしく敗死した。四十四歳であった。

大内氏の場合山名氏あるいは土岐氏と異なり、同族内での足並みの乱れは少なかった。幾多の戦闘を勝ちぬいた惣領としての傑出した指導力も大きかった。ただし、「摂河泉《せっかせん》」という畿内西方は京都の生命線でもあり、この方面での大内氏の勢力伸長は、足利一門（細川・畠山等々）の利害とも絡み、警戒されるところだった。

そして、大内氏の場合もまた吉野が登場した。南北朝合一の実質はあったにしても、それを無化しようとする力は存続していたからだ。

注目されるのは既述のように関東・鎌倉との連帯だろう。十五世紀初期のこの段階にいたって、

「吉野」とは異なるもう一つの抗心の軸を発見できる。

武家の拠点としての鎌倉が何故にこの段階に登場するのか。「応永」におけるもう一つの反乱、上杉禅秀の乱に話を進めながら、上記の疑問に迫ってみたい。

## 禅秀以前

「応永」が三十有余年の長期におよぶことはすでにふれた。十五世紀初頭のこの時期は外交上の新たな展開がみられた。応永八年の日明《にちみん》貿易の開始だ。応永の乱での大内氏の滅亡がその背景にあった。義満体制下での外交政策の転換は、国内での反幕勢力の清算が前提だった。十四世紀末期、明徳から応永段階での土岐・山名、そして大内等々の有力守護の勢力削減が、これを可能にした。それと対応するように足利の幕府権力にとって、「吉野」が京都に吸収されたことも大きかった。東アジアの盟主の明王朝成立と将軍義満の登場は、時期をほぼ同じくした。

ただし、その当初にあっての幕府外交の基盤は、鎮西での征西府《せいせいふ》（懐良《かねよし》親王）との関係もあり、脆弱だった。しかしその後の九州探題今川了俊の平定で、義満の存在は日本国の統治者として明王朝（永楽帝《えいらくてい》）の認識するところとなっていた。

とはいえ、義満にも懸案は残されていた。「関東」である。十五世紀は「南北」にかわり「東西」が改めて政治権力の課題として浮上する。対鎌倉府の対抗関係の源流は古い。尊氏・直義両者の確執による「観応の擾乱」の後遺症**だ。

既述したように応永の乱にさいし、大内義弘が期待したのは「関東」との連帯だった。直義の猶子《ゆうし》でもあった基氏、その基氏の末裔に属する二代氏満《うじみつ》・三代満兼《みつかね》の公方の時代が、将軍義満と対応する。不幸にも鎌倉公方二代の氏満は四十歳で死去した。氏満は小山義政《おやまよしまさ》・若犬丸との戦いで北関東から奥州へと鎌倉府の勢力を拡大させた。

関東管領上杉氏の補佐と相俟って、鎌倉公方家の東国世界での武権の伸長がはかられていった。小山氏の蜂起はある意味ではこの公方権力の拡大路線のなかで、これに抗する伝統的守護の蜂起という側面があった。京都幕府の義満が土岐・山名・大内を打倒したのと同じ位相を考えることができる。幕府と同じく、関東の鎌倉府も、それぞれが京都と鎌倉において従来とは異なる次元で権力の強化がはかられることとなった。その政治権力の拡大が最終的に東と西の対立を育んだ。

一見、無関係に思える応永の乱の裏側をうかがうならば、そうした点が看取できそうだ。義弘と提携した「関東」の氏満には〝前科〟があった。『鎌倉大草紙』によれば氏満は同世代の義満への対抗から「康暦の政変」に乗じての京都出兵未遂事件があった。氏満二十一歳の頃で、京都への「氏満ノ逆心」「京都ノ公方将軍ノ御望」（『鎌倉大草紙』）は、管領上杉憲春《のりはる》の諫死《かんし》で封印された。

しかし京都への抗心は宿され続けていた。当然、将軍の義満もまた足利の血脈を引く氏満への不信を募らせた。氏満はその晩年に再度、京都に牙を剝くことになる。応永の乱での義弘との連

鎌倉公方・足利家系図

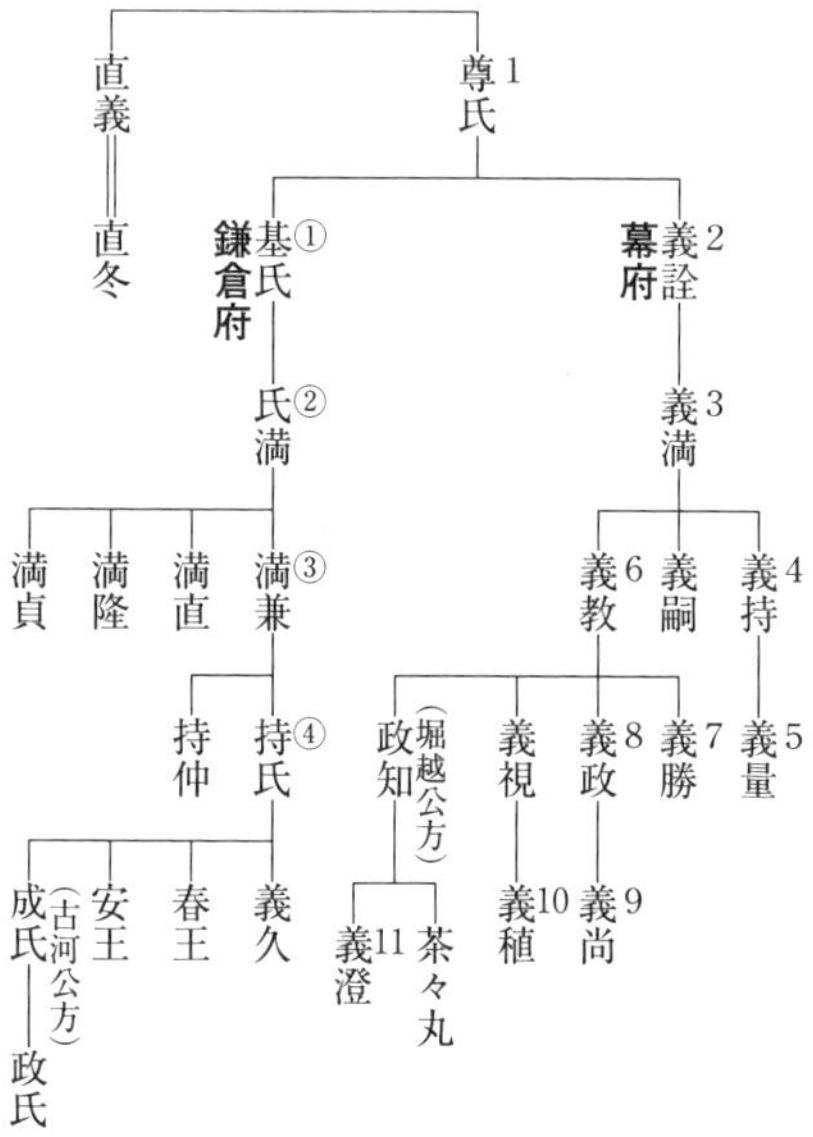


携だった。前述したように氏満の死去でそれも不発に終わった。

三代の公方満兼もその父の遺志を継承した。この満兼による東西呼応の挙兵の試みも、今度は義弘の敗死で頓挫する。関東管領上杉氏から満兼軽挙への抑止要請もあった。それでも、満兼は十一月二十一日、幕府援助の名目で一万余騎を武蔵府中に陣を進めたが、結局は義弘の敗死で兵を引く。

大内氏との「同心」が京都に伝えられるなか、幕府との協調を求める上杉氏側の懇請もあり、満兼は三島社に「異心ヲ翻シ……咎ヲ謝センガタメ」「都鄙ノ無事、家門ノ久栄」（『三島大社文書』応永七年六月十五日）と願文を奉じた。

その後、満兼は奥州経略に腐心しつつ、十年後の応永十六年に三十二歳で病没する。京都にあってもその前年に義満が没している（五十一歳）。「応永」段階の半ばは、かくして東西の主役の交替がなされた。京都幕府にあっては義持が、そして鎌倉府では四代持氏が新たに登場する。ちなみに新公方の就任後、上杉氏においても犬懸《いぬがけ》上杉氏の氏憲《うじのり》（禅秀）が関東管領の地位に就いた。

上杉氏は鎌倉府にあって、執事・管領として公方の補佐を期待された存在だった。氏満を諫《かん》言《げん》・自死した山内上杉氏の憲春も、満兼の軽挙を抑止した憲方も、いずれも幕府の期待に沿う形での役割を果たした。鎌倉では満兼の後を十二歳の幸王丸（持氏）が継承、その補佐として氏憲が犬懸家から就任した。

## 禅秀の乱—『鎌倉大草紙』の世界

「応永」段階の後半に勃発した上杉禅秀の乱は、それまでにない鎌倉の危機であった。関東管領だった氏憲が公方持氏打倒を企図した事件だった。

持氏の公方就任から七年目の応永二十三年のことであった。

『鎌倉大草紙』の語るところによれば、前年四月、禅秀の家人越幡《おばた》六郎の所領没収の件で、持氏の専横を不安視した禅秀は、これを諫めるべく管領を辞した。禅秀に替わり管領には山内憲基《のりもと》（父憲定）が就いた。

この時期、京都にあって鎌倉府内部の分裂騒動を喜ぶ動きもあった。「京都将軍家ノ御弟権大納言義嗣《よしつぐ》卿ハ御兄当公方（義持）ヲ傾ケタテマツルベキヨシ、ヒソカニ思シ召シ立ツ事アリ」（『鎌倉大草紙』）と、見える。義嗣《よしつぐ》は義満の晩年の子息で、寵愛され将軍候補とされた。しかし、義満死去で成就ならず不満を有していた。鎌倉でも、持氏の叔父満隆《みつたか》（満兼の弟）も公方就任をめぐり持氏にふくむところがあった。その満隆が京都の義嗣に同調し、禅秀と連携した。禅秀＝

上杉禅秀関係系図

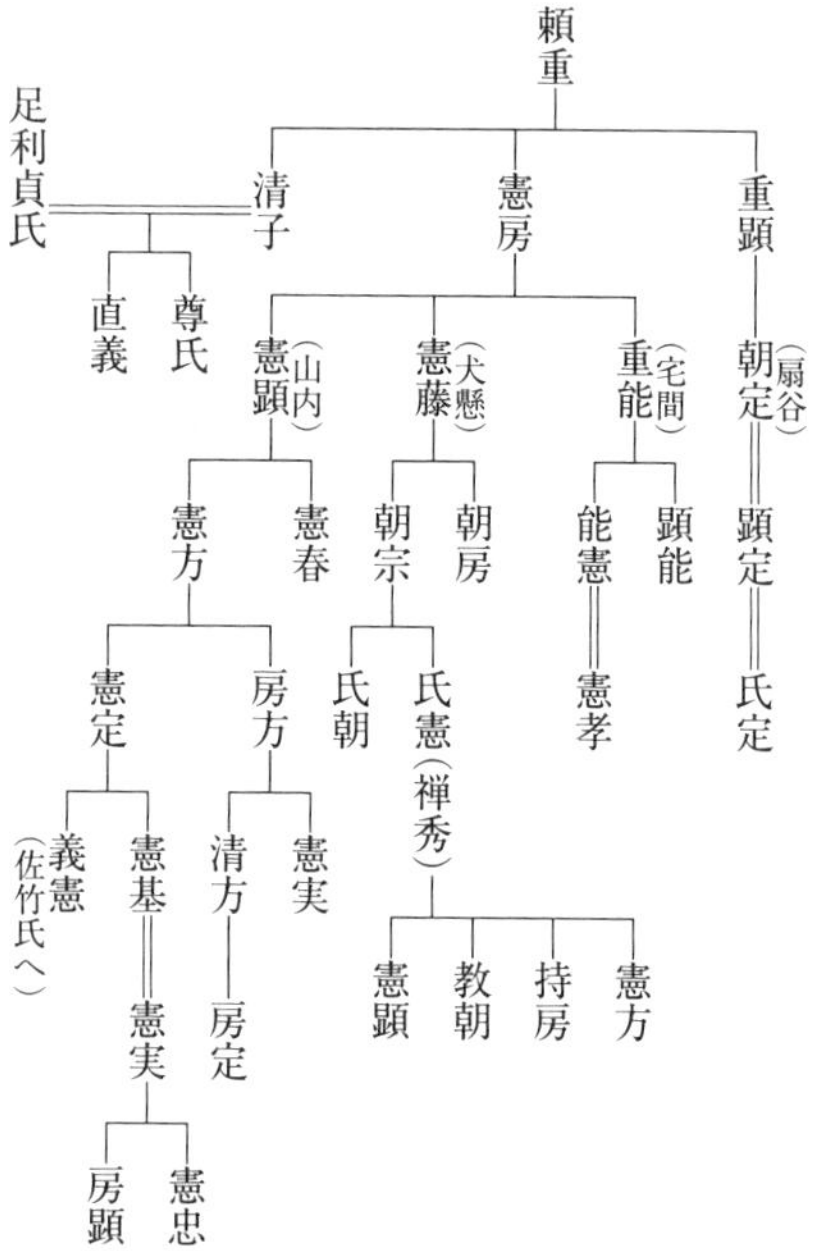


義嗣＝満隆という非主流派の三勢力が「鎌倉大乱」（『烟田文書』）の背景にあった。

応永二十三年秋から兵馬を整え、戦闘準備をした禅秀側は関東諸国への軍勢動員を進めた。与党には千葉・岩松・武田諸氏などの姻戚関係による有力な家々をはじめ、武蔵・相模・常陸・下野・伊豆の各武士団、さらに奥州方面でも蘆名《あしな》・結城・石川・南部・葛西が同心したとある。同十月二日、挙兵がなされた。奇襲を受けた持氏は公方館をわずかな手勢で脱出、十二所《じゅうにそ》経由で小坪《こつぼ》・前浜をへて、管領憲基の佐介館に合流、一次的危機を脱した。十月二日の深更のことだった。佐介館での防衛戦は同日から本格化し、化粧坂《けわいざか》・扇谷《おうぎがやつ》・極楽寺方面で激戦が展開された。

しかし「佐介ノ館ニ火懸リシカバ、……持氏落サセタマフ」（『鎌倉大草紙』）との劣勢に追い込まれ持氏・憲基たちは鎌倉を放棄する。小田原方面へと敗走、さらに駿河の大森館（現静岡県裾野市）をへて、今川範政《のりまさ》のもとに持氏らは身を寄せたとある。この間、憲基は伊豆の国清寺《こくせいじ》から越後へ逃れた。

満隆および禅秀は鎌倉の主となったが、禅秀の誤算は持氏の逃亡だった。持氏が幕府与党の今川氏に身を寄せたことは、禅秀側に動揺を与えた。将軍義持は今川氏と越後上杉氏に持氏助勢を命じたことで、鎌倉奪回の動きが活発化する。今川範政は禅秀追討の御教書《みぎょうしょ》にもとづき、関東諸家に「回状」を令達した。同書状には一時的な禅秀への加担を不問とし、「返忠《かえりちゅう》」（裏切り）をうながしていた。

幕府の持氏与力で、禅秀側の立場は変化した。

翌年早々、持氏は越後の憲基軍との挟撃作戦で鎌倉入りを果たすことになる。禅秀に与した関東各地の武士たちの離反が相ついだ。かかる状況下、各前線で敗走し帰鎌した禅秀たちは、正月十日満隆・持仲（満隆の子）とともに、鶴岡の雪下御坊《ゆきのしたごぼう》（実相院）で自害する。蜂起からわずか三ヵ月後のことだった。

禅秀・満隆に属した京都の義嗣も、関東での挙兵後に逮捕、仁和寺《にんなじ》、相国寺《しょうこくじ》と身柄を移され、応永二十五年、義持の命令で殺された。義嗣問題は幕府内部での後継紛争が鎌倉府の確執と密接に繋がっていることをうかがわせるものだった。すでにふれた大内義隆が鎌倉の公方勢力（氏満・満兼）との共同出兵を試みたのと同様、義嗣も義持に抗するために鎌倉との連携が模索された。義嗣の場合も東西での挟撃が構想された。

そこにはかつて王威を有した京都と、武威の鎌倉の懸隔も伏在していた。武家王権という形で王朝を吸収した室町幕府にとって、南北問題は「明徳」以後は存在しない****。その限りでは吉野・南朝も過去に属した。「応永」はそうした段階であった。

南北問題が終了したときに、新たに浮上したのが鎌倉府との東西問題だった。その問題がさらに増大するのが、次なる「永享の乱」だった。今度は禅秀に勝利した持氏の京都に対しての闘いである。

＊　「応永」は正式には後小松・称光天皇と重なる。明徳五年（一三九四）七月疱瘡《ほうそう》・干害《かんがい》で改元。出典は『会要』巻六十七「久応称之、永有㆓天下㆒」に由来する。わが国の年号は「令和」をふくめ二四八の元号を数える。「応永」は明治以降の一世一元制以前にあっては最も長期のもので、南北朝合一の「明徳」直後のものである。元号に関しては森本角蔵『日本年号大観』参照。

＊＊　たとえば、このあたりの事情は『吾妻鏡』の建久三年（一一九二）正月に、大内弘盛《ひろもり》が東大寺の柱引きの妨げをなし、重源より訴えられたことが記されている。そのおり源頼朝《よりとも》は弘盛に関しては身分上幕府の所轄外のため、朝廷への上訴を伝えた。弘盛の妨害行動の頼朝側の判断は、御家人ではなかったがゆえにその命令権外（進止権外）の表明とみなすか、御家人だとしても造営料国の周防の問題は朝廷差配のことで、頼朝の管轄

外と判断したのか、解釈がわかれる。重源は大内弘盛の行動を御家人として幕府に訴えた。在庁有力者大内氏の立場は関東出身の御家人とは異なることは看取できそうだ（なお、この点に関しては古典的研究ながら、松岡久人『大内義弘』も参照）。

＊＊＊　このあたりの経緯に関しては、今川了俊自身の筆になる『難太平記《なんたいへいき》』に次のように語っていることからもうかがえる。「世人ノ申ナルハ、了俊九州ニハナル、事ハ、人ノタクミニ落ト云々、大内入道（義弘）、探題ノ大望ノ故ト云々、又ハ渋川（満頼）ヲ探題ニ為スベキタメニ勘解由小路《かげゆこうじ》（斯波義将）方便ト云々……」と。了俊自身も九州探題更迭《こうてつ》に関して、大内義弘と同様不満に思っていたことは事実だったようで、探題職から外された了俊と就任不可となった義弘という構図である。ここで義弘は関連資料では大友親世《おおともちかよ》と当の了俊を誘って反渋川・反幕府の方向を打ち出そうとした。が、了俊はその計画に参せず帰洛したので流産となった。ただし、了俊自体は領国の駿河・遠江《とおとうみ》方面での今川の家督相続の内紛もあり、幕府の政策に批判的だった（拙著『その後の東国武士団』参照）。その点は義弘も同様で、反義満ということでは鎌倉公方氏満も共通した。

＊＊＊＊　この点については、拙著『その後の鎌倉』を参照のこと。「後遺症」とここで指摘したのは、京都開府を主張する尊氏と鎌倉開府を是とする直義に懸隔があったこと、その前提から直義の遺志を継承する初代鎌倉公方の基氏以降、鎌倉公方家の血脈に京都への対抗が宿されていたこと、鎌倉府が成立する十四世紀半ばから、両者の対抗はそれが滅亡する（永享の乱、享徳の乱）十五世紀半ばのおよそ百年間の基調をなした。いわば尊氏の血脈を引く義詮（京都将軍）・基氏（鎌倉公方）の両者の流れは、世代を隔てるごとにその乖離が拡大した。南北朝問題の消滅から十五世紀は潜在化していた足利権力内部の東西の対抗が改めて顕在化する段階ということができそうだ。本文で指摘した「後遺症」の意味を解説すれば右のようになる。

＊＊＊＊＊　ちなみに吉野でいえば、義嗣事件のおりにも南朝の記憶は再生された。「明徳」の合一で両朝の統合

はばかられたものの〝記憶のネバリ〟ともいうべき要素が「後南朝《ごなんちょう》」（「南方末裔」）という形で存在していた。伊勢の北畠氏との連携などの風聞も取沙汰され、この段階にあっても存在証明は続いていた。

永享

# 永享の乱と公方持氏の抗心――両府激突

来るべき時がきた。鎌倉府終焉が近づいた。「鎌倉」の抗心は、ついに「京都」との対立を不可避とした。「応永」での上杉禅秀《ぜんしゅう》の乱についで、「永享《えいきょう》」も鎌倉にかかわる。ここでの主役は四代の鎌倉公方《くぼう》足利持氏《もちうじ》である。応永から正長、そして永享へ。禅秀の乱から二十余年後の出来事だった。後小松《ごこまつ》天皇の年号である。*

「禅秀の乱」で勝者となった持氏は、この「永享の乱」では敗者へと転落した。関東公方の持氏の失速で、鎌倉府は危機をむかえた。それは武家の特別区たる鎌倉の機能不全にも繋がった。幕府への抗心を宿す鎌倉公方の** 歴史的因縁とは何であったのか。

## 禅秀以後の東国

細部を別にすれば、対立の構図は「永享の乱」と応永での「禅秀の乱」は似ている。ともに公方家と管領《かんれい》家という鎌倉府内部の争いである。いずれも京都（幕府）との連携が勝敗を分けた。禅秀の場合は前管領の立場ではあったが、公方（持氏）と対立、幕府の後援を得た公方側が勝利した。一方、「永享の乱」は、管領（上杉憲実《うえすぎのりざね》）と公方持氏の対抗のなかで、幕府の支持を得た管領側が勝利した。対抗の背後には、鎌倉公方側の自立路線があった。

対して管領家の上杉は京都との連携に比重を置き、公方権力を輔翼しつつ抑止する姿勢を原則とした。連枝《れんし》の血脈を有した東西両府の調整は関東管領上杉氏に期待された。公方権力の自立・独走路線の抑制機能である。

そのため、事あるごとに上杉氏は足利氏満《うじみつ》・満兼《みつかね》そして持氏と、京都への抗心行為を抑止してきた。しかし、管領側からの公方側への諫言《かんげん》は次第に意味を喪失した。とりわけ四代持氏の個性も手伝って、自立路線が従来の公方にも増して強くなった。

諫言を無化させる状況は当該期の京都側にもあった。強い鎌倉公方の存在に対応するかのように、強い将軍足利義教が登場したのだ。持氏と義教という東西を代表する両者がこの「永享」の段階に登場した。義満の段階には美濃の土岐《とき》氏・山陰の山名《やまな》氏（明徳《めいとく》の乱）、そして山陽の大内氏（応永の乱）と、東国以外の有力守護の弾圧が続いた。

幕府権力のその後の拡大で、やがて当該期に、東国の鎌倉公方家との対立という流れが本格化した。公方家も氏満・満兼段階には京都との関係に円滑を欠くことがあった。関東は京都の幕府

## 足利持氏関係年表

| 年　次 | 事　　項 |
|---|---|
| 1409年<br>(応永16) | 9月，幸王丸(足利持氏)，鎌倉公方に(12歳) |
| 1410年 | 8月，足利満隆(満兼の弟)，謀叛の風聞 |
| | 9月，上杉憲定辞職後，犬懸上杉氏の氏憲(禅秀)が関東管領に就任 |
| 1415年 | 5月，氏憲辞職．山内上杉氏の憲基が関東管領に |
| 1416年 | 10月，前管領・禅秀，足利満隆・持仲(持氏弟)を奉じ，持氏に叛す |
| | 11月，足利義嗣による将軍義持への叛逆の企てが露見 |
| 1417年 | 1月，瀬谷原合戦で禅秀敗北，鎌倉で自害．持氏，鎌倉帰還．浄智寺に入る |
| 1419年 | 1月，山内上杉氏の憲実が関東管領に就任 |
| 1422年 | 閏10月，持氏，佐竹氏の山入与義を攻める |
| 1423年 | 3月，足利義量，義持の譲りで5代将軍に |
| | 5月，持氏，常陸の小栗満重・下野の宇都宮持綱討伐のために武蔵府中へ出陣 |
| | 9月，幕府，持氏の行動不快として，足利満直(篠川公方)に関東侵入を令達 |
| 1424年 | 2月，持氏，室町殿・義持に告文・誓文を提出．幕府，関東討伐軍を引き上げる(両府和睦) |
| | 11月，足利満貞(稲村御所)，陸奥稲村から鎌倉へ帰還．持氏宝刀を授与 |
| 1425年 | 2月，将軍義量死去(19歳) |
| | 8月，鎌倉御所，焼失 |
| 1428年 | 1月，義持死去．青蓮院門跡義円が後継に |
| (正長元) | 3月，義円，還俗して義宣(のちに義教と改名) |
| | 5月，持氏，上洛を画策．上杉憲実の諫止で取りやめ |
| 1429年 | 3月，義教，将軍宣下(6代将軍) |
| (永享元) | 9月，持氏，義教の将軍宣下に対する賀使をいまだ派遣せず |
| | 12月，持氏，常陸の大掾満幹を討伐 |
| 1431年 | 3月，持氏，義教の代始の賀使を派遣．和睦を請う |
| | 7月，義教，持氏の使者に対面 |
| 1432年 | 3月，持氏，永享の年号を使用 |
| | 9月，義教，駿河へ富士遊覧(持氏への示威) |

| | |
|---|---|
| 1433年 | 3月，持氏，甲斐の武田信長の攻略を計画．幕府仲裁 |
| 1434年 | 3月，持氏，血書願文を鶴岡八幡宮に奉納 |
| | 10月，駿河の今川範忠，持氏の叛意を幕府に報告 |
| 1437年 | 6月，持氏，憲実討伐の風聞．上杉憲直，藤沢籠居 |
| 1438年 | 6月，持氏の子の賢王丸(義久)，元服式．持氏，将軍偏諱を拒む |
| | 8月，憲実，上野へ退去．持氏追撃<br>幕府，上杉の援軍に今川憲忠・小笠原政康・武田信重らを派す |
| | 10月，三浦時高，憲実の要請で鎌倉を攻撃．憲実，武蔵分倍河原に着陣 |
| | 11月，時高，鎌倉攻略．持氏，長尾忠政(憲実家宰)に降伏．<br>持氏，金沢称名寺から永安寺に移る．<br>憲実，持氏の助命嘆願(不許可) |
| 1439年 | 2月，持氏，永安寺にて自害(42歳)．義久は報告寺で自害 |

にとって、宿命的対抗の地域だった。六代将軍義教《よしのり》の登場は、関東（鎌倉）の自立志向を御破算とするほどの力を示し始めた。義教による京都幕府の統合路線と持氏の鎌倉府の自立路線の激突、これが永享の乱であった。

十二歳で鎌倉公方の地位に就いた持氏は、四十二歳で滅んだ。持氏敗死にいたるおよそ三十年間を一覧すれば表のごとくになる。持氏の自立路線が顕著になるのは、禅秀の乱以後だった。禅秀の与党勢力の打倒の動きがそれだ。武闘路線の断行で、鎌倉公方の覇権確立を推し進める。持氏による北関東諸氏――岩松・佐竹・常陸大掾《だいじょう》各氏――への出兵には、そうした背景があった。

禅秀の乱以後の「応永」末の段階は、持氏にとって鎌倉府成敗圏エリアでのいわば懲戒権の行使だった。ただし、当該期は京都将軍足利義持《よしもち》の後継者への〝色気〟もあって、幕府との関係は抑制的だった。けれども「正長」をはさみ「永享」の段階になると新将軍義教の登場で、持氏の意図が崩れ、京都との対決姿勢が顕著となる。

当時、持氏の武力進攻は北関東圏の反持氏勢力へと向けられた。この勢力は京都の幕府から京都御扶持衆《おふちしゅう》として組織された伝統的武士団だった。幕府側は彼ら有力者層を介して、公方家を牽制した。したがって、持氏の侵攻は間接的に幕府を刺激することとなった。

年表にもあるように、永享元年（一四二九）から永享十一年までの十年間は、東西両府は薄氷を踏むような緊張関係の連続だった。とりわけ同四年九月の義教による富士遊覧は、鎌倉府への

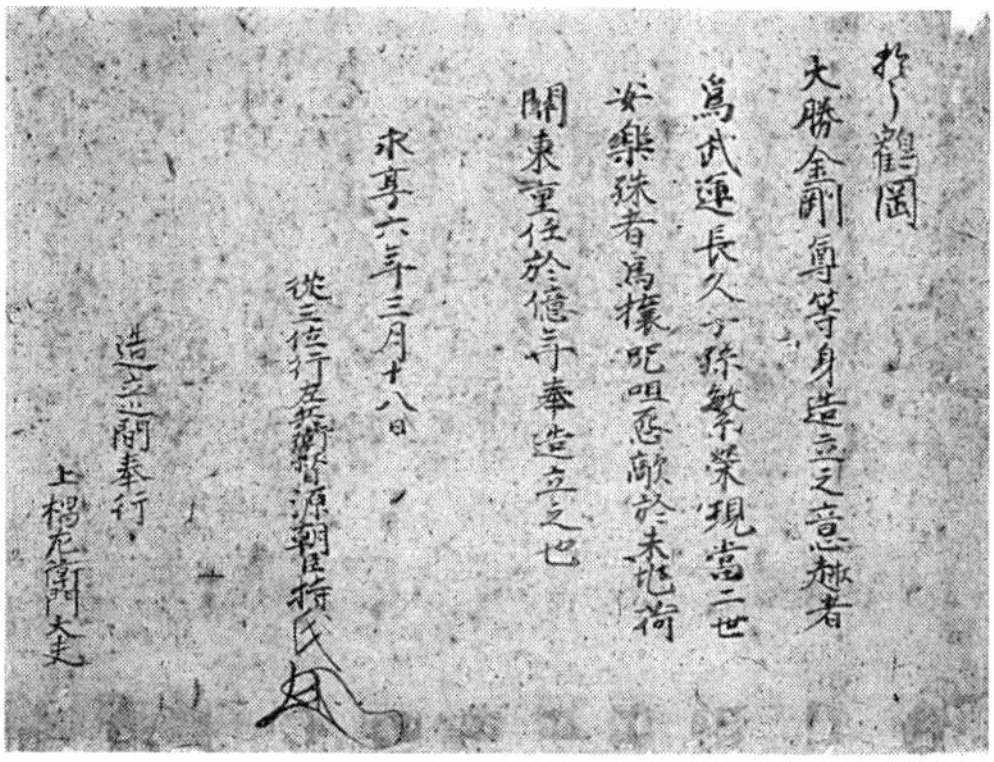
於テ鶴岡
大勝金剛尊等身造立之意趣者
為武運長久子孫繁栄現当二世
安楽殊者為攘呪咀怨敵於未兆荷
関東重任於億年奉造立之也
永享六年三月十八日
従三位行左兵衛督源朝臣持氏（花押）
造立間奉行
上椙左衛門大夫

足利持氏血書願文（鶴岡八幡宮蔵）

示威《じい》行動ともいうべき軍事的デモンストレーションである。義満の先例にならったもので、〃強い将軍〃の演出だった。けれども同じく強い公方持氏はこれを無視し、あえて参上しなかった。

そして翌五年の甲斐《かい》への進攻計画があった（『鎌倉《かまくら》大草紙《おおぞうし》』）。東西両府支配圏のグレーゾーンに位置する甲斐の武田、信濃の小笠原への家督問題への介入である。それは幕府の好むところではなかった。さらに永享六年三月、持氏による鶴岡八幡宮《つるがおかはちまんぐう》への血書願文《けっしょがんもん》の件があった。

鶴岡ニ於テ、大勝金剛尊等身造立《ぞうりゅう》ノ意趣《いしゅ》ハ、武《ぶ》運長久《うんちょうきゅう》・子孫繁栄・現当二世《げんとうにせ》ノ安楽ノタメ、殊ニハ呪咀《じゅそ》ノ怨敵《おんてき》ヲ未兆ニ攘《はら》ヒ、関東ノ重任ヲ億年《おくねん》ニ荷《にな》ハンガタメ、コレヲ造立シ奉《たてまつ》ルナリ

永享六年三月十八日

従三位行左兵衛督源朝臣持氏

血書願文奉納の四年後の永享十年、乱は勃発した。「武運長久・子孫繁栄・現当二世ノ安楽」

という常套句とは別に、後半に「呪咀ノ怨敵」を攘い、「関東ノ重任」を担うとの願望に持氏の真意が隠されていた。当然ながら京都将軍への逆心・抗心が看取できる文言だった。関東の安泰・安寧のために、京都からの干渉を排除する堅固な意志の表明に他ならない。

同年十月、駿河の今川範忠《いまがわのりただ》は持氏の反意を幕府に報じた。この間、上杉憲実《うえすぎのりざね》の諫言もあったが、その憲実に対し討伐の風聞がささやかれ、憲実は藤沢へと退去する。そして翌十年六月、鶴岡において持氏による子息賢王丸（義久《よしひさ》）の元服《げんぷく》式が行われた。持氏は子息への将軍偏諱《へんき》を拒み、対抗の意志を鮮明にする。かかる状況下で憲実の上野《こうずけ》退去が重なり、緊迫の度合いは一挙に高まった。

## 永享の乱の経過、そして結城合戦へ

永享十年八月、持氏の憲実追撃がなされた。一色直兼《いっしきなおかね》を先鋒として、持氏自らが武蔵府中《むさしふちゅう》へと出撃した。その報に接した幕府は、駿河の今川範忠《いまがわのりただ》、信濃の小笠原政康《おがさわらまさやす》、甲斐の武田信重《たけだのぶしげ》らに憲実援護を命じた。翌九月、持氏軍は幕府与党の諸勢力と箱根・風祭《かざまつり》・早川尻《はやかわじり》方面で戦闘を展開、持氏自身も海老名《えびな》へと陣を移した。幕府側は朝廷から「錦旗《きんき》」を与えられたことで、持氏軍の敗色が濃くなっていった。

さらに十月、鎌倉の留守役だった三浦時高《みうらときたか》が憲実に応じ鎌倉攻略を断行、憲実側も上野・越後の兵力を率い、武蔵の分倍河原《ぶばいがわら》に着陣した（『鎌倉大草紙』）。十一月には、時高が上杉持朝《もちとも》（氏定《うじさだ》の子）とともに大蔵の公方御所に火をかけ、持氏の劣勢が明らかとなった。こうした状況下で憲

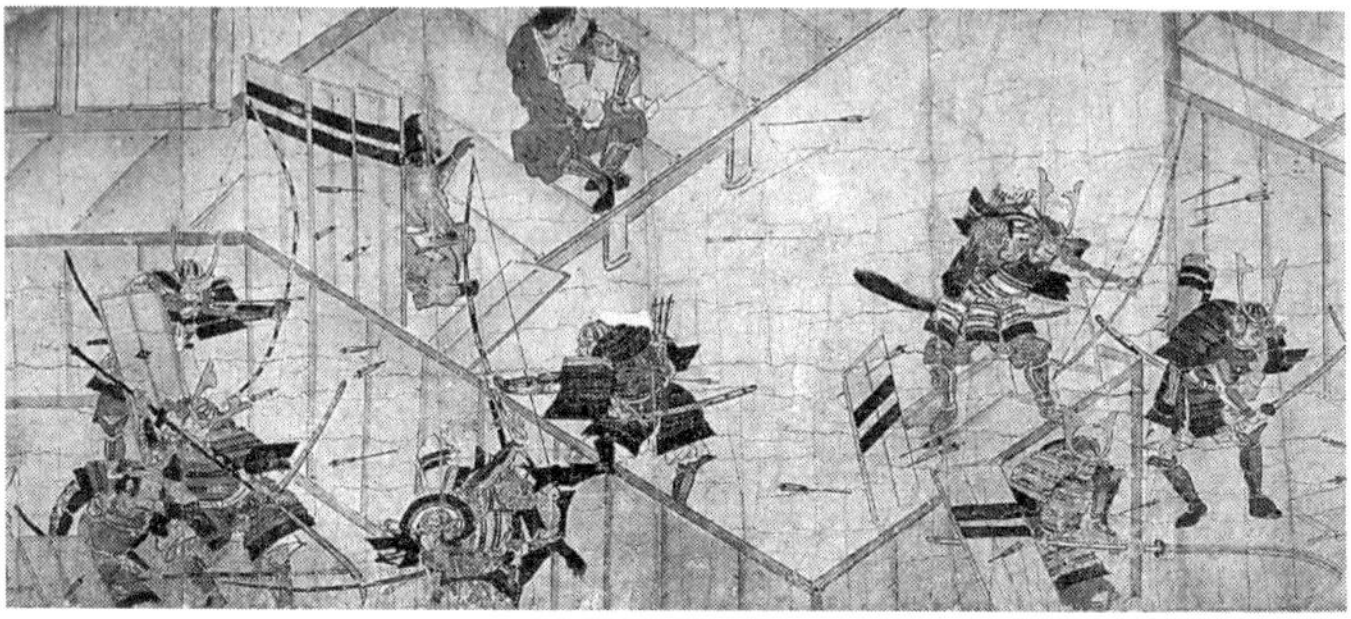

持氏自害（『結城合戦絵詞』より，国立歴史民俗博物館蔵）

実は家宰《かさい》の長尾忠政《ながおただまさ》を派し、鎌倉に戻った持氏と葛原岡《くずはらおか》で会談させた。

内容は持氏への投降《とうこう》の勧めと、和議にともなう出家等々だったと推測される。持氏は憲実の意向を入れ、永安寺***（瑞泉寺に隣接）で出家し、幕府への恭順の意を示した。憲実は幕府に持氏の助命を請うた（『看聞日記《かんもんにっき》』同年十二月八日）。しかし義教の持氏討滅の意志は堅く、許されなかった。翌年二月憲実は幕府の命令で永安寺を攻撃し、持氏は抵抗を試みるが、ついに自害した（四十二歳）。子息義久も近傍の足利一族の縁《ゆかり》の寺報国寺《ほうこくじ》で果てた（十四歳）。この乱の経過については『鎌倉大草紙』『喜連川判鑑《きつれがわはんがん》』等に記されている。持氏滅亡の最期に関しては以下のようにふれる。

永享十一年二月十日卯ノ刻ニ、永安寺ニ入御自害アリ、義久モ報国寺ニテ自害シ給ヘバ、御供ノ侍三十余人一所ニテ自害シオハンヌ、折節吹風烈シテ、鎌倉中ノ堂舎仏閣、谷七郷、在家マデ一宇モ残サズ灰燼トナル、中ニモ哀レナリシハ永安寺三重ノ塔ニ御台所ヲハジメ数十人ノ女房達、形ヲ隠シ御坐《おわ》シヲ、ソレトハ知ラズ、下ヨリ火ヲツケ、焼殺ケルコソ悲シケレ……

（『上杉憲実記』〈『続群書類従《ぞくぐんしょるいじゅう》』所収〉）

永享の乱は持氏敗死で幕を閉じた。鎌倉府の実権は公方不在のまま上杉憲実に帰したが、関東の状況は決して平穏ではなかった。この上杉氏の支配に異を唱えた勢力もいた。下総《しもうさ》の有力武士結城《ゆうき》一族だ。持氏死去の一年後、下野《しもつけ》の日光へと逃れた持氏の遺子安王《やすおう》・春王《はるおう》の両人を擁し挙兵した。当初、常陸の小田・佐竹両氏も挙兵している。

安王・春王の墓（岐阜県垂井町）

かつて挙兵主体となった結城氏朝《うじとも》は小栗満重《おぐりみつしげ》に与《くみ》して、憲実の討伐を受けていた（応永二十九年〈一四二二〉）。挙兵にあたり安王・春王を氏朝は結城城に迎え入れ、幼主安王の名による御教書《みぎょうしょ》が各方面に出された。氏朝による反抗は、永享の乱の延長線の性格を有するものだった（結城合戦）。この動きに憲実および京都の幕府は翌四月に追討令を発し、上杉清方《きよかた》（憲実の弟）が派された。憲実自身も七月に下野の祇園城《ぎおんじょう》（小山城）に入り、五千の追討軍で結城城を包囲させた。対して結城の籠城《ろうじょう》兵力は、「宗徒ノ侍五百余騎」だったという。

結城氏勢力は関東諸方面との連携もあり、十万余の幕府軍の動員にもかかわらず抗戦を続けた。結城城は濠《ほり》を二重にした堅固な構えだったという（『結城合戦絵詞』）。籠城は一年にも及んだが、上杉勢の新城の構築と厳重な包囲で食糧窮乏に追い込まれ落城した。氏朝は敗死、脱出をはかった安王・春王は捕えられ、護送の途上に美濃垂井《みのたるい》で斬られた。

持氏敗北後の東国は北関東を中心に揺れた。永享の乱とその直後の結城合戦は百年にわたる鎌倉府の政治的磁場の喪失につながった。その完全なる機能不全は半世紀後の享徳の乱で現実となる。

## 両府相剋の深層

『鎌倉大草紙』『喜連川判鑑』等から、永享の乱そして結城合戦の流れと顛末を語ってきた。ここでは持氏滅亡の問題をもう少し角度を変え考えておく。

尊氏の次子基氏《もとうじ》を鎌倉殿に据えることで成立した鎌倉府は、全国区の室町殿たる京都将軍を東国で支える役割を担った。東西の両府は尊氏の直系を血脈としたことで、ともどもが〝公方〟と称するに値した。

関東十ヵ国（常陸・上野・下野・上総《かずさ》・下総・安房《あわ》・武蔵・相模・伊豆・甲斐）を統轄支配地域（成敗圏）とした鎌倉府は、その意味で東国の歴史性に特化した小幕府の性格を有した。禅僧義《ぎ》堂周信《どうしゅうしん》が同府を「関東幕府」とも称したことは、室町体制下での鎌倉府および公方の位置を考える際、参考となろう。鎌倉公方は京都将軍と尊氏という同祖の血脈を有していたことが両府の確執・軋轢《あつれき》・相剋《そうこく》に繋がった。

このあたりは幾度かふれたが、地域ブロック組織たる九州探題《たんだい》さらには奥州探題・羽州《うしゅう》探題等々の中間的軍事・行政府との相違でもあった。鎌倉府の場合、世襲云々に関しては、管領（関東管領）の上杉氏も同様だった。その限りでは公方―管領体制のシステムは、京都幕府と近似したが内容は異にした。やはりそれは当該地域の歴史性に由来した。

十二世紀末の内乱が誕生させた鎌倉幕府（「関東」）の存在が大きい。鎌倉政権の土台を構成したのは伝統的領主層だった。競合する武士団諸勢力を統合するために関東が必要としたのが、貴種的要素という外部からの〝媒介変数〟だった（この点は新田一郎『太平記の時代』も併せ参照）。鎌倉殿頼朝の役割はこれに尽きる。鎌倉府はその要素を継承した以上、地域領主の上位に立ち得る貴種性が要請された。足利政権は、その源家《げんけ》の血脈を有した〝媒介変数〟に準ずべき存在だったことになる。鎌倉公方は血脈上の関東統治での有資格者だった。

同様に上杉氏の場合、丹波《たんば》国上杉荘を出自とした。この一族は東国出身ではなかったが、鎌倉将軍宗尊《むねたか》親王の下向《げこう》以来の勢力だった。足利尊氏・直義体制下で直義党に属した上杉氏は、初代の公方基氏時代に関東管領に就任した。同一族の領国《りようごく》がかつての新田氏の上野さらに越後だったことは、当該期の上杉氏一門への足利政権の期待値がわかる。上杉氏もまた外来の媒介者に準ずる存在だったことになる。覇を競う地域武士団と異なる上杉の出自《しゅつじ》もまた、東国にとっては必要だった。東国の統合のうえで、血脈性の濃淡は小さくなかった。

持氏以前の鎌倉府にあって、公方・管領体制は概して相互補完的であった。二代氏満あるいは三代満兼時代に時として齟齬《そご》を生じる場面はあったにしても、四代持氏の場合とは様相を異にした。義教の段階での京都幕府の権力は「関東」との対決を辞さない関係へと推移していた。

当該期は義満による明徳の南北朝合一で、畿内・西国《さいごく》方面での対幕勢力は実質上消えていた。抵抗の象徴としての「吉野」（南朝）の〝賞味期限〟は切れかかっていた。南朝・吉野を標榜する偶発的戦闘は間欠泉のごとく吹き出すことはあったが、ささやかな抵抗であった。

抵抗する主体からすれば、南朝は依然〝賞味期限内〟と意識されたとしても、である。「明徳」という年号は南北朝問題が「賞味」の内か外かとの端境期ということになる。その点では明徳以降、京都の幕府にとっての残された懸案は、「鎌倉府」のみだったことになる。

両府相剋という「東西」問題は、従前の「南北」問題に比べより深刻であった。前者は至尊による血脈上の正統性の問題だった。後者は至強による武権の収斂のされ方の問題である。足利氏内部の動きと直結した〝旬の課題〟だった。

武家の特別区たる鎌倉の力は、鎌倉幕府から鎌倉府へと継承され、若干の中断はあるにしても二百五十年継続された。のちにその「鎌倉体制」ともいうべき東国秩序が、消滅するか否かという問題にかかわっている。後述するように、この永享の乱さらにその後の享徳の乱で名実ともに鎌倉府は消滅する。特別区たる鎌倉の政治的磁力は失われたことになる。

昨今の研究では東国にあっては、その享徳の乱をもって、「戦国時代」の始まりと解する立場も少なくない。全国区レベルでの応仁の乱に先立つ形で「戦国」がスタートする。それは「鎌倉」の喪失と表裏関係にあった。

## 政治的磁力の喪失

後述するように享徳の乱と対をなす応仁の乱は、京都の幕府に震源があった。ここを起点に戦国の動乱が続くことになる。その限りでは「鎌倉」そして「京都」ともどもの政治的磁力の喪失が十五世紀半ば以降に訪れたことになる。いずれにせよ、十四世紀の「南北」問題とその終焉後の十五世紀は、「東西」問題が改めて浮上する。両者相剋の状況をへて、戦国時代到来へと繋がる。

持氏の敗死で幕を閉じた永享の乱は、鎌倉府終焉の事実上の画期となった。既述したように持氏の東国自立は父祖以来、公方家が宿した志向性であった。その志向を管領家の上杉家（憲実）は滅殺させる流れで京都との協調がはかられてきた。憲実は公方家の抗心の系譜を封印させるべく動いたが、結果は叙上のごとくであった。

鎌倉府は公方家の敗北と管領家の勝利という流れのなかで、関東はその後、〝主なき〟段階が十年ほど続き、その後持氏の遺子成氏《しげうじ》が鎌倉に迎えられる。同様に上杉氏もまた憲実の子憲忠《のりただ》が関東管領として据えられた。波乱ぶくみのこの人事は、結果として東国に昏迷と混乱をもたらした。この「享徳の乱」に関しては後述することとしよう。その前にわれわれは持氏を打倒した将軍義教が倒された嘉吉の乱に筆をすすめたい。

＊　「正長」につづくこの年号は、『後漢書《ごかんじょ》』の「能立二巍巍之功一伝二于子孫一、永享二無窮之祚一」による。

＊＊　以下、少しく「公方」なる用語について解説しておく。辞典風にいえば、鎌倉府とは南北朝期に誕生した足利氏の政庁であり、京都との関係では〝小幕府〟に相当した。尊氏の次子基氏が鎌倉入りした貞和五年（一三四九）七月以降の成立とされる。鎌倉幕府の滅亡後（一三三三年）のことだった。その成立は「観応の擾乱」の予兆がみられた時期にあたる。公方は、その鎌倉府の長官の呼称ということになる。その公方なる語は元来多義的であり、広くは鎌倉後期以降に登場し、中世・近世にわたり用いられた。将軍あるいは天皇を指称することもあった。その点で、公方は〝上〟〝天皇〟をふくめ、〝天下〟〝公法〟〝公界〟〝無縁〟といった諸概念と親和性を有するものだった。鎌倉府の長を「鎌倉公方」「関東公方」と称したのも武家の首長たる将軍に準じたことによった。ただし、鎌倉府の長官に付与されたその敬称自体に〝危うさ〟が内包する。

「鎌倉」という武家の特別区を原形質として有したゆえの〝危うさ〟だった。都鄙なる表現からすれば、たしかに鎌倉は京都に対し「鄙」に他ならなかった。が、東国においては「都」に位置した。ましてや足利氏の血統が統治した鎌倉府は、「公方」が担うにふさわしい存在として認知されていたからだ。都鄙の関係性に関しては、鎌倉は右の二つの側面を有したことになる。京都に対しては「鄙」であり、東国的鄙にあっては「都」であるという両面性だ。

この点を別角度から見れば、以下のようにも整理される。東国的「鄙」を原点とした足利の権力は、その武権伸長の過程で王朝権力を接収する方向で自らを成熟させた。武家の棟梁《とうりょう》権を掌握した足利氏が、その武家的貴種性を関東に分配させたとの解釈も可能となろう。尊氏以後の連枝の血脈として、東西両府の長が「公方」と称される理由は、そうした歴史性に由来している。京都幕府と鎌倉府の両府の長が兄弟の血脈で「公方」の地位を継承していったとすれば、世代を隔てるごとにその懸隔は拡大することとなる。

＊＊＊　永安寺は現在は廃寺となっており、江戸期『新編鎌倉志』（延宝二年〈一六七四〉水戸《みと》光圀《みつくに》の命で作成）に所載の絵図には瑞泉寺楼門の右手（東側）に「此谷永安寺跡」とみえている。この寺は持氏の祖父氏満《うじみつ》の開《かい》基《き》にかかる。氏満は『足利治乱記』（『群書類従』）によると、将軍への野心が見え隠れする人物とされ、「天下両将軍アルガ如シ」と評されている。持氏が最後に自害した永安寺とは、そうした歴史を有している因縁の地だった（この点『その後の鎌倉』前掲も参照）。

嘉吉

# 嘉吉の乱の奥行き——将軍横死の顛末

〝主殺し〟の汚名は赤松満祐《あかまつみつすけ》の記憶と一体化させられている。

六代将軍足利義教《あしかがよしのり》は「万人恐怖」の思いを抱かせるほどの専制をなしたことでも知られる。両府相剋《そうこく》に終止符を打ち、鎌倉公方持氏《もちうじ》を討伐させた義教は、その後における結城《ゆうき》合戦も勝利した。その戦勝祝いの場で事件は勃発した。「嘉吉《かきつ》の乱」と年号をもって呼称されたこの事件の主役が赤松満祐だ。性急な専制化が赤松一族の疑心を招き、将軍義教の横死《おうし》へとつながった事件とされる。播磨守護《はりましゅご》として赤松満祐に弑逆《しぎゃく》を決断させたものは何であったのか。無謀とも思える将軍打倒のその後に構想化されたものはどのようなことであったか。基本史料の『嘉吉記』は年号に由来した軍記作品で、赤松一族の内実を活写している。* 以下では赤松氏の来歴をふくめ、嘉吉の乱にいたる経過について記しておこう。

## 満祐以前

赤松氏は村上源氏の流れに属し、播磨の佐用《さよう》郡赤松を拠点とし、佐用荘の地頭職《じとうしき》を有した。則景《のりかげ》を祖とするという。赤松氏の飛躍は後醍醐《ごだいご》天皇に応じ討幕の兵を挙げたことが大きい。以後、則村《のりむら》（円心《えんしん》）が備前の守護として勢力を拡大、室町幕府内部にあっても侍所頭人《さむらいどころとうにん》を務め四職《ししき》の家格を与えられる。辞典風の解説をすれば右のようになろうか。

一門ではないにもかかわらず一族の多くが足利与党だったことは興味深い。美濃《みの》の土岐《とき》氏とその点では同じだった。＊＊忠節云々では南朝の楠木《くすのき》あるいは北畠《きたばたけ》、さらには関東の新田《にった》、鎮西《ちんぜい》の菊池あたりが有名だろうが、この赤松氏が足利党として大きな役割を果たしたことは、留意されるべきだろう。その赤松一族の忠節を足利尊氏《たかうじ》は置文《おきぶみ》のなかで「細川ハ父、赤松ハ母」（『嘉吉記』）と語ったとある。

満祐の曽父祖の則村（円心）は「弓矢取ツテ無双ノ勇士アリ」と、『太平記』が伝えるほどの

赤松氏系図

則景―家範―久範―茂則―則村
- 則村 → 範資（七条）
- 則村 → 貞範（春日部）
- 則村 → 則祐
  - 則祐 → 義則
    - 義則 → 満祐―教康
    - 義則 → 祐尚―則尚
    - 義則 → 義雅―性存―政則
    - 義則 → 則繁
  - 則祐 → 満則（大河内）
  - 則祐 → 義祐（有馬）

赤松円心（宝林寺蔵〈円心館〉）

胆力《たんりょく》の持ち主だった。円心は次男の貞範を箱根竹ノ下に派し、足利尊氏にいち早く参陣させるなど旗色を鮮明にした。嫡子範資《のりすけ》も父とともに足利与党として行動した。建武体制下で領国《りょうごく》播磨《はりま》が新田義貞《よしさだ》の知行《ちぎょう》（守護国）とされたことへの不満も重なり、反新田の立場をとらせた。赤松の惣領はこの範資が継承したが、彼が「観応」の段階で没したため、弟の則祐《のりすけ》が家を継ぐこととなった。

則祐は延暦寺《えんりゃくじ》で出家、護良《もりよし》親王との関係も密で赤松氏の挙兵も則祐との関係が大きかった（『太平記』）。則祐は満祐にとっては祖父にあたる。則祐は器量抜群と評され、また文武両道とされ、その妻は尊氏の朋友佐々木導誉《ささきどうよ》の娘だった。ちなみに、足利義満《よしみつ》は春王丸と呼ばれた少年期、京都が南朝に攻略された時期（一三六一年）に、赤松氏の播磨白旗城《しろはたじょう》に身を寄せていた。

満祐の父義則は、山名氏の明徳《めいとく》の乱《らん》での功績で美作《みまさか》守護に補任《ぶにん》され（『明徳記』）、赤松氏の地位をより堅固なものとした。また、義則の時代には侍所《さむらいどころ》の所司《しょし》に就任、幕府内で枢要な位置を占めるにいたった。則村・則祐そして義則と山陽方面の数ヵ国の守護職を領有した赤松氏は、強盛のなかで満祐の時代をむかえる。

満祐の誕生は応安六年（一三七三）頃とされ、義満の時代にあたる。南北朝合一のおよそ二十年程前のことだ。満祐はしたがって足利義持《よしもち》・義教と三代の将軍に関係したことになる。

ただし、そのかかわり方は時として逆風のこともあった。当該期の有力守護一般がそうであったように、赤松氏も本国播磨をふくめ摂津《せっつ》・備前《びぜん》・美作等々の守護職やその他の所領に関して、惣領・庶子の関係は円滑さを欠いた。一揆《いっき》・国人《こくじん》勢力の突き上げと将軍の干渉とのはざまにあって、一族の統合・結束に力を尽くす状況が続いていた。

## 満祐と嘉吉の乱

播磨・備前・美作は赤松一族の守護領国支配の生命線であった。満祐が父義則没後に家督を継承したのは、応永三十四年（一四二七）のことだった。満祐五十五歳の頃である。翌年十月、満祐に将軍足利義持から播磨国の将軍料国化《りょうごく》（直轄化）の旨の通告があり、代官として庶子家の赤松持貞《もちさだ》に預け置きがなされた。持貞は将軍の寵臣だとしても、突然すぎる変更に満祐は再考を要請したが決定をくつ返すにはいたらなかった。『赤松系図』その他によれば満祐は、「三尺入道」と記されるほどに短軀だったが、他方自尊心も強かったとされる。満祐は恣意に偏した裁定に抗議すべく、京都の西洞院《にしのとういん》の自邸に火を放ち播磨へと帰国する。明らかに将軍への抵抗である。

嘉吉の乱勃発の十数年前の出来事だったが、上司（将軍）専横への反発の芽は、すでに満祐の内奥に宿されていた。この事件は当の持貞の不義（将軍側室との密通）により沙汰止みとされたという。満祐の無断領国下向《げこう》の件は不問に付された。義持の専横と映じたこの出来事も、父義満以来の将軍権力の拡充の流れによっていた。

かつての尊氏・義詮《よしあきら》の南北朝内乱期時代にあっては、諸国の守護は目まぐるしく変化した。向背が常ならざる状況下での守護職の与奪が将軍権力の源泉だったが、他方の赤松のような守護大名たちにとっては、父祖以来の相伝《そうでん》の領国変更は当然受諾し難いということになる。まして満祐自身に咎《とが》があったわけではないとすれば、幕閣首脳部が満祐の領国下向の件を「短慮」と評したとしてもである（『満済准后日記《まんさいじゅごうにっき》』）。

物領たる満祐にとって庶子との対抗をはらみつつも、領国の相伝・継承が要請された。道理なき恣意は許されない。この点では来るべき嘉吉の乱での将軍義教への対抗も同根だった。

そこには、時代が育てた二つの論理の衝突があった。満祐の自立主義の延長には一族の結束による、上意（将軍）不干渉を是とする伝統的立場だ。

ただし、この地域武士団が育んだ伝統主義も庶子の独立化のなかで解体の危機にあった。たとえば応永三十四年の事件に際して、満祐と敵対した庶子家の持貞のような存在は、上意権力（この場合義持）の恣意による、再生産の可能性が高い。そこには時代に支えられたもう一つの論理があった。つまりは幕府・将軍側（上意）からの非伝統に立脚した考え方だ。上意の意思は強大な領国を有する大名を細分化・均一化させることで、諸国守護の将軍権力への統合化と集権化を実現した。中央の将軍権力は常にこれを志向した。

この将軍集権化への論理とそれへの対抗の論理がこの事件の本質であり、背景であった。その限りでは嘉吉の乱は赤松満祐と義教の個性の衝突ではあったが、その底流には叙上のごとき問題が伏在していた。

以下、その嘉吉の乱の顚末について『嘉吉記』その他を参考に経過を追っておく。

その日、嘉吉元年（一四四一）六月二十四日、義教は満祐の二条の屋敷に招かれていた。「当年ノ鴨ノ子、沢山イデキ水ヲ泳ケル体、御目ニ懸ケルベシ」とのことで赤松邸におもむいた。酒宴もすすみ、能が演ぜられた。その最中にあって邸の馬屋から邸中に馬が乱入、惣門が閉じられた。用意された刺客たちが将軍を弑逆におよんだ。「御所様ヲ始メ座中ノ人々一人モノガスマジトキッテ廻ル……御所様ハヤ絶入」とその様子を語る。同座した招待の管領細川持之《ほそかわもちゆき》以下畠山・山名・大内・京極らの大名あるいは公家たちは自失呆然のなかで「我先ニト築地《ついじ》ヲノリコヘ遁出ントスル計《ばかり》ニテ、赤松ヲ討タント志アルモノナカリケリ」という始末であった。

『看聞日記《かんもんにっき》』にも同様の記述がみえる。「一献両三献、猿楽初時分、内方トゞメク、何事ゾト御尋有リ、雷鳴カナド三条《さんじょう》（実雅《さねまさ》）申サルルノ処、御後ノ障子引アケテ武士数輩出テ、則チ公方《くぼう》討チ申ス」とあり、その後の混乱の様子が記されている。そこには「人々右往左往逃散《ちょうさん》」の混乱のなか、「赤松落行、追ヒ懸ケテ討ツ人ナシ……諸大名同心歟」との推測も語られ、「将軍カクノ如ク犬死、古来ソノ例ヲ聞カザル」（同嘉吉元年六月二十五日条）と述べている。

この事件の当日の状況は右の二つの史料からおおよそがわかる。『看聞日記』にもあるように、将軍暗殺という突発事態のなかで満祐の単独行動を疑い、「諸大名同心」の疑念がはたらき、追討にも遅れが出たことがわかる。そうした諸大名の心情に関して『嘉吉記』の著者の観測では「赤松の大事を起こすとすれば、必ず背後に誰か仲間がいるはずで、それを見極めるまでは、軽々には動けない」そんな風聞、憶測も語られており、赤松追討に向けて互いが牽制する状況も看取できる。

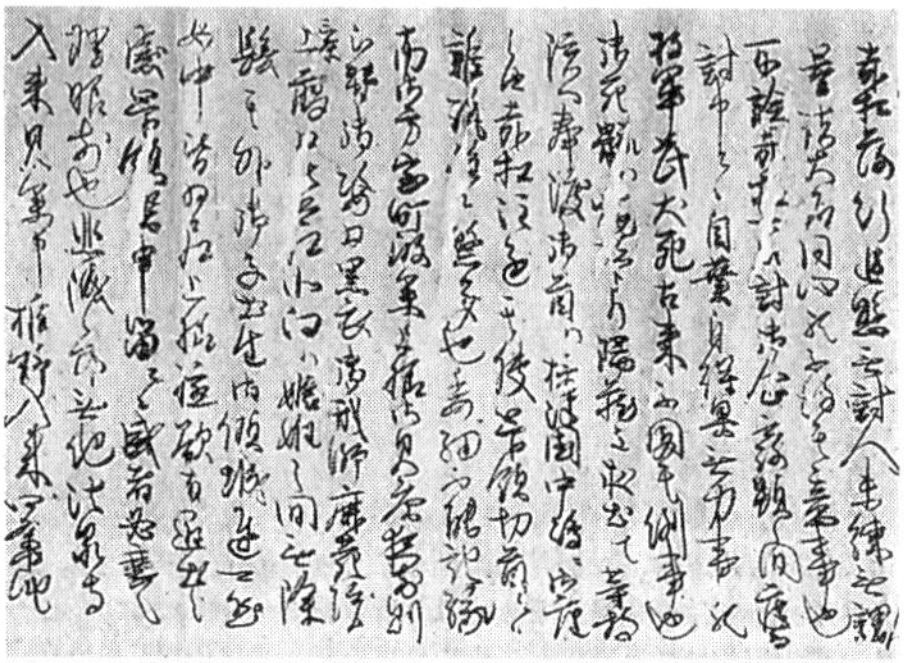

『看聞日記』嘉吉元年6月25日条（部分，宮内庁蔵）

満祐は夜になっても討手が来ないので、自身の屋敷に火をかけ、一族を率い領国の播磨へと下った。将軍の首は満祐の子教康《のりやす》が剣の先に刺し出京、途中摂津中島の崇禅寺《そうぜんじ》に捨てられたという（『嘉吉記』）。赤松追討の件が具体化したのは、事件から約一ヵ月経過した七月初旬のことだった。

山陽道方面からの大手《おおて》は細川持常《もちつね》、そして山陰道の搦手《からめて》軍は山名持豊《やまなもちとよ》が担当。自国の播磨にこれを迎撃する満祐側は、足利直冬《ただふゆ》の孫義尊《よしたか》を備中《びっちゅう》から迎え奉ずることで、幕府に対抗しようとした。

但馬《たじま》方面から播磨へ進攻した山名軍は赤松勢を次第に破り、九月初めに書写山《しょしゃざん》の坂本城《さかもとじょう》を抜き、その後、満祐らが最後に籠もった揖西《いっさい》郡越部《こしべ》荘の城山城《きのやまじょう》を囲み、「日夜息ヲモ継ガセズ攻入リ壁櫓引破リ」、兵糧攻めの末ついに、九月十日満祐を自刃に追い込んだ。嫡子教康は城を脱し、伊勢の北畠教具《きたばたけのりとも》（教具の妻は北畠顕雅の娘）を頼ったが誅された。

満祐父子の敗死で赤松の領国播磨・美作・備前の守護職は戦功のあった山名一族に与えられた（惣領の持豊が播磨。一族の教清《のりきよ》が美作。教之《のりゆき》が備前）。

白　旗　城

満祐はある意味で時代の先駆けともいえる一面を持った。義満以来の強き将軍の流れに波止めをかけ、本《ほん》貫《がん》の播磨守護としての意地を時代に印した人物だった。将軍暗殺という行動でその存在を歴史に主張しようとした。

満祐は強者の論理に順応し、家運打開を待つとの方策を採ろうとはしなかった。安易な方便を拒み困難な途を選択しようとした。近世における朱子学《しゅしがく》的あるいは道学的思考からは逆心たることは否めないにしても。

そうした書き方をすれば、いかにも弱者に寄り添うかの描写となるが、敗者たる満祐は単に将軍と事を構えること、それ自体が目的だったのか。別の言い方をすれば、〝その後〟は考慮されていなかったのか。そのあたりを最後に考えておこう。

## 満祐の戦略構想

嘉吉の乱が終わりをむかえた同年秋、右のような落首《らくしゅ》が都で口ずさまれた。

いなかにも　京にも　御所の絶え果てて
公方にことを　欠きつ（嘉吉）元年

いなか＝鄙、すなわち鎌倉での公方（持氏）と京都公方（義教）ともどもが絶え、死去した時世を揶揄《やゆ》したものだ。年号に掛けた軽妙さが落首らしい。「永享」に義教との対抗から滅亡に追いつめられた鎌倉公方の持氏、その義教もまた赤松により横死を余儀なくされた。その都鄙での二人の公方の死を冷笑したものだ。

落首の二人の公方はともども強い存在として足跡を残した。義教に関していえば、有力守護への専制が横死を招き、結果として将軍権威の失墜をもたらせた。持氏もこの点では同様である。

東国世界で覇権主義が周辺との軋轢《あつれき》を育み、京都との対立に連動した。その点で落首が語る場面は正鵠を射たものであった。

右の点とは別に、この満祐の反乱に際しての行動で注目すべき点が二つある。一つは直冬の孫義尊を担いだことだ。血脈意識は旗印として共通するものだが、隣接の備中から義尊を招き対抗しようとしたのは興味深い。直冬の九州戦略とこれに続く吉野との連携もあったが、その後は中国方面で逼塞《ひっそく》・没落という状況だった。赤松は燃滓にも似たこの勢力との結合を企図、義への参じ方の証しとした。

もう一つは、満祐の指示によるものだろうが、子息教康を介して姻戚の伊勢の北畠氏との連帯を模索した行為だ。吉野という〝記憶〟は伊勢の北畠を介して依然として点滅していた。「後南朝《ごなんちょう》」の存在である。ここでも満祐が拠りどころとしたのは、やはり吉野への同化だった。将軍暗殺という順逆観念から自身を救うために義を見い出したのである。伊勢を介して後南朝との連携を試みる赤松側の思惑には右のごとき点が指摘できそうだ。幾度となくふれたように効力切れの吉野だが、観念としてはこの段階にあってもなお、役割を失っていなかったことがわかる。失っていないどころか、〝吉野という記憶〟は、これ以後もわが国の歴史を規定した（この点、拙著『「国史」の誕生』参照）。

嘉吉の乱にともなう満祐の構想は、現実のものとはならなかった。けれども〝義〟を借用する際に、打診すべき対象が過去に厳然として存在していたことが重要だった。吉野という記憶に同化する行為を通じて満祐は、歴史に対しての〝演技〟を心得た武将でもあったともいえる。敗者なりの意地の見せ方という点では、満祐の行動は特筆に値するのではないか。

＊　「嘉吉」は後花園《ごはなぞの》天皇の年号で、その年号の由来は、『易経《えききょう》』の「孚㆓于嘉吉㆒、位㆓正中㆒也」。ちなみに『嘉吉記』に関しては応仁の乱前後の成立とされ、編年体で赤松一族の興亡を描いたものである。赤松円心（則村）・則祐父子の足利政権樹立への貢献とともに、義則そして満祐さらに政則にいたる五代を中心に叙述されている。『嘉吉軍記』とも呼ばれ、満祐の嘉吉の事件に山場を置きつつも以後の事情にも言及、その後の康正元年（一四五五）の赤松則尚《のりなお》の挙兵と失敗、さらに赤松旧臣たちによる後南朝（吉野）からの神璽《しんじ》奪還を語り、赤松氏再興にいたる流れが記述されている。簡にして要を得た叙述ぶりは軍記風味ながら、過度の人物への深堀りは避け散文的要素が強い。

＊＊　土岐氏の美濃および赤松氏の播磨に関しては、畿内の東西の外縁地域に位置したことは重要だった。播磨に関しては摂津の西にあたり、尊氏の建武三年（延元元・一三三六）の摂津打出浜《うちでがはま》・豊島河原《てしまがわら》での敗走に際しても、隣国の赤松氏の力は大きかった。『梅松論《ばいしょうろん》』「赤松、西国退去と院宣《いんぜん》受領を忠言の言」には尊氏に〝君ト君トノ争ヒ〟となるよう持明院統《じみょういんとう》の光厳院を荷ぎ吉野に対抗し得るよう進言したのが則村（円心）だった。

「ヲヨソ合戦ニハ旗ヲモチ本トス、官軍ハ錦ノ御旗ヲサキダツ、御方（尊氏側）ハ是ニ対向ノ旗ナキユヘニ朝敵ニアヒニタリ、所詮持明院殿（光厳上皇）ハ天子ノ正統ニテ御座アレバ、先代（北条高時）滅亡以後、定テ叡慮心ヨクモアルベカラズ、急テ院宣ヲ申シクダサレテ錦ノ御旗ヲ先立ラルベキナリ」とみえている。

美濃の土岐氏も足利氏与党として、尊氏の期待は高かった。尊氏をして「土岐ナカリセバ」と言わしめたほどだった。北畠顕家《あきいえ》の二度目の奥州《おうしゅう》軍を美濃青野原《あおのがはら》で阻止して（一三三八年）、足利氏の危機を救ったのも、土岐の力によるところが大きかった。その美濃もまた五畿内《ごきない》の周縁に位置した。赤松も土岐もとそれぞれ足利一門とは血脈を異にしたが、領国は畿内の東西に位置していた。一方は東国・東山《とうさん》道の接点であり、他方の播磨は西国《さいごく》・山陽道方面の出入口ということになる。それゆえに幕政が安定する義満以降、土岐氏に関しては康暦段階に、また赤松に関しては嘉吉段階に勢力削減の憂き目をみることになった。

嘉吉の乱での武功第一とされた山名持豊は義満時代に力を削がれた氏清（明徳の乱）の血脈（氏清の弟時義の孫）に属し、かつて南北朝時代から赤松氏とはライバルの関係にあった。『太平記』（巻三十六）などによれば、義詮の時代は山陰に覇を有した山名と播磨・備前の山陽を基盤とした赤松が、美作の領有をめぐり闘諍《とうじょう》をなしたこともあった。山名持豊による赤松打倒は因縁的対抗も伏在していた。

＊＊＊　明徳三年（一三九二）の義満による両朝合一後、合体条件（北朝・南朝の交互の皇位交替）の不履行への不満から吉野側（南朝）が皇位の回復を求め運動を継続した。後南朝は合一以後の反抗主体の呼称で、天皇や将軍の代替りに反幕府勢力に支援され蜂起がなされた。具体的には義満死後の応永十七年（一四一〇）、後亀《ごかめ》山《やま》天皇が吉野に出奔、称光《しょうこう》天皇践祚《せんそ》後に後亀山を擁し伊勢の北畠満雅《みつまさ》が挙兵した事件。さらに正長元年（一四二八）、将軍足利義持・称光天皇死後には小倉宮聖承《おぐらのみやせいしょう》（父後亀山）を奉じ再度の挙兵があった。そして嘉吉の乱後、義教の後継となった義勝の死去後の嘉吉三年（一四四三）、南朝の遺臣日野有光《ひのありみつ》らが皇居に乱入、神璽を奪取した。「禁闕《きんけつ》の変《へん》」と呼称されたこの事件で、神璽のみ行方不明であった。

かかる情勢下にあって、嘉吉の乱で衰退した主家赤松氏の再興を念願として、旧遺臣たちは潜かに吉野に入り、後南朝の皇族を殺し神器を奪回し京都へと帰還させた。その武功により赤松氏は再興が許され、赤松政則は加賀半国《はんごく》の守護職を与えられることになる。この点を含め赤松一族の流れに関しては渡邊大門『赤松氏五代』も併せ参照のこと。ここに叙した一連のことは『康富記《やすとみき》』等の日記にも記されているが、赤松再興云々に関しては本文に記した『嘉吉記』に詳述されている。

享徳

# 享徳の乱と古河公方成氏の矜持——都鄙争乱と戦国への助走

　足利成氏《しげうじ》を敗者とすべきか否か、おそらく意見がわかれるはずだ。鎌倉府に終止符を打ち、自らが新天地下総《しもうさ》古河《こが》にあって、関東の伝統的武士勢力を率い自立を貫いたという意味で、父持氏《もちうじ》の遺志を継承したといえる。成氏は利根川以東を中心に十五世紀半ばの関東の統合に尽力した。鎌倉府はこの享徳《きょうとく》の乱を皮切りに、公方的秩序の勢力と、他方で関東管領《かんとうかんれい》上杉氏の勢力との二つが離合集散する展開となる。

　鎌倉府の消滅で、かつての鎌倉は政治的機能を果たし得なくなったからだ。都と鄙のそれぞれの権力の不在が時代を大きく転換させる。三十年におよぶ享徳の乱は、東国における戦国時代の幕明けともいえる。以下ではその成氏に焦点を合わせて考えてみよう。ちなみに年号の「享徳」は後花園《ごはなぞの》天皇の時代*のもので、「宝徳《ほうとく》」と「康正《こうしょう》」の間に位置する。

## 成氏の登場と血脈の再生

既述したように持氏から離反した関東の諸勢力は、最終的に上杉憲実《のりざね》（関東管領）を介し京都の幕府を選択した。それは鎌倉府の首長たる公方との〝手切れ〟を意味したわけではなく、持氏の個人的資質への懸念がそうした行動をとらせた。ひとえに持氏の〝危うさ〟の故でもあった。

永享の乱後の主なき鎌倉をどう再建するか。将軍足利義教《よしのり》は自身の子息を鎌倉に下向《げこう》させる構想を持ち、憲実側にもそれを打診したという。「若君、関東ニ御下向アルベキノ賀礼《がれい》コレアリ」とは、『蔭涼軒日録《いんりようけんにちろく》』（永享十一年七月二日条）が語る一節だが、そこには京都による鎌倉の併合も看取される。

幕府による鎌倉府包括構想は、鎌倉公方との相剋《そうこく》に終止符を打つ試みでもある。義教将軍の血脈を関東に移植させることで東西両府の対抗を一掃する。そんな思惑があった。しかしその実現には上杉氏の協力が不可欠だった。特に憲実の補佐が必要だったが、持氏を死に追いやった憲実自身の心の闇はそれを許容しなかった。

彼は永享の乱直後の永享十一年末に伊豆の国清寺《こくせいじ》に蟄居《ちっきょ》、引退を表明していた。さらに関東武士団が支えた鎌倉の伝統は、他者の受け入れを容易に許さなかった。そして何よりも当の義教自身の横死《おうし》で右の件は沙汰《さた》止みとなったからだ。

義教の横死事件は一般に年号にちなみ「嘉吉《かきつ》の乱《らん》」と呼称される。この事件のあらましはすでに語ったところだ。「嘉吉」から「享徳」までの十数年間、鎌倉も京都も多端な出来事が生起した。公方不在の関東に再び持氏の血脈が点滅するのは、そこからさらなる時間を要した。

持氏には嫡子義久以外に遺子が数人いた。すでにふれたように結城《ゆうき》合戦《かっせん》のおりに害されたが、末子の万寿王（成氏『鎌倉大草紙』では永寿王）は生存していた。嘉吉の乱後に、その万寿が上杉房定《ふささだ》以下の関東の諸勢力の要望もあり、新たに公方へと就任した。文安四年（一四四七）のことだ。「関東ノ諸士ト評議シテ九ヶ年ガ間、毎年上洛シテ訴状ヲ捧ゲ」（『鎌倉大草紙』）たことで幕府も認めるところとなった。

義教横死後の幕府は、長子義勝《よしかつ》が将軍となったが二年で夭折《ようせつ》し、その弟の義成《よししげ》（のち義政《よしまさ》）が

足利義教（妙興寺蔵）

将軍を継承した。こうした京都側の事情が鎌倉側にも影響を与え、関東での新公方誕生の動きとなった。鎌倉府の再起動のためには、基氏以来の足利の血脈の継承が必要とされた。ただし、同時に上杉氏の補佐も不可欠だった。

　管領憲実はかつての〝主殺し〟の自責から出家し、**子息たちにも政務への関与を戒めていた。しかしその意図とは別に、末子憲忠《のりただ》が関東管領に就任することとなる。かくして鎌倉府は文安四年（一四四七）、再興の運びとなった。鎌倉府は成氏と憲忠という因縁の敵対関係を内に含みつつスタートした。

　成氏は鎌倉公方に就任するや、結城合戦で敗死した結城氏朝《うじとも》の子成朝《しげとも》以下、持氏に縁ある勢力を呼び戻す人事をすすめた。成氏・憲忠両者ともに鎌倉府再生の切り札だったが、意趣含みの人事は、当然両者とこれを取りまく勢力に緊張を強いた。「オリニフレ笑中ニ刃ヲトグ心持シテアヤウキ事ドモオホカリケリ」とは、『鎌倉大草紙』が伝える鎌倉府の内部事情だ。「呉越同舟」のこうした状況が、成氏派・憲忠派両者の武力衝突に繋がってゆく。主役同志の衝突以前に前哨戦があった。

　両上杉家の家宰《かさい》長尾《ながお》景仲《かげなか》（山内《やまうち》家）・太田《おおた》資清《すけきよ》（扇谷《おうぎがやつ》家）の両人と公方成氏との間に江島《えのしま》で闘《とう》諍《じょう》事件があった。宝徳二年（一四五〇）四月のことだった。数年後に勃発する享徳の乱の予兆ともいうべき戦いだった。長尾・太田の両勢力は幼少の管領憲忠の身柄保全のために公方御所を襲撃、成氏は防戦しつつ江島へと難を避けた。『鎌倉大草紙』にはこのように説明されているが、別の理解もある。上杉勢から仕掛けた江島逃亡ではなく、成氏自らが自主的に江島へと拠点を移す示威《じい》行動とみる立場である（「江島動座」）。いずれにしても成氏への上杉側の警戒感が両者の衝突を招くことになった。

江島合戦は以下のように推移した。長尾景仲・太田資清らの攻撃に際し、北関東武士団が公方成氏を守護すべく前浜（由比ヶ浜《ゆいがはま》）で戦闘をなした。千葉・小田・宇都宮勢の四百余騎が上杉勢と闘ったという。合戦の舞台となった江島は陸路・海路の分岐点で、戦略的には鎌倉を軛《やく》する重要な地勢的位置にある。成氏はその後、八月に鎌倉桐谷《きりがやつ》（材木座方面）に戻ったが（『喜連川《きつれがわ》判鑑《はんがん》』）、憲忠の与同勢力（長尾・太田）への不信は続くことになる。

江島（『新編鎌倉志』より，国立国会図書館蔵）

当の憲忠に関しては合戦での難を避けるため鎌倉を退去し、相模の七沢城《ななさわじょう》（厚木市）に身を潜伏させたとある。『鎌倉大草紙』等々によれば、成氏は事件の経緯、首謀者の長尾・太田の両者の処罰を幕府に伝

享徳の乱関係年表

| 年　次 | 事　　項 |
|---|---|
| 1450年<br>(宝徳2) | 4月, 足利成氏, 江島に布陣(江島合戦)<br>5月, 成氏の京都への報告<br>8月, 成氏, 帰鎌<br>9月, 成氏, 東国に代替わりの徳政<br>10月, 上杉憲忠, 相模七沢から帰鎌 |
| 1451年 | 2月, 成氏, 従四位下・左兵衛督 |
| 1452年<br>(享徳元) | 11月, 管領は畠山持国から細川勝元へ交替 |
| 1454年 | 12月, 成氏, 憲忠を殺害 |
| 1455年 | 1月, 長尾景仲, 憲忠の弟房顕をむかえる(山内上杉氏). 顕房(扇谷上杉氏), 分倍河原で成氏と合戦, 上杉勢敗走<br>3月, 幕府, 房顕に助力し, 成氏討伐を決定. 成氏, 古河に向かう<br>4月, 幕府, 駿河守護今川範忠に成氏討伐を令達<br>5月, 成氏, 小栗城攻略<br>6月, 範忠の鎌倉入り, 鎌倉府滅亡. 下野, 天命・只木山合戦<br>7月, 康正に改元. ただし, 成氏は享徳を使用(享徳6年まで) |

えるとともに、新管領憲忠の早期の帰鎌を要請している。この成氏の京都幕府への事情説明で、憲忠との関係は手打ちとなった。しかし、相互の不信は解消されなかった。

かかる前哨戦をへて、享徳の乱が勃発する。江島合戦から四年後のことだった。

## 享徳の乱と成氏

享徳三年（一四五四）十二月、事件が勃発する。場所は鎌倉の中枢西御門《にしみかど》の公方館である。成氏による憲忠（二十二歳）の誅殺だ。江島合戦の延長ともいうべきこの事件は、くすぶり続けていた公方・管領双方の対抗が極致に達したものだ。その背景をなす封印されるべき「永享」の記憶（父持氏の上杉氏との確執と敗北）は、江島合戦の一件で成氏のなかで点灯していた。他方で、上杉や長尾配下の人々への成氏による所領没収への不満も重なった。

それに関しては憲忠を介し長尾氏与同者たちへの本領返還要請が出されるが、成氏はそれを許容せず緊張が続いていた。成氏側は「憲忠ヲ退治シテ関東ヲシツムベシ」との進言を受け入れ、憲忠を誅殺するにいたったという。享徳三年十二月二十七日夜のことである。『鎌倉大草紙』には成氏側が憲忠の屋敷を急襲したとあるが、他方で成氏の西御門館に憲忠を召し寄せ殺したともある（『康富記《やすとみき》』）。西御門での戦いが謀殺か奇襲か定かではないが、この成氏の行動が享徳の乱の引き金となった。

憲忠殺害という一線越えで、鎌倉的秩序は御破算となった。この成氏の行為は上杉勢力のみならず、京都幕府との対立にも繋がった。成氏の行動は父持氏の遺志の継承でもあったし、それ以上に父祖以来の東国の自立志向と重なった。

敗死した憲忠の首級は、結城成朝の家人たちにより成氏の御所に持参されたという。成氏の公方勢力はその後、山内の管領勢力を追捕すべく相模島河原（伊勢原市の東南）で、上杉持朝《もちとも》（扇谷家）および長尾・太田勢以下の千余騎を敗走させた。上杉勢は態勢回復のために憲忠の弟房顕《ふさあき》を立てて、越後・信濃・武蔵・上野を中心に軍兵を動員した。さらに京都側に「御旗」の下賜を要請、「成氏退治」へと動いた。

公方による関東管領の圧迫という構図は、あたかもかつての永享の乱と同じだった。当然ながら憲忠を打倒した成氏の側にも言い分はあった。「拠《よ》ンドコロナク退治」の旨を京都に伝え、「不義」なきことを主張した。だが、幕府側の判断は成氏の行為について「私ノ宿意ヲ以テ憲忠ヲ討チ、殊ニ上意ヲ得ズシテ関東ノ大乱ヲ起スノ条、不義ノ至リ」（『鎌倉大草紙』）として成氏の討伐が決せられた。かくして戦闘は鎌倉から関東全域に広がることになる。

成氏の公方勢力は、伝統ある有力な関東武士団を味方につけ、上杉の領国上野の攻略に向かった。成氏勢は武蔵府中の高安寺《こうあんじ》に在陣、享徳四年正月に上野から南下した上杉勢二千余騎と武蔵分倍河原《ぶばいがわら》・高幡《たかはた》（日野市から府中市）を舞台に戦闘が展開された。この戦闘で上杉側は憲顕《のりあき》（犬懸《いぬかけ》上杉《うえすぎ》氏、禅秀《ぜんしゅう》の子息）や顕房（扇谷上杉氏、持朝の子息）が敗死した。上杉勢力はその後、常陸《ひたち》の小栗城《おぐりじょう》に籠もるが、ここも成氏勢に閏四月攻略される。

こうした状況下で上杉勢力は幕府から成氏追討の御教書《みぎょうしょ》を与えられ、越後・信濃・武蔵・上野《こうずけ》の幕府与党が天明《てんみょう》（栃木県佐野市）・只木山《ただきやま》に布陣、成氏軍と対峙した。この山道軍の動きに対し、海道軍の駿河の今川範忠は六月十六日鎌倉入りを果たした。成氏は今川氏を中心とした鎌倉攻略軍に、迎撃軍を配したが鎌倉死守はかなわなかった。

六月十六日鎌倉へ乱入、御所ヲ初トシテ、谷七郷ノ神社仏閣ヲ追捕シテ、悉《ことごと》ク焼払フ……尊氏卿ヨリ成氏ノ御代ニ至テ六代ノ相続ノ財宝コノ時皆焼亡シテ、永代鎌倉亡所トナリ、田畠アレ果テケル

『鎌倉大草紙』は、鎌倉が灰燼に帰した様子を右のように記している。鎌倉の陥落で成氏はついに鎌倉を放棄、下総の古河を拠点とするにいたる。「古河公方《こがくぼう》」の誕生で、基氏以来つづいてきた鎌倉府は消滅した。この古河公方を担ぐ利根川以東の武士団は、長期にわたり関東管領上杉氏の勢力との戦いを展開する。京都幕府の助勢にもかかわらずである。この乱は「関東大乱」の引き金となり、東国における戦国時代の幕明けとされた。

鎌倉の地から成氏が去ったことで、鎌倉府としての機能も意味も失い、その政治的役割を終えることになる。成氏が拠点とした下総の古河は、上野・下野《しもつけ》・下総・常陸・武蔵の交差する地だった。さらに、渡良瀬川・利根川の水運の便に恵まれた要衝の地でもあった。その周辺は小山《おやま》・

宇都宮・結城・那須・千葉・里見などの北関東や房総方面の伝統的武士団の地盤で、関東の首長たる立場の堅持に繋がった。成氏は、上杉との戦いのなかで、父の持氏がそうだったように幕府の改元を用いず「享徳」の年号を文明九年（一四七七）頃まで用い続けた。

## 戦国への助走

持氏の永享の乱で鎌倉府の実質は崩れた。そしてこの成氏の享徳の乱で鎌倉は解体する。それは十二世紀末の鎌倉幕府により築かれてきた武家の権力中枢の終焉に繋がった。源家《げんけ》三代、北条氏そして足利公方家と都合二五〇年にわたる「鎌倉体制」の終わりを意味した。「享徳」以後の東国が、応仁の乱に先立ち戦国時代に突入したことの意味は、何よりもその「鎌倉」が有した政治的秩序の喪失が大きい。

成氏の下総古河への敗走と退去は、鎌倉を軸とした権力配置に変更を迫ることとなる。一つは成氏の古河公方体制に対する関東管領上杉氏の対抗軸だ。特に山内・扇谷両上杉氏の家宰長尾・太田両氏を中心とする反公方勢力の動向であった。京都幕府の支持による関東管領の勢力が関東を二分した。利根川をはさみ北関東の伝統的武士勢力に擁された古河公方側と利根川以西を勢力圏とする管領上杉氏の二つの政治ブロックが浮上したことだ。

そして二つ目に堀越公方《ほりごえくぼう》の存在である。鎌倉公方滅亡後、古河に拠点を移した公方家に対抗すべく、京都幕府の要望で誕生したものだった。成氏を公方と認めなかった幕府は新たな公方として将軍足利義政《よしまさ》の弟政知《まさとも》を関東に送り込んだ。享徳の乱から三年後の長禄元年（一四五七）のことだった。

政知は目標とした鎌倉入りを果たせず、伊豆の堀越にとどまることを余儀なくされた。幕府側にとっては基氏系の鎌倉公方家に対抗し、将軍家の血脈（義政の弟政知）を擁立することで、長年にわたる両府相剋の解消を企図した。

だが、現実には政知の勢力は伊豆での局部権力にとどまり、将軍家による血統包摂・封印策は成功しなかった。古河・堀越の二つの公方の存在は鎌倉を真空化させ、東国に新しい火種を作ることにつながった。

成氏は古河を基盤として文明九年頃まで二十余年間、享徳の年号を用いた。この間上杉軍と五十子《いかっこ》でしばしば戦い、また堀越公方政知とも戦った。幕府あるいは上杉氏への抗心は父持氏に通じるものがあった。その成氏による反上杉・反堀越・反幕府の闘いは、文明十四年の「都《と》鄙《ひ》合体」と呼ばれる和睦の時期まで三十年にもおよんだ。***そこでの眼目は成氏が伊豆国を政知の料所とすることを条件として認めることで、幕府との手打ちがなされた。

ただしこの都鄙和睦で新しい波紋も生まれる。成氏と対抗関係にあった関東管領上杉氏内部での確執である。当該期山内・扇谷の両上杉氏の家宰の地位にあった長尾・太田両氏は守護代たる立場で国人勢力を掌握していた。しかしその両家は、主家の上杉氏にとって、脅威となるほどに台頭、関東は混迷を深める。****

当の成氏は都鄙和睦の十数年後の明応六年（一四九七）に没した。子政氏《まさうじ》がその地位を継承した。以後、父子の対抗をはらみながらも、高基《たかもと》・晴氏《はるうじ》・義氏《よしうじ》と五代にわたり、北関東に覇をとなえ、かつての鎌倉公方家の意地を示した。

＊　出典は『尚書《しょうしょ》』の「世世亨レ徳、万邦作レ式」に由来するとされる。

＊＊　主君持氏への憲実の裏切りについて『永享記』（『群書類従』）には「譜代ノ主君ヲ傾ケ奉リ、末代ノ嘲《あざけ》リヲ恥テ、其身ノ罪ヲ謝セン為メニヤ、俄《にわか》ニ出家シ玉ヒケリ……六月廿八日、長春院へ参詣シテ、公方ノ御影《みえい》ノ前ニテ焼香念仏シテ後、涙ヲ流シ申サレケルバ……宜シク天鑑アルベシト、云モハテズ腰ノ刀ヲ引ヌヒテ、左ノ脇ニ突立給フ処ヲ、御供ノ侍……御脇指《わきざし》ヲ奪トル」ともみえており、憲実が抱えた心の闇は深かったことがうかがえる。

＊＊＊　長期にわたる享徳の乱の終焉までの段階にあっては、応仁の乱で京都の幕府も、また東国の情勢も流動した。この点に関しては巻末の参考文献を参照されたいが、簡略に大局を記すと、以下のような流れとなろうか。まず京都にあって、義政について将軍となった義尚《よしひさ》、義尚死後には義視《よしみ》（義政の弟）の子義材《よしき》（義稙《よしたね》）だった。しかし、義材は細川政元のために三年余で更迭《こうてつ》され、これに替って義澄《よしずみ》（初名義遐《よしとお》そして義高《よしたか》）が将軍に擁立された（一四九三年）。この新将軍義澄の父が堀越公方政知だった。政知は幕府の政元と連携し、子の義澄を将軍に据えることで、弱体だった自己の公方権力の強化に努めようとした。

＊＊＊＊　関東については、長享の乱（一四八七年）として知られる山内・扇谷両上杉の内紛が特筆される。これ以前両上杉氏は古河公方成氏の対抗勢力として、山内家は上野の平井城を拠点に、扇谷家は武蔵の河越城を

拠点とした。当該期の両上杉の代表は山内上杉が顕定《あきさだ》、扇谷上杉氏が定正《さだまさ》だった。

両上杉氏の家宰のうち、とりわけ扇谷上杉の躍進のシンボル太田道灌《おおたどうかん》の台頭は著しく、そのため定正はその警戒感から文明十八年（一四八六）に道灌を暗殺した。この事件で両上杉は対立、各関東の武士団を自己の陣営に引き込み古河・堀越公方とも連携するなど、四分五裂の状況が現出した。このあたりの状況は拙著『その後の東国武士団』と併せて巻末の参考文献を参照されたい。

# 参考文献（比較的入手しやすいものを中心に列記）


**治承**

生駒孝臣「源頼政と以仁王」（野口実編『治承〜文治の内乱と鎌倉幕府の成立』清文堂出版、二〇一四年）
石井　進『鎌倉幕府』（中央公論新社、二〇〇四年。初版は中央公論社、一九六五年）
倉本一宏編『説話研究を拓く』（思文閣出版、二〇一九年）
河内祥輔『日本中世の朝廷・幕府体制』（吉川弘文館、二〇〇七年）
佐藤進一『日本の中世国家』（岩波書店、二〇〇一年。初版は一九八三年）
関　幸彦『英雄伝説の日本史』（講談社学術文庫、二〇一九年。初版は『蘇る中世の英雄たち』中公新書、一九九八年）
多賀宗隼『源頼政』（吉川弘文館、一九九〇年）
永井　晋『源頼政と木曽義仲—勝者になれなかった源氏—』（中公新書、二〇一五年）

**文治**

鈴木哲・関幸彦『怨霊の宴』（新人物往来社、一九九七年）
関　幸彦『東北の争乱と奥州合戦』（吉川弘文館、二〇〇六年）
仙台市史編纂委員会編『仙台市史　通史編2　古代中世』（仙台市、二〇〇三年）
高橋富雄『平泉の世紀—古代と中世の間—』（講談社、二〇一二年。初版は日本放送出版協会、一九九九年）

七海雅人『鎌倉幕府と東北』（吉川弘文館、二〇一五年）

**建保**

岡田清一「執権制の成立と建保合戦」（同『鎌倉幕府と東国』続群書類従完成会、二〇〇六年、初出一九八九年）
坂井孝一『源実朝―「東国の王権」を夢見た将軍―』（講談社、二〇一四年）
高橋秀樹「鎌倉殿侍別当和田義盛と和田合戦」（同『三浦一族の研究』吉川弘文館、二〇一六年）
高橋秀樹「三浦一族　人物編一～三」（三浦一族研究会編『三浦一族研究』横須賀市、二〇一二～二〇一四年）
滑川敦子「和田義盛と梶原景時」（野口実編『治承～文治の内乱と鎌倉幕府の成立』清文堂出版、二〇一四年）

**承久**

岡田清一『北条義時―これ運命の縮まるべき端か―』（ミネルヴァ書房、二〇一九年）
坂井孝一『承久の乱―真の「武者の世」を告げる大乱―』（中公新書、二〇一八年）
佐藤進一『日本の中世国家』（岩波書店、一九八三年）
関　幸彦『承久の乱と後鳥羽院』（吉川弘文館、二〇一二年）
平雅行編『公武関係の変容と仏教界』（清文堂、二〇一四年）
長村祥知『中世公武関係と承久の乱』（吉川弘文館、二〇一五年）
野口実編『承久の乱の構造と展開―転換する朝廷と幕府の権力―』（戎光祥出版、二〇一九年）
細川重男『執権―北条氏と鎌倉幕府―』（講談社、二〇一九年）
安田元久『北条義時』（吉川弘文館、一九八六年）

宝治

関　幸彦『その後の東国武士団』（吉川弘文館、二〇一一年）
関　幸彦『「鎌倉」とはなにか―中世を、そして武家を問う―』（山川出版社、二〇〇三年）
高橋慎一朗『北条時頼』（吉川弘文館、二〇一三年）
高橋秀樹『三浦一族の中世』（吉川弘文館、二〇一五年）
永井　晋『鎌倉幕府の転換点―『吾妻鏡』を読みなおす―』（吉川弘文館、二〇一九年。初版は日本放送出版協会、二〇〇〇年）
細川重男「宝治合戦と幻の軍記物語」（『三浦一族研究』二〇一五年）

弘安

網野善彦『蒙古襲来―転換する社会―』（小学館文庫、二〇〇〇年。初版は一九七四年）
石井　進「霜月騒動おぼえがき」（同『鎌倉武士の実像―合戦と暮しのおきて―』平凡社、二〇〇二年。初版は一九七三年）
岡田清一『北条得宗家の興亡』（新人物往来社、二〇〇一年）
関　幸彦『恋する武士闘う貴族』（山川出版社、二〇一五年）
関　幸彦『神風の武士像―蒙古合戦の真実―』（吉川弘文館、二〇〇一年）
細川重男「『霜月騒動』再現」（『ぶい&ぶい』一七、二〇一一年）
本郷和人『新・中世王権論』（文春学藝ライブラリー、二〇一七）
村井章介『北条時宗と蒙古襲来―時代・世界・個人を読む―』（日本放送出版協会、二〇〇一年）

**建武**

秋山哲雄『鎌倉幕府滅亡と北条氏一族』(吉川弘文館、二〇一三年)
佐藤進一『南北朝の動乱』(中央公論新社、二〇〇五年。初版は中央公論社、一九六五年)
鈴木由美「中先代の乱に関する基礎的考察」(阿部猛編『中世の支配と民衆』同成社、二〇〇七年)
鈴木由美「鎌倉幕府滅亡後も、戦いつづけた北条一族」(呉座勇一編『南朝研究の最前線—ここまでわかった「建武政権」から後南朝まで—』洋泉社、二〇一六年)
関　幸彦「『宝剣説話』を耕す—公武合体論の深層—」(倉本一宏編『説話研究を拓く』思文閣出版、二〇一九年)
田中義成『南北朝時代史』(講談社、一九七九年。初版は明治書院、一九二二年)
新田一郎『太平記の時代』(講談社、二〇〇九年)

**正平**

生駒孝臣『楠木正成・正行』(戎光祥出版、二〇一七年)
亀田俊和『高師直—室町新秩序の創造者—』(吉川弘文館、二〇一五年)
佐藤和彦編『楠木正成のすべて』(新人物往来社、一九七五年)
佐藤進一『南北朝の動乱』(中央公論新社、二〇〇五年。初版は中央公論社、一九六五年)
関　幸彦『その後の鎌倉—抗心の記憶—』(山川出版社、二〇一八年)
森　茂暁『皇子たちの南北朝—後醍醐天皇の分身—』(中公文庫、二〇〇七年。初版は一九八八年)

**観応**

亀田俊和『観応の擾乱―室町幕府を二つに裂いた足利尊氏・直義兄弟の戦い―』（中央公論新社、二〇一七年）
呉座勇一『戦争の日本中世史―「下剋上」は本当にあったのか―』（新潮社、二〇一四年）
佐藤進一『南北朝の動乱』（中央公論新社、二〇〇五年。初版は中央公論社、一九六五年）
瀬野精一郎『足利直冬』（吉川弘文館、二〇〇五年）
峰岸純夫『足利尊氏と直義―京都の夢、鎌倉の夢―』（吉川弘文館、二〇〇九年）
森　茂暁『足利直義―兄尊氏との対立と理想国家構想―』（KADOKAWA、二〇一五年）

**康暦**

石橋一展「鎌倉府と「南朝方」の対立関係は、本当にあったのか」（呉座勇一編『南朝研究の最前線―ここまでわかった「建武新政」から後南朝まで―』（洋泉社、二〇一六年）
磯貝富士男「小山義政の乱の基礎的考察」（松本一夫編『下野小山氏』戎光祥出版、二〇一二年）
伊藤喜良『東国の南北朝動乱―北畠親房と国人―』（吉川弘文館、二〇〇一年）
江田郁夫「小山氏の乱―若犬丸と「安犬」―」（小山の偉人・名所旧跡発掘調査委員会編『中世小山への招待』小山市、二〇〇六年）
亀田俊和『南朝の真実―忠臣という幻想―』（吉川弘文館、二〇一四年）
黒田基樹編『足利氏満とその時代』（戎光祥出版、二〇一四年）
栃木県史編纂委員会編『栃木県史史料編・中世3』（栃木県史編纂委員会、一九七八年）
松本一夫『小山氏の盛衰―下野名門武士団の一族史―』（戎光祥出版、二〇一五年）

**明徳**

市川裕士編『山陰山名氏』（戎光祥出版、二〇一八年）
川岡　勉『人物叢書　山名宗全』（吉川弘文館、二〇〇九年）
佐藤進一『足利義満―中世王権への挑戦―』（平凡社、一九九四年）
早島大祐『足利義満と京都』（吉川弘文館、二〇一六年）

**応永**

植田慎平『鎌倉府の支配と権力』（校倉書房、二〇一八年）
黒田基樹編『足利持氏とその時代』（戎光祥出版、二〇一六年）
佐藤進一『足利義満―中世王権への挑戦―』（平凡社、一九九四年）
平瀬直樹『大内義弘―天命を奉り暴乱を討つ―』（ミネルヴァ書房、二〇一七年）
松岡久人『大内義弘』（戎光祥出版、二〇一三年）
渡邊正男「上杉禅秀の乱とその影響」（黒田基樹編『武田信長』戎光祥出版、二〇一一年）

**永享**

荒川善男編『下総結城氏』（戎光祥出版、二〇一二年）
植田真平編『足利持氏』（戎光祥出版、二〇一六年）
小国浩寿『鎌倉府と室町幕府』（吉川弘文館、二〇一三年）
黒田基樹編『足利持氏とその時代』（戎光祥出版、二〇一六年）

田辺久子『関東公方足利氏四代―基氏・氏満・満兼・持氏―』（吉川弘文館、二〇〇二年）

**嘉吉**

今谷　明『足利将軍暗殺―嘉吉土一揆の背景―』（新人物往来社、一九九四年）
今谷　明『籤引き将軍足利義政』（講談社、二〇〇三年）
川岡　勉『山名宗全』（吉川弘文館、二〇〇九年）
関　幸彦『「国史」の誕生―ミカドの国の歴史学―』（講談社学術文庫、二〇一四年）
森　茂暁『室町幕府崩壊―将軍義教の野望と挫折―』（角川選書、二〇一一年）
渡邊大門『赤松氏五代―弓矢を取って無双の勇士あり―』（ミネルヴァ書房、二〇一二年）

**享徳**

黒田基樹編『足利成氏とその時代』（戎光祥出版、二〇一八年）
佐藤博信『古河公方足利氏の研究』（校倉書房、一九八九年）
佐藤博信『中世東国の支配構造』（思文閣出版、一九八九年）
則竹雄一『古河公方と伊勢宗端』（吉川弘文館、二〇一三年）
峰岸純夫『享徳の乱―中世東国の「三十年戦争」―』（講談社選書メチエ、二〇一七年）
山田邦明『享徳の乱と太田道灌』（吉川弘文館、二〇一五年）

# 参考史料

## ■ 頼政・以仁王の挙兵

『吾妻鏡』（原漢文）

（治承四年）四月九日、入道源三位頼政卿、平相国禅門清盛ヲ討滅スベキノ由、日者《ひごろ》用意ノ事アリ、シカレドモ私ノ計略ヲ以テ、ハナハダ宿意ヲ遂ゲガタキニヨリ、今日夜ニ入リテ、子息伊豆守仲綱等ヲ相具シテ潜カニ一院（後白河上皇）第二ノ宮（以仁王）ノ三条高倉ノ御所ニ参ジ、前ノ右兵衛佐頼朝已下ノ源氏等ヲ催シ、カノ氏族ヲ討チ天下ヲ執ラシメタマフベキノ由、コレヲ申シ行ウ（後略）

『愚管抄』（巻五）

同（治承）四年五月十五日ニ、高倉ノ宮トテ、院宮ニ、高倉ノ三位トテオボエセシ女房ウミマイラセタル御子オハシキ、諸道ノ事沙汰アリテ王位ニ御心カケタリト人思ヒタリキ、コノ宮ヲサウナクナガシマイラセントテ、頼政源三位ガ子ニ兼綱ト云検非違使ヲ追ツカイニマイラセテ、三条高倉ノ御所へ参レリケルヲ、トニ逃サセ給テ、三井寺ニ入セ給タリケルヲ、寺ノ法師ドモモテナシテ道々切フタギタリケルニ、頼政ハモトヨリ出家シタリケルガ、近衛河原ノ家ヤキテ仲綱伊豆守、兼綱ナドグシテ参リニケリ。宮ヲニガシマイラセタル一スヂニヤトゾ人ハ思ヘリケル、コハイカニト天下ハ只今タヾイマトノ、シリキ、サテタヾヘテオハシマスベキナラネバ、落テ吉野ノ方へ奈良ヲサシテオハシマシケル、頼政三井寺へ廿二日ニ参テ、寺ヨリ六波羅へ夜打イダシタテ、アル程ニ、オソクサシテ松坂ニテ夜明ニケレバ、コノ事ノトゲズシテ、廿四日ニ宇治へ落サセ給テ、一夜オハシマシケル、廿五日ニ平家押カケテ攻寄テ戦ヒケレバ、宮ノ御方ニハタヾ頼政ガ勢誠ニスクナシ、大勢ニテ馬イカダニテ宇治河ワタシテケレバ、何ワザヲカハセン、ヤガテ仲綱ハ平等院ノ殿上ノ廊ニ入テ自害シテケリ、ニエ野ノ池ヲ過ル程ニテ、追ツキテ宮ヲバ打トリマイラセテケリ、頼政モウタレヌ、

『玉葉』原漢文

（治承四年五月十五日）（前略）今夜三条高倉宮院第二子、配流ト云々、件ノ宮、八条院女院（鳥羽第三皇女暲子）ノ御猶子ナリ、コノ外、縦横ノ説多シトイヘドモ信ヲ取リ難シ（後略）

（治承四年五月十六日）（前略）隆職宿禰三条宮配流ノ事ヲ注送ス、ソノ状カクノ如シ、源以光、本ノ御名ハ以仁、忽ニ姓ヲ賜ワリ、名ヲ改ムト云々宜シク遠流ニ処シ早ク畿外ニ追出セシムベシ、高倉宮配流ノ事、仰セ下サルルノ状カクノ如シ、タダシ官府（符カ）ヲ作ラレズトイヘリ、（中略）伝ヘ聞ク高倉宮、去ヌル夜検非違使、未ダ其ノ家ニ向ワザル以前、竊《ひそか》ニ逃ゲ去リ、三井寺ニ向ウ（後略）

（治承四年五月二十一日）（前略）今日園城寺ヲ攻ムベキノ由、武士等ニ仰セラル、明後日発向スベシト云々、前大将宗盛卿已下十人、所謂大将頼盛・教盛・経盛・知盛等ノ卿、維盛・資盛・清経等ノ朝臣、重衡朝臣、頼政入道等ト云々（後略）

（同二十二日）（前略）去ヌル夜半頼政入道子息等正綱、宗頼相伴セズヲ引率シ、三井寺ニ参籠ス、スデニ天下ノ大事カ（後略）

（同二十六日）（前略）検非違使季貞、前大将ノ使トナリ院ニ参ル、時忠卿相ヒ逢フ、申シテ云ハク、頼政ノ党類併シナガラ誅殺シオハンヌ、カノ入道・兼綱ナラビニ郎従十余人ノ首ヲ切リオハンヌ、宮ニテハ慥カニソノ首ヲ見ズトイヘドモ、同ジク伐チ得オハンヌ（後略）

## ■奥州合戦

『吾妻鏡』（原漢文）

（文治五年九月七日）甲子、宇佐美平次実政、泰衡ガ郎従由利八郎ヲ生虜リ、相具シテ陣岡《じんがおか》ニ参上ス（中略）仰セテ曰ク、此ノ男ノ申状ヲ以ッテ心中ヲ察スルニ、勇敢ノ者ナリ、尋ネラルベキ事アリ、御前ニ召シ進ズベシテヘレバ、重忠マタコレヲ相具シテ参上ス、御幕ヲ上ラレコレヲ覧テ仰セテ曰ク、己ガ主人泰衡ハ威勢ヲ両国ノ間ニ振ヒ刑ヲ加フルノ条、難儀ノ由思シメスノトコロ、尋常ノ郎従ナキカノ故ニ、河田次郎一人ガタメニ誅セラレオハンヌ、オヨソ両国ヲ管領シ十七万騎ノ貫首タリナガラ、百日相ヒ支ヘズ、廿ケ日ノ内ニ一族ミナ滅亡ス、言フニ足ラザル事ナリ。由利中シテ云ク、尋常ノ郎従少々相ヒ従フトイヘドモ、壮士ハ所々ノ要害ニ分チ遣ハシ、老軍ハ行歩進退ナラザルニヨツテ、意ナラズ自殺ス、予ガ如キ不肖ノ族《やから》ハ又生虜トナルノ間、最後ニ相ヒ伴ハザルモノナリ、ソモソモ故左馬頭《さまのかみ》殿（義朝）ハ海道十五ヶ国ヲ管領セシメタマフトイヘドモ、平治逆乱ノ時、一日ヲ支ヘタマハズシテ零落ス、数万騎ノ主タリトイヘドモ、長田ノ庄司ガタメニタヤスク誅セラレタマフ、古ト今ト甲乙イカニ、泰衡管領セラルル所ノ者ハ、ワヅカニ両州ノ勇士ナリ、数十ヶ日ノ間、賢慮ヲ悩シタテマツル、一篇不覚ニ処セシメタマフベカラザルカト云々（後略）

（文治五年十二月二十三日）戊申、奥州ノ飛脚去ヌル夜参ジ申シテ云ク、予州（義経）ナラビニ木曽左典厩ノ子息、オヨビ秀衡入道ガ男等ノ者アリテ、各同心合力セシメ、鎌倉ニ発向セント擬スルノ由、謳歌ノ説アリト云々（後略）

（文治六年正月六日）辛酉、奥州ノ故泰衡ガ郎従大河次郎兼任以下、去年窮冬《きゅうとう》ヨリ以来、叛逆ヲ企テ、アルハ伊予守義経ト号シテ、出羽国海辺庄ヲ出デ、アルハ左馬頭義仲ノ嫡男朝日冠者ト称シテ同国山北郡ニ起チ、オノオノ逆党ヲ結ビ、ツヒニ兼任、嫡子鶴太郎・次男於幾内次郎、ナラビニ七千余騎ノ兇徒ヲ相具シ、鎌倉ノ方ニ向ヒ首途《かどで》セシム、ソノ路ハ河北・秋田城等ヲ歴テ、大関山ヲ越ヘ、多賀ノ国府ニ出デント擬シテ、秋田・大方ヨリ志加ノ渡ヲ打融ルノ間、氷ニハカニ消エテ、五千余人タチマチニモツテ溺死シヲハンヌ、天譴ヲ蒙ルカ、ココニ兼任、使者ヲ由利中八維平ガ許ニ送リテ云ク、古今ノ間、六親モシクハ夫婦ノ怨敵ニ報ズルハ、尋常ノ事ナリ、イマダ主人ノ敵ヲ討ツノ例アラズ、兼任ヒトリソノ例ヲ始メンガタメニ鎌倉ニ赴クトコロナリテヘレバ、ヨツテ惟平、小鹿島ノ大社山毛々左田ノ辺ニ馳セ向ヒ、防キ戦フコト両時ニ及ビテ、維平討チ取ラレヲハンヌ（後略）

## ■ 建保合戦（和田合戦）

『吾妻鏡』（原漢文）

（建保元年）五月二日（中略）義盛館ノ軍兵競ヒ集ル、其ノ粧ヲ見、其ノ音ヲ聞クニ戎服ニ備フ（中略）三浦平六左衛門尉義村、同弟九郎右衛門尉胤義等、始ニハ義盛ニ与シ一諾ヲ成シ、北門ヲ警固スベキノ由、同心ノ起請文ヲ書キナガラ、後ニハ之ヲ改変セシム、（中略）則チ相州（北条義時）御亭ニ参入シ義盛スデニ出軍ノ由ヲ申ス、時ニ相州囲碁ノ会アリ、コノ事ヲ聞クトイヘドモ、敢ヘテモツテ驚動ノ気ナシ（中略）申刻、和田左衛門尉義盛伴党ヲ率シテ、タチマチニ将軍ノ幕下ヲ襲フ、謂フトコロノ件ノ与力衆ハ、嫡男和田新左衛門常盛・同子息新兵衛尉朝盛入道（中略）塩屋三郎惟守以下、アルハ親戚ガタメ、アルハ朋友ガタメ、去ル春ヨリ以来党ヲ結ビ群ヲ成スノ輩ナリ。皆東西ヨリ起チ、百五十ノ軍勢ヲ三手ニ相分チ、先ズ幕府ノ南門ナラビニ相州ノ御第小町ノ上西北ノ西門ヲ囲ム（中略）ソノ後兇徒横大路御所ノ南西ノ道ナリニ到ル、御所西南政所ノ前ニ於テ、御家人等コレヲ支ヘ、合戦数反ニ及ブナリ（中略）シカルニ朝夷名三郎義秀、惣門ヲ敗リ、南庭ニ乱レ入リテ籠ルトコロノ御家人等ヲ攻撃シ、剰《あまつさ》ヘ火ヲ御所ニ縦チテ郭内ノ室屋一字ヲ残サズ焼亡ス、コレニヨリテ将軍家（実朝）、右大将軍家ノ法花堂ニ入御ス（中略）今日暮レテ終夜ニ及ビ星ヲ見ルモイマダヤマズ（中略）暁更ニ臨ミテ、義盛ヨウヨウ兵尽キ箭窮ス、疲馬ニ策ツテ前浜辺ニ遁レ退ク（後略）

（五月三日）義盛粮道ヲ絶タレ、乗馬ヲ疲ラカスノトコロ、寅ノ刻、横山馬允時兼、波多野三郎時兼ガ聟横山五郎時兼ガ甥以下数十人ノ親昵《しんじつ》従類等ヲ引率シ、腰越ノ浦ヘ馳セ来ル（中略）西ノ刻、和田四郎左衛門尉義直年卅七伊具馬太郎盛重ガタメニ討チ取ル父義盛年六十七、殊ニ歎息ス（中略）声ヲ揚ゲテ悲哭シ、東西迷惑ス、遂ニ江戸左衛門尉能範ガ所従ニ討タルト云々（中略）朝夷名三郎義秀卅八、ナラビニ数率等海浜ニ出デ、船ニ棹シ安房国ニ赴ク、ソノ勢五百騎、船六艘ト云々（後略）

## ■承久の乱

『明月記』

（建仁三年）正月十三日（中略）午ノ刻バカリ聞書《ききがき》到来ス、除目偏《ひとえ》ニ叡慮ヨリ出ズルト云々、建久ノ間、入道殿下（九条兼実）ノ御直言、時儀ニ叶ハズ、時移ルノ後、去ヌル年ニ至リテ、猶内府（源通親）権ヲ執リ思シ食メヲハバカルノ間、除目ノ面猶尋常ナリ、今ニ於テハ権門ノ女房（高倉兼子）偏ニ以テ申行フ、殿下（近衛基通）御力及バザルカ、後鑑恥ベキモノナリ

（後略）

「小松美一郎所蔵文書」（原漢文）

右弁官下ス　五畿内諸国東海、東山、北陸、山陰、山陽、南海、大宰府、
応ニ早ク陸奥守平義時朝臣ノ身ヲ追討セシメ、院庁ニ参ジテ裁断ヲ蒙ラシムベキ諸国荘園ノ守護人地頭等ノ事

右、内大臣（久我通光）宣ス、勅ヲ奉《うけたまわ》ルニ、近曽関東ノ成敗ト称シ、天下ノ政務ヲ乱ス、ワヅカニ将軍ノ名ヲ帯ストイヘドモ、猶以テ幼稚ノ齢ニ在リ、シカル間カノ義時朝臣、偏ニ言詞ヲ教命（政子）ニ仮リ、恣《ほしいまま》ニ裁断ヲ都鄙ニ致ス、剰ヘ己ノ威ヲ耀シ、皇憲ヲ忘レルガ如シ、コレヲ論ズルニ政道ハ謀反ト謂フベシ、早ク五畿七道諸国に下知シカノ朝臣ヲ追討セシメ（中略）コトコレ厳密ニシテ違越《いおつ》セザルトテヘリ、諸国承知シ宣ニ依リコレヲ行ヘ

承久三年五月十五日　　大史三善朝臣

大弁藤原朝臣

『吾妻鏡』（原漢文）

（承久三年）五月十九日（中略）午刻、大夫尉（伊賀）光季去ル十五日ノ飛脚関東ニ下着シ申シテ云ク、此ノ間院中ニ官軍ヲ召シ聚ラル、仍テ前民部少輔（大江）親広入道、昨日勅喚《ちょっかん》ニ応ジ、光季ハ右幕下《うばつか》公経ノ告ゲヲ聞クニヨリ、障ヲ申スノ間、勅勘ヲ蒙ルベキノ形勢アリト云々、未刻、右大将家（西園寺公経）ノ家司主税頭長衡去ル十五日ノ京都ノ飛脚下着シ申シテ云ク、昨日十四日、幕下ナラビニ黄門実氏二位法印尊長ニ仰セ、弓場殿《ゆばどの》ニ召シ籠メラル、十五日午刻、官軍ヲ遣ハシ伊賀廷尉（光季）ヲ誅セラル、則チ按察使《あぜち》光親卿ニ勅シ、右京兆《うきょうちょう》（義時）追討ノ宣旨ヲ五畿七道ニ下サルノ由ト云々、関東分ノ宣旨ノ御使、今日同刻到着スト云々、（中略）武家、天気ニ背クノ起リハ舞女亀菊ノ申状ニ依リ、摂津国長江・倉橋両荘ノ地頭職ヲ停止《ちょうじ》スベキノ由、二箇度ノ宣旨ヲ下サルルノ処、右京兆諾シ申サズ、コレ幕下将軍（頼朝）ノ時、勲功ノ賞ニ募リテ定補ノ輩《ともがら》サシタル雑怠《ぞうたい》ナクシテ改メ難キ由、コレヲ申ス、仍テ逆鱗《げきりん》甚シノ故ナリト云々（後略）

## ■ 宝治合戦

『吾妻鏡』（原漢文）

（宝治元年）五月二十八日庚辰、此程世上静カナラズ、是モ偏ニ三浦ノ輩逆心有ルニ依ルノ間、人ノ性皆怖畏ヲ挿《さしはさ》ムガ故ナリ（後略）

六月二日癸未、近国ノ御家人等、南ヨリ北ヨリ馳セ参ジ、左親衛（時頼）ノ郭外ノ四面ヲ囲繞《いぎょう》スルコト、雲ノ如ク霞ノ如ク各旗ヲ揚グ。相模国住人等ハ皆陣ヲ南方ニ張リ、武蔵国ノ党々ナラビニ駿河・伊豆国以下ノ輩ハ、東・西・北ノ三方ニアリ、スデニ四門ヲ閉ジ輙《たやす》ク推参ノ者ナシ（後略）

六月五日丙戌（中略）今暁鶏鳴以後、鎌倉中イヨイヨ物忩（中略）爰ニ高野入道覚地（安達景盛）御使ヲ遣ハサルルノ旨ヲ伝エ聞キ、子息秋田城介義景・孫子九郎泰盛各兼ネテ甲冑ヲ着スヲ招キ、諷詞ヲ尽シテ云ハク、和平ノ御書ヲ若州ニ遣ハサルノ上ハ、向後彼ノ氏族独リ驕ヲ窮メ、益々当家ヲ蔑如《べつじょ》スルノ時、憖《なまじい》ニ対《たい》揚《よう》ノ所存ヲ顕サバ還テ殃《わざわい》ニ逢ベキノ条、置キテ疑ヒナシ、只運ヲ天ニ任セ、今朝須《すべから》ク雌雄ヲ決スベシ（中略）シカルニ泰村、今更ナガラ仰天シ、家子郎等ヲシテ、防戦セシムル（中略）左親衛（時頼）コノ事ヲ聞キテ、午ノ刻、御所ニ参ズ、将軍ノ御前ニ候ゼラレ、重ネテ奇謀ヲ廻ラサル、折節《おりふし》北風南ニ変ルノ間、火ヲ泰村ノ南隣ノ人屋ニ放ツ（中略）泰村ナラビニ伴党烟ニ咽《むせ》ビ、館ヲ遁レ出デテ、故右大将軍（頼朝）ノ法華堂ニ参籠ス、舎弟能登守光村ハ永福寺《ようふくじ》惣門内ニアリテ、従兵八十余騎陣ヲ張ル、使者ヲ兄泰村ノ許《もと》ニ遣ハシテ云ハク、当寺ハ殊勝ノ城郭タリ、コノ一所ニ於テ、相共ニ討手ヲ待タルベシト云々、泰村答ヘテ云ハク、タトヒ鉄壁ノ城郭アリトイヘドモ、定メテ今ハ遁レ得ザランカ、同ジクハ故将軍ノ御影《みえい》ノ御前ニ於テ、終リヲ取ラント欲ス、早クコノ処ニ来タルベシト云々（中略）シカル後、西阿（毛利季光）・泰村・光村・家村・資村ナラビニ大隅前司重隆・美作前司（宇都宮時綱）・甲斐前司（春日部）実景・関左衛門局政泰以下、絵像・御影・御前に列候シ、アルハ住事ヲ談ジ、アルハ最後ノ述懐ニ及ブト云々（中略）左親衛軍兵寺門ニ攻メ入リ、石橋ヲ競イ登ル、三浦壮士等防戦ス（中略）両方挑戦ハ殆《ほとほと》三刻ヲ経ルナリ、敵陣箭窮リ力尽

ク、シコウシテ泰村以下宗タルノ輩二百七十六人、都合五百余人自殺セシム（後略）

## 弘安合戦（霜月騒動）

『保暦間記』

弘安ノ比ハ、藤原泰盛権政ノ仁ニテ、陸奥守ニ成テ、並ブ人無シ、ソノ故ハ相模守時宗ノ舅ナリケレバ也、然ル所ニ、弘安七年四月四日時宗三十四歳ニシテ出家、同日酉時死去シオワンヌ、嫡子貞時生年十四歳ニテ、同七月七日彼ノ跡ヲ継テ将軍ノ執権ス、泰盛彼ノ外祖ノ儀ナレバイヨイヨ慎《おご》リケリ、ソノ比貞時ガ内官領平左衛門尉頼綱先祖人知ラズ法名果円、ト申ス有リ、又権政ノ者ニテ有ケル上ニ、憍ヲ健クスル事泰盛ニモ劣ラズ、同八年四月十八日貞時、相模守ニ任ズ、然《しかる》ニ泰盛、頼綱、中悪シクシテ互ニ失ハントス、共ニ種々ノ讒言ヲ成ス程ニ、泰盛ガ嫡男秋田城介宗景ト申ケルガ、憍ノ極ニヤ、曽祖父景盛入道ハ右大将頼朝ノ子成ケレバトテ、俄《にわか》ニ源氏ニ成ケリ、ソノ時、頼綱入道折ヲ得テ、宗景が謀反ヲ起シテ、将軍ニ成ラント企テ源氏ニ成由訴フ、誠ニ左様ノ気モ有ケルニヤ、終ニ泰盛法師法名覚真、子息宗景、弘安八年十一月十七日誅セラレタリ、兄弟一族ノ外刑部卿相範、三浦対馬守、隠岐入道、伴野出羽守等志有ル去ルベキ侍ドモ、彼ノ方人トシテ亡ニケリ、是ヲ霜月騒動ト申ケリ（後略）

## 中先代の乱

『梅松論』

〈公武水火ノ事〉

（前略）中ニモ建武元年六月七日兵部卿（護良）親王大将トシテ将軍（尊氏）ノ御所ニ押シ寄ラルベキ風聞シケルホドニ（中略）将軍ヨリイキドホリ申サレケレバ、全ク叡慮ニハアラズ、護良親王ノ張行ノ趣ナリシホドニ十月廿二日ノ夜、親王御参内ノ次《ついで》ヲモテ武者所ニ居籠奉テ（中略）同十一月親王ヲバ細川陸奥守顕氏請ケ取リ奉テ関東ヘ御下向アリ（中略）宮ノ御謀叛、真実ハ叡慮ニテアリシカドモ御科ヲ宮ニ譲リ給ヒシカバ、鎌倉ヘ御下向トゾキコエシ、宮ハ二階堂ノ薬師堂ノ谷ニ御座アリケルガ、武家ヨリモ君ノウラメシクワタラセ給フト御独言アリケルトゾ承ル

〈関東合戦ノ事〉

カクテ建武元年モ暮ケレバ、同二年天下弥《いよいよ》穏《おだやか》ナラズ、同七月ノハジメ信濃国諏訪ノ上宮ノ祝《はふり》安芸守時継ノ父参河入道照雲・滋野ノ一族等、高時ノ次男勝寿丸ヲ相模次郎（時行）ト号シケルヲ大将トシテ、国中ヲナビカス由、守護小笠原信濃守貞宗京都へ馳セ申スノ間（中略）懸ルトコロニ凶徒ハヤ、一国ヲ相随へ鎌倉ニ責メ上ル間（中略）是ニヨテ、七月廿二日下御所左馬頭殿（直義）、鎌倉ヲ立テ御向アリシ、同日薬師堂ガ谷ノ御所ニヲヒテ兵部卿親王ヲ失ヒ奉ル、御痛《おんいたわ》シサ申スモ中々オロカナリ（後略）

〈中先代ノ乱〉

（前略）関東ニヲヒテ凶徒既ニ合戦ヲイタシ鎌倉ニ責メ入ル間　直義朝臣無勢ニシテ禦《ふせ》ギ戦ベキ智略ナキニヨテ海道ニ引退キシ其間エアルウヘハ暇ヲ給テ合力ヲ加ベキ旨、御申度々ニ及ブトイヘドモ勅許ナキ間、所詮、私ニアラズ、天下ノ御為《おんため》ノヨシヲ申拾テ、八月二日京ヲ御立チ出デタマフ（中略）去ル程ニ、七月ノ末ヨリ八月十九日ニイタルマデ二十日アマリ、彼ノ相模次郎、再ビ父祖ノ旧里ニ立帰ルトイヘドモ、イクホドモナクシテ没落シケルゾ哀レナル（後略）

■ 四条畷合戦

『梅松論』

〈湊川ノ合戦ノテ正成敗死ノ事〉

（前略）正成ナラビニ弟七郎左衛門尉（正孝）以下、一所ニ自害スル輩《ともがら》五十余人、討死三百余人、ソウジテ浜ノ手以下、兵庫・湊川ニテ討死スル頭ノ数七百余人トゾキコエシ（後略）

〈正成、深謀遠慮ノ勇士タリシ事〉

（前略）哀《あわれ》ナルカナ、去ヌル春将軍（尊氏）・下御所《しもごしょ》（直義）ノ御両所、兵庫ヨリ九州へ御下向ノヨシ京都ヘキコエテ、叡慮快カリシカバ、諸卿一同ニ、今ハ何事カアルベキトテ、ヨロコビ申サレケル時、正成奏聞シテ曰ク、義貞ヲ誅罰セラレテ、尊氏卿ヲメシカヘサレテ、君臣和睦候ヘカシ、御使ニオヒテハ正成仕ラント申シ上ゲタリケレバ（中略）此ノ儀申シ達セザレドモ、討手トシテ尼ガ崎ニ下向シテ逗留ノ間ニ、京都へ申シテイハク、今度ハ君ノ戦カナラズ破ルベシ（中略）今度ハ正成、和泉・河内両国ノ守護トシテ、勅命ヲ蒙リ軍勢ヲモヨホスニ、親類一族、猶以テ難渋ノ色アリ、如何ニカイハンヤ国人士民ニオヒテヲヤ、是、則チ天下、君ヲ背キタテマツル事明ケシ、シカル間、正成存命無益ナリ、最前ニ命ヲ落ツベキヨシ申シ切リタリ、最後ノ振舞ヒ符合シケレバ、マコトニ賢才武略ノ勇士トモ、カヤウノ者ヲヤ申スベキトテ、敵モ御方モオシマヌ人ゾナカリケル、

『太平記』「正行参吉野事」巻二十六

（正平二年・貞和三年十二月）（前略）楠帯刀《たてわき》正行・舎弟正時一族打連テ、十二月廿七日芳野ノ皇居ニ参ジ、四条ノ中納言隆資ヲ以テ申ケルハ、「父正成尫弱《おうじゃく》ノ身ヲ以テ大敵ノ威ヲ砕キ、先朝ノ宸襟《しんきん》ヲ休メ進セ候シ後、天下程無ク乱テ、逆臣西国ヨリ責メ上リ候間（中略）遂ニ摂州湊河ニシテ討死仕リ候ヲハンヌ、ソノ時、正行十三歳ニ罷《まか》リナリ候シヲ、合戦ノ場ヘハ伴ハデ河内ヘ帰シ死残リ候ハンズル一族ヲ扶持シ、朝敵ヲ亡シ君ヲ御代ニ即ケ進セヨト申置テ死テ候、然ルニ正行・正時スデニ壮年ニ及ビ候ヌ、此度我ト手ヲ砕キ合戦仕リ候ハズハ、カツハ亡父ノ申シシ遺言ニ違《たが》ヒ、カツハ武略ノイフ甲斐ナキ謗リニ落ツベク覚ニ候（中略）今生ニテ今一度君ノ龍顔ヲ拝シ奉ランタメニ、参内仕テ候」（中略）只コレヲ最後ノ参内ナリト、思ヒ定メテ退出ス、正行・正時（中略）一処ニテ討死セント約束シタリケル兵百四十三人、先皇ノ御廟ニ参テ、今度ノ軍難義ナラバ、討死仕ベキ暇《いとま》ヲ申テ、如意輪堂ノ壁板ニ各名字ヲ過去帳ニ書連テ、ソノ奥ニ、「返ラジト兼テ思ヘバ梓弓ナキ数ニイル名ヲゾトヾムル」ト一首ノ歌ヲ書留メ、逆修ノ為ト覚敷テ、各鬢髪ヲ切テ仏殿ニ投ゲ入レ、ソノ日、吉野ヲ打出テ、敵門ヘトゾ向ケル

## ■ 観応の擾乱

『太平記』「将軍兄弟和睦事付天狗勢汰ノ事」（巻三十）

（前略）一日モ咫尺ヲ離レザルハ連枝兄弟ノ御中也。一旦師直・師泰等ガ、不義ヲ罰スルマデニテコソアレ、何事ニカ骨肉ヲ離ル、心有ルベキトテ、将軍ト高倉殿（直義）ト御合體有リケレバ、将軍ハ播磨ヨリ上洛シ、宰相中将義詮ハ丹波石龕ヨリ上洛シ、錦小路殿（直義）ハ八幡ヨリ入洛シ給フ、三人ヤガテ会合シ給ヒテ、一献ノ礼有ケレ共、此間ノ確執流石片腹イタキ心地シ

テ、互ノ言バ少ク無興気ニテゾ帰ラレケル、（中略）将軍兄弟コソ、誠ニ繊芥ノ隔テモナク、和睦ニテ所存モナク坐シケレ、ソノ門葉ニ有テ、附鳳ノ勢ヒヲ貪テ、攀龍の望ヲ期スル族ハ、人ノ時ヲ得タルヲ見テハ猜ミ、己ガ威ヲ失ヘルヲ顧テハ、憤リヲ含マズト云フ事ナシ、サレバ石塔・上杉・桃井ハ、様々ノ讒ヲ構テ、将軍ニ付キ順ヒ奉ル人々ヲ失ハバヤト思ヒ、仁木・細川・土岐・佐々木ハ、種々ノ謀ヲ廻ラシテ、錦小路殿ニ、又人モナゲニ振舞フ者共ヲ滅サバヤトゾ巧ケル。（後略）

『太平記』「慧源禅門逝去ノ事」（巻三十）

（観応三年二月）カカリシ後ハ、高倉殿ニ付順キヒ奉ル侍ノ一人モナシ、籠ノ如クナル屋形ノ荒レテ久シキニ、警固ノ武士ヲ居エラレ、事ニ触レタル悲シミ耳ニ満チテ心ヲ傷シメケレバ、今ハ憂世ノ中ニナガラヘテモ、ヨシヤ命ヲ何カハセント思フベキ、我身サヘ用無キ物ニ歎キ給ヒケルガ、幾程無クソ年ノ観応三年壬辰二月廿六日ニ、忽ニ死去シ給ヒケリ、俄ニ黄疸ト云フ病ニ犯サレ、墓無ク成ラセ給ヒケリト、外ニハ披露アリケレ共、実ニハ鴆毒《ちんどく》ノ故ニ、逝去シ給ヒケルトゾサ、ヤキケル、去々年ノ秋ハ師直、上杉ヲ亡シ、去年ノ春ハ禅門、師直ヲ誅セラレ、今年ノ春ハ禅門又怨敵ノ為ニ毒ヲ呑テ、失セ給ヒケルコソ哀ナレ、（後略）

『園太暦』（原漢文〈『史料纂集』所収〉）

（観応二年正月）十四日、天晴ル、此ノ間洛中ノ狼藉、常篇《じょうへん》ニ絶ユ、（中略）観応二年正月十四日、参内ス、世上ノ擾乱ニヨリ、今夜ニハカニ仙洞持明院殿ニ行幸アルベキノ由仰セ下サル（後略）

『師守記』（原漢文〈『史料纂集』所収〉）

（貞治六年五月四日）今朝、鎌倉前大納言義詮卿、征夷大将軍仁和寺・等持院《とうじいん》ニ渡ラル、大方二位禅尼贈従一位第三廻忌陰ノ故ナリ（中略）故鎌倉大納言尊氏卿薨去ノ時儀、准的ニ足ラザルベキノ間、コレヲ注進セラレズ、兵衛督入道直義卿□去ノ時、是非ノ沙汰ニ及バズ、観応擾乱ノ時分□カタガタ是非ノ沙汰ニ及バズナリ、仍テコレヲ略サル（後略）

『源威集』

（観応二年二月十七日）（前略）ソノ故ハ武将尊氏・下御所三条殿、直義小人ノ讒アリヲ、下ヨリ乱レテ、観応二辛卯二月十七日、摂州西宮ノ浜ニ於テ合戦ス、則チ御和睦、同年マタ九月十二日、江州八重山ニ於テ合戦有リ、将軍打チ勝チ給フノ間、下ノ御所北陸道ヲ経テ鎌倉ニ入御ス、則チ御勢ヲ遣シテ、駿河国由井浜ヲ塞ヒデ、武将海道ヲ御発向ノ間、同国薩埵山《さつたやま》ニ於テ合戦ス、東士敗北ス、由井ノ陣破レテ、伊豆国府ニヲヒテ両御所和睦、シカリトイヘドモ正月朔日、不慮ニシテ相州早川ニ於テ合戦アリ、同五日、鎌倉ニ入御ス、下御所大休寺ニ御座ス、改元文和元、壬辰二月廿五日、御元服基氏十三歳、左馬頭翌朝廿六日、下御所錦小路殿直義御逝去、天下愁傷（後略）

## ■ 小山義政・若犬丸の乱

『鎌倉大草紙』

（康暦二年庚申五月五日）下野住人小山左馬助義政、吉野宮方ト号シ逆心シケレバ、宇都宮基綱ヲ大将ニテ退治ノタメ発向アリテ、裳原（下野）トイフ所ニテ合戦ニ及ブ、同十六日、宇都宮打チ負ケ、忽チニ打死シケル間、小山ハ関東ノ御下知《ごげち》ヲ乖《そむ》キ、宮方と号シ合戦ヲ企テ、剰ヘ陳謝ノ申シワケモナラズ、謀叛ノ最アリトテ、鎌倉殿（足利氏満）ヨリ御退治アルベシ、但シ京都ノ御加勢ヲ頼ミ申サズバ、後難如何ニアルベキヨシ、上杉道合《どうごく》（憲方）申スニヨリ、梶原美作守道景御使トシテ、康暦三年上洛シテ、則チ白旗一揆御加勢合力ヲ申シ請ヒテ帰国ス（中略）六月十五日、鎌倉右兵衛督（足利）氏満、小山義政御退治ニ、関東十二ヶ国ノ軍勢ヲ引卒シテ御発向、（後略）

『花営三代記』（群書類従）

（康暦二年五月）十六日、小山下野守義政、宇都宮下野前司基綱ト合戦ス、宇都宮討死ノ由、ソノ聞ヘアリ（中略）仍テ関東ヨリ小山下野守退治ノタメ、御発向アルベシト云々、

## ■ 明徳の乱

『明徳記』（群書類従・合戦部）

（明徳二年）抑《そもそ》モコノ播磨守（山名満幸）ト申スハ、

山名左京大夫時氏ニハ孫右衛門佐師義ノ末子也、舎兄讃岐守（山名義幸）病気ノ後ハカノ代官ニテ在京シ、一方ノ家嫡ノ如クニテアリケルガ、今度宮内少輔（細川時熙）以下退治ノ後ハ四箇国ノ守護ヲ以テ権勢氏族ニ越タリ、（中略）分国ノ内出雲国横田庄ハ仙洞（後円融院）ノ御領ニテ手ヲサス者モ有マジカリシヲ、近年押領シケル間、数通ノ御教書ヲナシ成下サレ、度々御内書《ごないしょ》ヲ以テ、渡申スベキ由仰セ下サレケレドモ、曽テ上意承引セザルニ依リ、（中略）御所大ニ御怒有テ、縦《たとい》本人ノ所領成トモ上裁トシテ御下知アル上ハ異儀有ベシトモ覚エズ、況仙洞之御領タル地ヲヤ、連々或時ハ怒或時ハ宥、厳密ノ御沙汰ニ及ブ処、此ノ如キ振舞上ハ重テ下知ヲ加フトモ只同篇ナルベシ、所詮守護職ヲ御改易ヨリ外ハ他事無キト御評定既ニ定ニケリ、然バ満幸在京シテモ所用何事ゾヤ急ギ下向シテ在国スベキ由仰下サレテ十一月八日ニ丹後国ニ追ヒ下サル、（中略）播磨守此事遺恨ニ思ヒケル時節、宮内少輔御免許之由出来タリケルヲ、ヨキ事ノ端コソアンナレトテ何様奥州（山名氏清）へ申語ヒ、一合戦センズル物ヲト思立ケルコソ浅猿《あさまし》ケレ、ヤガテ和泉へ馳越テ奥州ニ申サレケルハ、抑モ近日京都ノ式法何トカ思シ召サレ候、只事ニ触テ此一門ヲ亡ボサルベキ御結構《けちこう》ナリ、ソノ故ハ去年ハ貴殿我等ニ仰セ付ケラレテ予州（山名時義）ノ一跡ヲ失ハル、当年ハ又彼等ヲ御免ノ上ハ定テ我等ガ讒訴之所存ヲ此時彼等申シ開クベシ、サルニ於テハ又我等ヲ御退治ノ沙汰ニ及ブベシ、所詮《しょせん》事体ヲ案ズルニ、当家世ヲ取ルトモ人驚ニモ侍ラズ、一族悉ク同心シテ分国ノ勢ヲ併セ方々ヨリ京都へ責上バ、今程誰カ在京ノ大名ノ中ニ、味方ト対揚ノ合戦ヲモ仕ルベシ、先京ヲダニモ一度打随ヘナバ、他家ノ一族モ大略同心コソ仕候ハンズラメ、ソノ外土岐・富樫ヲ始トシテ、近日世ニモセバメラレ面目ヲ失者共アマタ侍レバ、是等ハ最前ニ同意仕ベシ、御謀反トコソ御披露ナクトモ武州（細川頼之）ノ恨ニ寄テ御合戦ニ及ブベシ、時ノ儀ニ随ヒテ御旗ヲ揚ゲラルノ事何ノ子細カ侍ルベキト終宵カキ口説キ申サルタリ

## ■ 応永の乱

『応永記』（群書類従・合戦部）

（前略）当代（義満）ニハ山名氏清謀叛（明徳の乱）

暫時ニコレヲ退治ス、今ノ（大内）義弘モサコソ有ランズレトテ、軈《やが》テ細川右京大夫頼元、京極治部少輔入道（高詮）、赤松上総入道（義則）、都合ソノ勢六千余騎、淀・山崎ヨリ和泉国ニ発向ス、同（応永六年十一月）八日、相公（義満）モ東寺ニ御陣ヲ召サレケリ、馬廻二千余騎、御伴ノ人々ニハ、管領（畠山基国）子息尾張守（畠山義家）、前管領（斯波義将）、同子息左衛門佐（斯波義重）、吉良、石堂、吉見、渋川、一色、今川、土岐、佐々木、武田、小笠原、富樫、河野等ヲ始トシテ、已上ソノ勢三万余騎、同十四日、八幡ニ御陣ヲ召サレケル、ソノ日軈テ八幡ヨリ、管領、前管領ヲ先トナシ、都合ソノ勢三万余騎、和泉国ニ発向ス、（後略）

『喜連川判鑑』（群書類従）

（応永六年）十一月廿一日、京都へ御加勢ノ為（足利）満兼武州府中へ御発向、実ハ大内義弘、土岐詮直等ト内通有テ京都ヲ攻ント議ス、然ル処ニ十二月廿一日義弘等戦負テ誅セラル、ソノ子新介降参ノ由聞コユ、コレニヨリテ鎌倉殿ハ武州ニ御逗留ス

## ■ 上杉禅秀の乱

『鎌倉大草紙』（群書類従・合戦部）

（応永二十三年）（前略）又関東ニテ鎌倉殿（持氏）・管領（上杉氏憲）ノ中悪シクナリ、動乱ノヨシ聞ヘケレバ、義嗣卿ヨリ御帰依ノ禅僧ヲヒソカニ鎌倉へ御下シアリテ、上杉入道禅秀ヲ御カタラヒアリケル、持氏公ノ伯父新御堂小路殿（足利満隆）ヲモ頼ミ給ヒケリ、満隆ヨリ禅秀ヲマネキ、評定アリケレバ、禅秀申ケルハ、持氏公ノ御政道悪シクシテ、諸人背キ申スコト多シ、某イサメ申トイヘドモ、忠言耳ニ逆ラヒ、御気色アシクナリ（中略）禅秀ハ御所へマイリ、持氏公懐取リ奉ルベキ支度シケル、持氏公ハ折フシ御沈酔コレアリ、御寝ナリケルニ、（中略）唯今御所中へ敵乱レ入ルラン、分内セバク、防ニ馬ノカケ引キ叶フベカラズ、（中略）十二所ニカヽリ、小坪ヲ打テ出テ、前浜ヲ佐介へ入ラセ給フ、（中略）佐介ノ館ニ火カヽリシカバ、人力ニ防グニ叶ハズ、持氏落サセ給フ、安房守（上杉憲基）モ御伴申シ、極楽寺口へカヽリ肩瀬・腰越河ヲ遙ニ打過ギ給ヒヌ、黄昏ニ及ビ小田原ノ宿ニ着シ給フ

（中略）コレヨリ駿河今川上総介ヲ御頼ミ然ルベキト評定アリテ、（中略）去ル程ニ駿河ノ国司今川上総介範政京都へ注進申ケレバ、不日ニ禅秀一類ナラビニ新御堂殿・持仲卿追討スベキノヨシ、御教書ヲ給リ、

（後略）

（応永二十三年）今度関東ノ御開ノ事、先以テ驚キ入リ存ジ候、何事ノ子細風聞ノ如クンバ、右衛門佐入道（上杉氏憲）逆心ヲ構へ候ニヨリ、京都ノ上聞ヲ承ル旨、カクノ如キ沙汰ノ由、披露候間、左様ノ篇ニ就キ、面々与力致サレ候ノ由聞へ候、一端ハ誤リ無キニ似候トイヘドモ、有名無実至リ、誠ニ狂惑ノ次第ニ候、（中略）上意御合力ノ儀ヲ以テ、諸人へ御教書ヲ成サレ、忠節ヲ致スベキ旨、仰セ下サレ、則チスデニ御幡（征旗）差シ下サレ候上ハ、上命ヲ承ハザリ候事ハ明白ニ候、（中略）然リトイヘドモ都鄙貴命ニ背キ強ヒテ叛逆ノ輩、同意致サレ候ハバ、且ハ先祖譜代ノ忠勤ハ此ノ時ニ失ヒ、子孫ノ後跡ヲ猶ホ永ク他人ノ拝領地ニ成サルガゴトキ事、君ノタメ不忠トイフ、家ノタメ撫育無ナキニ似ル（中略）コノ上ハ非ヲ知リテ早ク改メ、理ニ属シ忠節セラレバ、彼レト云ヒ、此レト云ヒ順儀ナリ、モシシカラザレバ、早速ニ当陣ニ馳セ向ハレ雌雄ヲ決セラル事、尤モ望ムトコロナリ、此ノ両条ヲ以テ、一途ニ返報ヲ致サレ、一儀ニ申定ラル事、然ルベク候也、恐々謹言

十二月二十五日　今川上総介

## ■永享の乱

『鶴岡八幡宮文書』

大勝金剛尊等身造立ノ意趣ハ、武運長久・子孫繁栄・現当《げんとう》二世ノ安楽ノタメ、殊ニハ呪咀《じゅそ》ノ怨敵ヲ未兆《みちょう》ニ攘《はら》ヒ、関東ノ重任ヲ億年ニ荷《にな》ハンガタメ、コレヲ造立シ奉ルナリ

従三位行左兵衛督源朝臣持氏（花押）

造立之間奉行　上杉左衛門大夫

『永享記』

（永享八年～九年）去ル程ニ村上（頼清）加勢トシテ、桃井左衛門督（憲義）ヲ武将トシテ、上州一揆、武州一揆、那波上総介、高山修理亮等、スデニ打立ヨシ聞ヘケル、（中略）信州ハ京都ノ御分国也、小笠原（政

康）ハ彼ノ守護人、京都ノ御家人也、彼ヲ御退治、京都ヘノ御不義タルベシト頻リニ申サレケル間、コノ加勢ハ事ユカズ、同九年四月、武州本一揆立ベキ由仰セ付ケラレケルト如何ナル野心ノ者カ申出シケンコレハ信濃ニ御加勢ニ非ズ、管領ヲ誅伐セラルベキヨシ風聞シケレバ、憲実ノ被官旧功恩顧ノ輩、国々ヨリ馳セ集ル、アハヤ天下ノ大事ト人肝ヲヒヤサストイフコトナシ、同六月六日ヨリ鎌倉中猥ニ騒コトナナメナラズ、上下男女逃迷ヒ、資財道具ヲ持運ブ、コレニヨリ公方七日ノ暮方ニ憲実ノ宿所ヘ御出アリ、イロ〳〵仰セ分タレシカバ少シ静リケル。然レ共、世上アブナク見ヘケル間、管領父子同月十五日、藤沢ヘ罷退キ給ヒシカ、猶身ノ上不安トテ、憲実ノ嫡子七歳ニ成リ給ヒシヲ、ヒソカニ上州エ落シ給フ

『看聞日記』

（永享九年）七月三日、関東管領上杉（憲実）京方トシテ諫言ヲ致スノ間、退治セラレント欲シ、スデニ合戦ニ及ビテ、上杉勝軍ノ由注進スト云々（後略）

『建内記』

（永享十一年）二月十五日、（中略）関東ノ事スデニ無《ふ》為《い》ニ属ス、鎌倉左兵衛督持氏卿切腹ノ由注進ノ故ナリ、コノ事去ヌル十日ノ事ナリ、相国寺ノ住持、先日御使トシテ関東ニ下向ス、管領上杉房州（憲実）上意ニ随フベキ由、コレヲ申ス、依ツテ武衛切腹ス、近習少々同ジク切腹スト云々、天下太平、幸甚々々

## ■ 嘉吉の乱

『嘉吉記』（群書類従・合戦部）

（嘉吉元年）翌永享元年義教、将軍ニ任ジ天下ノ諸大名我モ〳〵ト上洛シ賀シ奉ル、赤松入道性具（満祐）モ上洛シ、弥《いよいよ》奉公ノ労ヲ勤ム、一門ノ内コレニ過タル器量ノ人ナケレバ、備前、播磨、美作ヲ性具父子ニ下サレケル、ソノ後赤松伊豆守貞村、男色ノ寵比類ナシ、イカニモコレヲ取立ント思召仰セラレケルハ、兄ノ御所赤松家ノ嫡々ニ仰セ付ケラレズ、詮則ガ七番目ノ末子ニ御目ヲカケラレ候事、ソノ謂レナシ、伊豆守貞村ハ範資ガ子孫ナレバ嫡々也、赤松ノ家督ヲ継グベキ者ハ此人ナルベシト仰セテ内々三ケ国ヲ賜ハン御教

書ヲ成シ下サル由風聞セリ、満祐入道、同子息彦次郎教祐コレヲ聞テ、角テハ叶マジ、先ンズレバ則チ人ヲ制シ、後ンズレバ則チ人ヲ制セラルト申事ノ候ヘバ、謀叛ヲ企テ、義教ヲ弑シ奉ラントエミケルコソヲソロシケレ、

『看聞日記』

（嘉吉元年）六月廿四日、雨降、赤松（満祐）公方（足利義教）申シ入ル、猿楽有リト云々、晩ニ及ビ屋形喧嘩出来《しゅったい》スト云々、騒動ノ是非イマダ聞カザルノ処、三条（実雅）手負テ帰ル、公方御事ハ実説分明《ぶんみょう》セズ、赤松炎上、武士東西馳セ行ク、猥雑ノ言ノ計ヒ無シ、夜ニ至リテ伊予守（赤松義雅）屋形炎上ス、家人共家自焼ス、公方討中、御首ヲ取リテ落チ下ルト云々、（中略）

廿五日、晴、昨日ノ儀、粗聞ク、一献両三献、猿楽初時分、内方ト、メク、何事ゾト御尋有リ、雷鳴カナド三条申サルノ処、御後ノ障子引アケテ武士数輩出テ、則チ公方討チ申ス、三条御前ノ太刀ヲ取テ御引出物、大刀ヲ進ムナリ、切リ払ヒ顚倒シ切リ伏セラル、山名大輔、京極加賀入道、土岐遠山走手三人討死、細川下野守（持春）、大内等腰刀計リニテ振ル舞フトイヘドモ、敵ヲ取ルニ及バズ、手負テ引退、管領（細川持之）、細川讃州、一色五郎、赤松伊豆（貞村）等ハ逃走、ソノ外人々右往左往逃散、御前ニヲヒテ腹ヲ切ル人無シ、赤松落行、追ヒ懸ケテ討ツ人ナシ、未練謂フ量リ無シ、諸大名同心歟、ソノ意ヲ得ザルコトナリ、所詮赤松討タルベシ、御企露顕ノ間、遮テ討チ申スト云々、自業自得果シテ無力ノ事カ、将軍カクノ如ク犬死、古来ソノ例ヲ聞カザル事也、御死骸ハ焼跡ヨリ瑞蔵主求出テ等持院ヘ渡シタテマツル、御首ハ摂津国中嶋ニ御座ノ由、赤松注進、ソノ使管領首ヲ切ルト云々、雑説種々繁多也、委細記録能《あた》ハズ、（後略）

## ■ 享徳の乱

『鎌倉大草紙』（群書類従・合戦部）

（享徳三年）コレ日比御所方（足利成氏）・管領方（上杉憲実）トテ二ツニ別レ不快ニテアリシ、御所方ノ人々馳セ集リ、上杉・長尾等ノ隠謀スデニ発覚セリ、暫《しばら》クモ油断ニ及ハヾ味方ノ一大事成ベシ、急速ニ憲

忠ヲ退治シテ、関東ヲシヅムベシト成氏ヲス、メ申シケレバ、公方モ元ヨリ庶幾スルトコロナレバ、尤トヨロコビ給ヒ、結城中務太輔成朝、武田右馬介信長、里見民部少輔義実、印東式部小輔等、三百騎相催シ享徳三年十二月廿七日ノ夜、鎌倉西御門ノ館へ押シ寄セテ時ヲツクル、憲忠モ俄ノ事ニテ用意ノ兵モナカリケレバ、左右ナク乱入シケル程ニ、憲忠ノ主従廿二人切先ヲ揃ヘテ切テ出、防戦ヒケレドモ、カナハズシテ一人モ残ラズ討死ス（中略）成氏モ専使ヲ以テ京都へ申サレケルハ、憲忠ノ事不義逆心ノ間、拠ンドコロナク退治イタス所ナリ、京都へ対シ奉リ毛頭ニモ不義ヲ存ゼズ（中略）シカリトイヘドモ、御検使等ヲ下サレズ、関東ノ様体厳密ノ御沙汰ニ及バズ、且ツ成氏ガ私ノ宿意ヲ以テ憲忠ヲ討チ、殊ニ上意ヲ得ズシテ関東ノ大乱ヲ起スノ条、不義ノ至リナリトテ、終ニ御勘気ヲ蒙リ、成氏退治アルベキヨシ、仰セ出ダサリケル（中略）京都ニ御沙汰アリテ海道五ヶ国ノ勢、今川上総介（範忠）ヲ大将トシテ御旗ヲ下サレ、鹿王院ヲ相ヒ添エラレ、同年（享徳四年）六月十六日鎌倉へ乱入、御門ヲ初トシテ、谷七郷ノ神社仏閣ヲ追捕シテ、悉ク焼払フ、頼朝卿以後北条九代ノ繁昌ハ、元弘ノ乱ニ滅亡シ、尊氏公ヨリ成氏ノ御代ニ至テ六代ノ相続ノ財宝コノ時皆焼亡シテ、永代鎌倉亡所トナリ、田畠アレ果テケル、誠ニ浅《あさ》間《ま》敷《しき》次第ナリ（後略）

# あとがき

敗者をテーマにどのような刈り込みが必要なのか。本書の執筆に際し考えたことは、この点にあった。かつて筆者は「敗者の日本史」（全二十巻）シリーズの企画編集委員を担当したことがある。中世に限定しても〝積み残し〟の事件や人物も少なくなかった。敗者に焦点を絞り、それをディテール化するための工夫が求められた。闘諍《とうじょう》や政争事件を辞典風に語ったとしても、新味はない。そこで年号を中心に敗者側から事件の特色を汲み上げようとした。

別段、「令和」と改元されたことに因んでの思いつきからではない。以前から年号にかかわる事件や政変がいかに多いか。高等学校の歴史教科書でも五十以上を数える。そうした年号を冠した事件を一括して中世を大観すると、どんな構図を描けるのか、それを敗者に焦点を据え考える。そんな試みで始めたものである。

敗者とはそもそも何か。各種の事件や争乱にあって、〝負け組〟がいたことは疑いない。が、他方でかれらの中には時代に埋没させられずに、後世に語り継がれる人物も少なくない。〝雪《せっ》冤《えん》〟を歴史に問うこともあった。筆者の手習い的趣味の謡曲の演目にも敗者に取材したものが多い。となれば、後世に当該の人物や事件の敗者たちの無念は、どのように伝えられているか。それも敗者を考える手だてとなる。史実どおりではないが、敗者の意思や思惑も看取できるはずだ。信頼できる史料を前提とする史学の王道からすれば、芸能作品への深掘りは邪道かもしれない。だが、伝記・伝承などの〝公倍数〟的要素が敗者たちに膨らみを与えていることも、たしかである。その点では敗者もまた勝者と異なる次元で歴史に参加していることになる。

それはそれとして、本書の真髄は当該段階の史料に依拠しつつ、「年号」を介して事件を読み説くことを主眼とした。当然のことだが、敗者の視点で事件を再解釈することにも意を注いだ。補注を付すことで新たな研究動向にも留意した。諸研究の〝ウワツミ〟液をそのまま流用することは避けることに努めたが、咀嚼不十分なままの受け売り的内容もあろうかと思う。また、巻末の参考史料には本文で主題とした重要な史料を付載しておいた。

「売文の徒にならないように」とは、恩師安田元久の教えでもあった。師が他界し二十有余年の歳月が流れた。この間、筆者は幾冊かの書物を世に問うた。「売文の徒」云々の教えにそぐわぬ自分がおり、時代に消費されている自身がいることも否定できない。そのことに無自覚ではないにしても、歴史学の成果の共有も必要だと考えている。

その不肖の弟子も残すところ数年で大学も定年を迎える年齢となった。「もう」と思うか、「まだ」と考えるか、それぞれだろう。筆者は「まだ」を自己に課しつつ、実り豊かな学問の成果の刈り取りにもう少しだけ頑張りたい。

二〇二〇年正月

関　幸　彦

## 著者略歴

一九五二年生まれ

一九八五年、学習院大学大学院人文科学研究科史学専攻博士後期課程満期退学

現在、日本大学文理学部教授


〔主要著書〕

『北条政子』（ミネルヴァ書房、二〇〇四年）

『百人一首の歴史学』（日本放送出版協会、二〇〇九年）

『承久の乱と後鳥羽院』（吉川弘文館、二〇一二年）

『武士の誕生』（講談社、二〇一三年。初版は日本放送出版協会、一九九九年）

『「国史」の誕生』（講談社、二〇一四年）

『その後の鎌倉』（山川出版社、二〇一八年）


歴史文化ライブラリー

495

# 敗者たちの中世争乱

## 年号から読み解く

二〇二〇年（令和二）三月一日　第一刷発行

著　者　関《せき》　幸《ゆき》彦《ひこ》

発行者　吉川道郎

発行所　株式会社　吉川弘文館

東京都文京区本郷七丁目二番八号

郵便番号一一三―〇〇三三

電話〇三―三八一三―九一五一〈代表〉

振替口座〇〇一〇〇―五―二四四

http://www.yoshikawa-k.co.jp/

印刷＝株式会社　平文社

製本＝ナショナル製本協同組合

装幀＝清水良洋・高橋奈々





ISBN978-4-642-05895-7

歴史文化ライブラリー

1996.10

## 刊行のことば

現今の日本および国際社会は、さまざまな面で大変動の時代を迎えておりますが、近づきつつある二十一世紀は人類史の到達点として、物質的な繁栄のみならず文化や自然・社会環境を謳歌できる平和な社会でなければなりません。しかしながら高度成長・技術革新にともなう急激な変貌は「自己本位な刹那主義」の風潮を生みだし、先人が築いてきた歴史や文化に学ぶ余裕もなく、いまだ明るい人類の将来が展望できていないようにも見えます。

このような状況を踏まえ、よりよい二十一世紀社会を築くために、人類誕生から現在に至る「人類の遺産・教訓」としてのあらゆる分野の歴史と文化を「歴史文化ライブラリー」として刊行することといたしました。

小社は、安政四年（一八五七）の創業以来、一貫して歴史学を中心とした専門出版社として書籍を刊行しつづけてまいりました。その経験を生かし、学問成果にもとづいた本叢書を刊行し社会的要請に応えて行きたいと考えております。

現代は、マスメディアが発達した高度情報化社会といわれますが、私どもはあくまでも活字を主体とした出版こそ、ものの本質を考える基礎と信じ、本叢書をとおして社会に訴えてまいりたいと思います。これから生まれでる一冊一冊が、それぞれの読者を知的冒険の旅へと誘い、希望に満ちた人類の未来を構築する糧となれば幸いです。

吉川弘文館

## 歴史文化ライブラリー

### 中世史

列島を翔ける平安武士 九州・京都・東国 ― 野口 実
源氏と坂東武士 ― 野口 実
敗者たちの中世争乱 年号から読み解く ― 関 幸彦
平氏が語る源平争乱 ― 永井 晋
熊谷直実 中世武士の生き方 ― 高橋 修
中世武士 畠山重忠 秩父平氏の嫡流 ― 清水 亮
頼朝と街道 鎌倉政権の東国支配 ― 木村茂光
大道 鎌倉時代の幹線道路 ― 岡 陽一郎
鎌倉源氏三代記 一門・重臣と源家将軍 ― 永井 晋
鎌倉北条氏の興亡 ― 奥富敬之
三浦一族の中世 ― 高橋秀樹
都市鎌倉の中世史 吾妻鏡の舞台と主役たち ― 秋山哲雄
弓矢と刀剣 中世合戦の実像 ― 近藤好和
その後の東国武士団 源平合戦以後 ― 関 幸彦
荒ぶるスサノヲ、七変化 〈中世神話〉の世界 ― 斎藤英喜
曽我物語の史実と虚構 ― 坂井孝一
鎌倉浄土教の先駆者 法然 ― 中井真孝
親 鸞 ― 平松令三
親鸞と歎異抄 ― 今井雅晴
畜生・餓鬼・地獄の中世仏教史 因果応報と悪道 ― 生駒哲郎
神や仏に出会う時 中世びとの信仰と絆 ― 大喜直彦
神仏と中世人 宗教をめぐるホンネとタテマエ ― 衣川 仁
神風の武士像 蒙古合戦の真実 ― 関 幸彦
鎌倉幕府の滅亡 ― 細川重男
足利尊氏と直義 京の夢、鎌倉の夢 ― 峰岸純夫
高 師直 室町新秩序の創造者 ― 亀田俊和
新田一族の中世 「武家の棟梁」への道 ― 田中大喜
皇位継承の中世史 血統をめぐる政治と内乱 ― 佐伯智広
地獄を二度も見た天皇 光厳院 ― 飯倉晴武
東国の南北朝動乱 北畠親房と国人 ― 伊藤喜良
南朝の真実 忠臣という幻想 ― 亀田俊和
中世の巨大地震 ― 矢田俊文
大飢饉、室町社会を襲う! ― 清水克行
贈答と宴会の中世 ― 盛本昌広
出雲の中世 地域と国家のはざま ― 佐伯徳哉
山城国一揆と戦国社会 ― 川岡 勉
中世武士の城 ― 齋藤慎一

## 歴史文化ライブラリー

宮中のシェフ、鶴をさばく 江戸時代の朝廷と庖丁道—西村慎太郎
馬と人の江戸時代—兼平賢治
犬と鷹の江戸時代 〈犬公方〉綱吉と〈鷹将軍〉吉宗—根崎光男
紀州藩主 徳川吉宗 明君伝説・宝永地震・隠密御用—藤本清二郎
近世の巨大地震—矢田俊文
江戸時代の孝行者 「孝義録」の世界—菅野則子
死者のはたらきと江戸時代 遺訓・家訓・辞世—深谷克己
近世の百姓世界—白川部達夫
闘いを記憶する百姓たち 江戸時代の裁判学習帳—八鍬友広
江戸の寺社めぐり 鎌倉・江ノ島・お伊勢さん—原 淳一郎
江戸のパスポート 旅の不安はどう解消されたか—柴田 純
〈身売り〉の日本史 人身売買から年季奉公へ—下重 清
江戸の捨て子たち その肖像—沢山美果子
江戸の乳と子ども いのちをつなぐ—沢山美果子
エトロフ島 つくられた国境—菊池勇夫
江戸時代の医師修業 学問・学統・遊学—海原 亮
江戸の流行り病 麻疹騒動はなぜ起こったのか—鈴木則子
江戸幕府の日本地図 国絵図・城絵図・日本図—川村博忠
江戸の地図屋さん 販売競争の舞台裏—俵 元昭
踏絵を踏んだキリシタン—安高啓明
墓石が語る江戸時代 大名・庶民の墓事情—関根達人
近世の仏教 華ひらく思想と文化—末木文美士
江戸時代の遊行聖—圭室文雄
松陰の本棚 幕末志士たちの読書ネットワーク—桐原健真
龍馬暗殺—桐野作人
幕末の世直し 万人の戦争状態—須田 努
幕末の海防戦略 異国船を隔離せよ—上白石 実
幕末の海軍 明治維新への航跡—神谷大介
海辺を行き交うお触れ書き 浦触の語る徳川情報網—水本邦彦
江戸の海外情報ネットワーク—岩下哲典

### 文化史・誌

落書きに歴史をよむ—三上喜孝
霊場の思想—佐藤弘夫
跋扈《ばっこ》する怨霊 祟りと鎮魂の日本史—山田雄司
将門伝説の歴史—樋口州男
藤原鎌足、時空をかける 変身と再生の日本史—黒田 智
変貌する清盛 『平家物語』を書きかえる—樋口大祐
空海の文字とことば—岸田知子

## 歴史文化ライブラリー